讀完這本
制度史
等於當官幾輩子！

後宮體制 × 官員日常 × 科考指南 × 衙門規矩，
隱藏在宮鬥劇的背後，你不曾注意過的政治制度史！

官員上早朝要幾點起床？他們又不像皇帝住那麼近！
清朝的太監地位有多低？就算官至「蘇培盛」就可以很跩很有底氣？
宮女只能吃剩菜剩飯，卻有超多漂亮衣服可以穿？

張程 ── 著

從官員的一日作息到皇帝選妃生子，全部都有「規矩」擺在那，
懂了制度史，所有你覺得不合理的才都有了解釋！

目錄

目錄

後記

前言

　　有人的地方就有政治，有人群的地方就有制度。政治制度，是人類社會發展的必然產物。

　　史前歐洲的克羅馬農人，是自由的狩獵者。他們所處的時代離國家的出現，為時尚早。但是考古發現，克羅馬農人的狩獵越來越有組織、有計畫。他們在出征前，聚集在一起舉行一些儀式；有了重大收穫，也會聚集在特定的地點慶祝。這些行為的背後，就有「制度的身影」。與之遙遙相對的東方，從元謀人、北京人到山頂洞人，也有類似的行為。火的出現是人類社會的巨大進步。起初人類不會生火，保管火種就成了重大問題。人群中應該會指定專人保護火種生生不息；製造工具，也是人類社會的巨大進步。但是原始社會的工具，打隻野兔子還行，面對黑熊、大象、虎豹等大型動物，人群必須通力合作。誰使用標槍、誰使用匕首，誰負責包抄、誰負責出擊，應該也有安排。無論是保管火種還是群體狩獵，都存在支配與服從的關係，這就是政治；同時也存在硬性的、可操作的規定，這就是制度。「原始」的政治制度出現在了原始社會之中。

　　原始政治制度的出現是當時人們的客觀需求。為了生存，也為了更好的生活，我們的祖先必須結成組織，然後制定制度把組織運轉起來，而且要運轉得更好。這就好像現代人開車經過十字路口，必須要有一套通行規矩，否則不是發生事故就是誰也別想走。交通規則是駕駛員的客觀需求，與每個人利益休戚相關，政治制度也是如此。但是，由生存和生活需求直接產生的政治制度畢竟是簡單的、低級的，也是原始的。人類組織誕生後，呈現出加速發展的態勢。從部落到部落聯盟，再到初級

的國家形式、奴隸制國家，然後是封建制國家，最後是中國傳統的王朝，時間間隔越來越短，政治制度隨之加速發展。

中國早期發展得益於水，一方面黃河沖積出肥沃的平原，滋養了華夏各族，另一方面大規模的水患逼迫先民高度組織起來治水，促進了政治發展。堯舜禹諸代的主要工作之一，就是治水。夏朝的建立，一定程度上也是治水的成果。治水是集中力量去辦的大事業，需要調動巨額物力、人力（尤其是對原始社會而言），需要完備的組織和嚴密的指揮。它賦予了中國政治和政治制度一大基因：集權。

夏商周三代的政治制度還不是集權的，而是鬆散的封建制。周天子的天下類似於現代的聯合國，諸侯國中有超級大國，比如春秋五霸，也有強國，更有大多數難逃兼併厄運的小國。禮樂征伐本應出自天子，卻日漸出自諸侯強權。這是一個弱肉強食的亂世。亂世也有亂世的好處，那就是社會流動性強，個人比較自由，利於思想的創新。比如百家爭鳴就誕生於春秋戰國之時，為傳統中國提供了豐富的精神給養。而夏商周三代最大的制度遺產，一是「宗法制」，一是「貴族制」，兩者是緊密相連的。兩項制度的形式後來雖然有改變，但蹤影千年猶存。

公元前二二一年，是中國政治制度史上值得大書特書的年份。當年，秦始皇統一六國，建立了大一統的中央王朝——秦朝。秦朝的一系列政治制度，奠定了後世政制根基，「千年皆秦政」。「君主專制」、「中央集權」、「郡縣制」等制度，自不必說。秦始皇其他的許多做法，也影響深遠。比如，秦始皇設三公九卿，含有分權制衡的考慮；他動用強制力量，統一度量衡，盡收天下兵甲，建設全國交通網等，隱含著政府統制、強力執政的思維；他修長城，北擊匈奴，給後世有為帝王樹立了對外政策的榜樣；還有傳說中的「焚書坑儒」，思想專制的色彩顯而易見。秦政的關鍵，似乎是秦始皇開天闢地的「皇帝制度」。皇權至高無上，成

為理解中國政治制度史的一大切入點。秦朝雖然速亡，但秦政不亡。

漢承秦政，稍遜於秦始皇，但足可與之比肩的是漢武帝。漢武帝進一步加強了中央集權和君主專制，多有制度建樹。他設立內外朝，實權向內朝傾斜，啟發了後世壓制相權、獨尊皇權的思路；他強力削藩，重申中央集權，強化郡縣制度；罷黜百家、獨尊儒術，將秦始皇的思想專制成熟化、固定化，也給後代中國指定了主流意識形態；出擊匈奴，鑿通西域，威服南蠻，初步確立了中國在古代東亞的朝貢體系；在爭論中推行鹽鐵專營，確立了中國傳統社會政府與市場關係的基調……等。

秦皇漢武創新制度，無可厚非，但是其中的強制做法攪動社會、傷害百姓。

制度最終要落實到人頭上，政治創建的成本需要一代人去承擔，成果卻由所有時代分享。這等於是讓一代人替後世支付了制度革命的成本。秦皇漢武時代的人們就「不幸」扮演了這樣的角色。秦始皇大刀闊斧，百姓不堪重負，民怨四起。漢武帝時期也類似，民生艱難，山河動盪，可見制度與每個人的利益息息相關。漢武帝高於秦始皇的地方，在於他在晚年能夠「輪臺思過」，敬畏民意。武帝之後的昭、宣二帝，及時調整政策，休養生息，制度優勢逐漸發揮作用，因此秦朝速亡，西漢能夠延續。

秦漢之後的魏晉南北朝，是一個大分裂的時代。如果說每個時代都在對制度「試錯」，都在摸索新的走向，那麼，大分裂時代加速了這個過程。制度變革在亂世中加速，好的一面、壞的一面都暴露了出來。舊勢力迅速衰退，新制度孕育其中。大分裂時代也是大變革的時代。魏晉南北朝嚴重破壞了君主專制和中央集權。圍繞這兩個關鍵點展開的許多制度都頻繁破立。行政區劃、軍事制度、官制、人事制度都有變革。把握亂象的關鍵，似乎是皇權與貴族的博弈。魏晉南北朝是華麗的貴族世

界，門閥制度、九品中正制等都由此而來。諷刺的是，諸多制度原本是為了保證門閥世族的特權而生，卻在實踐中扼殺了世族的生氣，導致其沒落衰亡。由此可見制度的奇妙之處，非長時間難以看清實效。

隋唐是對魏晉南北朝的總結，又創立了影響後世的制度局面，是承前啟後的階段。隋朝進行了諸多國家大型工程、草創了不少制度，比如京杭大運河、科舉制度、三省六部等等。可惜，宏圖大業超出了國力極限，隋朝被隋煬帝的「大業」壓垮。唐朝鞏固並發展了隋朝的制度成果，達到了一個高峰。值得一提的是，科舉考試制度化，提高了傳統社會的流動性。中國傳統社會等級森嚴，講究尊卑貴賤，同時又保持高度穩定性，科舉制度對此助力良多。

五代十國又是一個亂世，重複了皇權與地方勢力的博弈過程。結束亂世的北宋王朝，吸取教訓，在強化中央集權和君主專制方面多有建樹。它設計了一套精密、繁複的政治制度，人為增加官制的複雜和行政的損耗，其犧牲掉的是國家的行政效率、軍隊的戰鬥力。兩宋王朝對外喪權辱國，但是對內，兩宋王朝對知識分子的政策相對寬鬆。皇家祖訓，不殺一個讀書人，再惹人討厭的文官，流放天涯海角就算是最重的處罰了。知識分子有底氣、有保障，加上宋朝官制繁複、待遇優渥，相比其他朝代彷彿身處天堂。至今，尚有讀書人最懷念的朝代，就是宋朝。可嘆的是，知識分子的寬鬆優越，並沒有轉化為忠君報國的切實言行。南宋後期士風萎靡、人心不古。國亡之日，文官幾乎逃遁一空，難怪太皇太后謝道清感嘆：我朝三百餘年，待士大大以禮。你們在國家危亡之際，全不見蹤影，活著有什麼面目見人，死後如何見先帝？

唐宋時期，中國社會存在一個明顯的變化轉折，史學界有稱之為「唐宋變革」的。與制度有關的，一為貴族政治在科舉制度與政治鬥爭的疊加打擊之下徹底瓦解消亡，宋朝之後無世族，平民政治開始崛起；一

為伴隨世族消亡，宗法制下沉。宗族成為中國人新的強大的安身立命之因素。唐宋之前有形的人身依附消失了，新的無形的宗族因素作用於中國人及其政治。此外，市場經濟、城市發展等也構成了政治制度發展的社會基礎。宋之後政治制度頗不同於前。

與兩宋同期的遼、金兩代，以及後起的元朝，制度方面既保留了本民族的不少制度（尤其是在核心權力設計上），又大規模採納了唐宋制度（比如科舉、六部等「標配」）。本書對這三代制度涉及不多，對邊疆少數民族地區的政治制度也鮮有論及，敬請讀者諒解。要特別強調的是，元朝的「行省制度」是一大創舉，留用至今。

明清兩代是中國古代政治制度的集大成者。本書主要聚焦這兩個時代，以明清兩代制度為主要講解對象。一來，明清政治制度是在繼承之前制度的基礎上發展而來的，保留了前朝政治制度的優劣，從中可以倒推制度的演化路徑；二來，明清本身多有制度創新，更趨精細嚴密，將傳統政治制度推向了一個頂峰。比如，明太祖朱元璋的諸多創舉，廢宰相權分六部、內閣制度等等，雍正皇帝創立軍機處、廢除預立太子制度等等。明清政治制度可謂傳統政治制度的集大成者。

因為篇幅有限，加之一般人也沒有必要對歷朝歷代的制度都詳細了解，所以本書就以明清制度為主要對象，溯及前代制度，勾勒演變軌跡。本書按專題論述傳統政治制度的各大方面，而不是以朝代順序，一一講述歷代政治。

中國傳統政治制度最終戛然而止，並沒有發展成現代的政治制度。這其中固然有近代西方列強入侵，並沒有給中國政治制度自身繼續發展演化機會的原因，我想，源頭還在傳統制度自身上面。傳統政治制度中有沒有發展……現代制度的因子，如果讓它自由發展又會是怎樣的一個局面？這是一個宏大課題，不是中國政治制度史單一領域能夠解釋的。

前言

須知，政治制度不是孤立存在的，而是和社會、文化和人心緊密相關的。

大凡一本研究專著，總免不了說明自身的研究方法、線索路徑。慚愧的是，本書是我在大學課堂上的講課錄音基礎上整理、編輯而成的，談不上有什麼特別的研究方法，或者遵循了什麼線索。我只是希望把傳統政治制度的方方面面都講清楚。本書本身就是一種「討論」，是一種宏觀概括和事實呈現的嘗試。全書分為十二個專題，我在十二個大的框架下，常常信馬由韁地講開去，沒有嚴格的註釋，有的多是興趣，是奇聞軼事，是典故案例。況且，我們誰都沒有經歷過傳統社會，體驗過那些制度，都是管中窺豹、書中窺景。很多政治制度，局外人捶胸頓足，局內人樂在其中；局外人交口稱頌，局內人苦不堪言。此外，立場不同，處境不同，對同一項制度的評價就可能存在巨大差距。所以，爭論是難免的。讀者讀後，如果對某項政治制度留有印象，或者對書中某個論斷表示認可，我覺得本書就沒有浪費紙張。如果再能引發讀者的些許思考，那麼，這就是一本成功的圖書了。

說了這麼多，讀者可能對傳統政治制度產生了一些興趣，對上述的論述也有許多疑問，那就翻過這一頁，直接進入正文吧！

第一講
中國政治制度史講什麼

讓我們從一行唐代的文字開始：

開府儀同三司，檢校尚書右僕射，使持節，涇州諸軍事，涇州刺史兼御史大夫，上柱國，南川郡王，贈司空劉昌。

這是一段唐代墓誌的文字，主角叫作劉昌。碑文列出了劉昌生前所有的官銜。從中，我們能看出劉昌生前是幹什麼的，我們也能看出唐代政府機構是怎麼設置的。

劉昌生活的年代是唐朝藩鎮割據、極為混亂的一個時期。時代烙刻在個體上的痕跡，就是劉昌墓碑上的官銜繁雜、冗長。實際上，劉昌的實職是「涇州刺史」，其他的頭銜都是散官、勛官、爵位、追贈等等。他的主要工作就是管理涇州，工作地點也在涇州，或許還是割據涇州的藩鎮軍閥。那麼，朝廷為什麼給他加了這麼多官銜？這就要說到唐朝的政治制度，進而影射出唐朝的政治實情了。對劉昌官銜的解讀，就屬於中國政治制度史的學科範疇。

再來看第二個例子。清朝地方官員出門有「排衙」。排衙就是清朝官員出巡的時候，前面有差役舉著的牌子，一塊一塊地過。就好像觀眾看戲，戲臺上的主角沒出來，臺子上有一排排小卒舉著牌子或者搖著旗子晃過去。現在，我就仿照史實，虛構一個清朝地方官排衙中的牌子內容：進士出身，庶常散館，賞戴藍翎，加兩級記錄一次，四品銜，通州正堂段。

這裡一共有六塊牌子。清朝官員出巡，差役通常都是兩個人並排前進，所以排衙的牌子都是雙數。即使官員的身分不是雙數，也要湊成雙數，把自己的優點、閃光點都加進來。

如果說劉昌的墓誌表明他生前最後的狀態和唐朝機構設置情況，那麼，這六塊牌子表明的是出巡的主角在仕途上走過的路，他是怎麼升遷到如今職位的。

走在最前面的兩塊牌子是「進士出身」、「庶常散館」。這兩塊講的是出身，說明出巡的大人是怎麼當上官的。進士出身，表明這位官員考中過進士，而且考的是第二甲。庶常散館，說明他之後被挑選為庶吉士，留在翰林院深造。但是可惜的是在三年深造期滿後並沒有留在翰林院，當上正式的翰林，而是分流到了其他部門。

我們再看第二排的牌子，一塊是「賞戴藍翎」，另外一塊是「加兩級記錄一次」。賞戴藍翎，表明他有資格戴藍翎，也就是在官帽後面裝飾一根藍色的孔雀翎。大多數清朝官員，是不能在官帽後面裝飾孔雀翎的，至少是三品才能戴藍翎。比藍翎更高的是花翎，「戴花翎」是非常榮耀的待遇。我們在影視劇中常常看到的「摘去某某人的頂戴花翎」，說的就是去掉他的這項待遇。花翎和藍翎不是誰想戴就能戴的，必須得由皇帝賞賜給你。所以，這是主角六塊牌子中最值得炫耀的一塊。

加兩級記錄一次，說的是這個人的考核特別優秀或者有特殊的功績，所以提升了他兩個級別，又記錄了一次。記錄，是清朝的官員考核獎勵，類似於後世的記功備案。記錄四次，就可以升一個級別。第二排的兩塊牌子，說明主角在現在的崗位上加了兩級又記錄了一次。表明他的政績非常不錯，或者資歷很深。

第三排牌子中的「四品銜」，指的是他現在的品級。官員的實際職位和品級，常常並不對應。明清時期，官員常常「高官低就」。「通州正堂段」，是最重要的、最有實質內容的一塊牌子，表明這是通州知州段大人在出巡。「正堂」是對正印官，也就是一把手的稱呼。知州按照級別應該是正五品。但是他升了兩級所以是正四品，所以他是四品銜的通州正堂。真正決定一個人的待遇、實權的是他的實職，所以，我們說「通州正堂段」是他最重要一塊牌子，是他一長串名銜的核心內容。

透過這一分析，我們就可以看出姓段的這位通州知州過去所有的人

第一講　中國政治制度史講什麼

生軌跡：他是怎麼當上的官、經歷過哪些仕途沉浮（當然主要是「浮」，「沉」一般不拿出來炫耀）。上述分析的內容，也用到了許多中國古代政治制度的內容。

那麼，中國古代政治制度（中國政治制度史）到底講什麼？或者，我能從中學到什麼呢？

中國古代政治制度，主要講三大內容：

第一個內容是：政體。行政區劃怎麼劃分？官府衙門是怎麼設置的？出於何種考慮？國家都設立了哪些衙門？這些衙門的職權是怎麼樣的？有哪些官吏？這些官吏的職權又是怎麼分配的？機構和機構之間有什麼樣的傳承關係？歷史演化脈絡如何？

第二個內容是：制度。制度包括政府運轉的各項規章制度，也包括慣例、成法和潛在的觀念等。雖說我們談的是政治制度，但是「政治」的內容並不局限在政府公權力、政府運作和行政管理方面，而是取廣義概念。司法，稅收，軍隊的設置、駐防、調遣，官員的選拔和考核，基層社會運轉，等等，都是大政治的範疇。

第三個內容是：影響。政體和制度是有效還是無效的，對這個社會有什麼好的或者不好的作用？政治制度和個人有什麼關係？皇帝和鄉野村夫能不能扯上關係？這些也是政治制度史研究的範疇。政治制度史的研究，包括政治制度的影響、政治和社會的互動等等。

總而言之，中國古代政治制度研究的是，中國古代歷朝歷代的政體、政治制度的設計理念、設置和運轉情況、歷史演變，以及這些內容的影響。這是一門跨歷史和政治的綜合學科，是以歷史學為基礎的，涵蓋了社會學、政治學等學科的綜合性學科。這是一門很有發展「前途」的學問。

我們講政治制度，不能離開它背後的思想觀念。只學政治制度，不

學政治理念，就會只知其然而不知其所以然。知其所以然，才能更好地知其然。而政治思想、政治理念，是和其他因素，和中國社會密切相連的，難以單獨講明白。因此，本書在講政治制度時，做了若干延伸，講人們的評價，講制度的演變歷程，力求展現與之相關的政治理念和社會變遷。

大家剛開始接觸古代政治制度，我先不介紹古代的官府機構、也不談行政運作，我們先來看看古代政治制度有什麼大的特點。我覺得先介紹古代政治制度四大特點，可以讓大家對中國古代政治制度有入門式的了解。

第一，中國古代政治制度充滿保守色彩，同時又具有蓬勃的生命力。這兩點看起來似乎是矛盾的，但真實地共存於中國古代政治制度身上。

保守說的是中國古代政治制度變革少，超級穩定。中國古代有很多衙門，一旦設置了就廢除不了了。只能改良，在它的基礎上另起一個小爐灶，後來這個小灶越來越龐大，去的人越來越多，但它依然還是一個小灶，不能成為名正言順的「食堂」。

舉個例子，明清政治制度中有「五寺」。大家現在看到這「寺」字，總覺得是和尚修行的寺廟，其實「寺」的本意是衙門的意思，一開始的寺都是官衙。後來，有一匹白馬馱著很多佛經，從西域來到洛陽，皇帝覺得這匹白馬功勞挺大，就說給你建個地方，表彰你的功勞。為了提高這個地方的級別，恩准它用「寺」字，叫「白馬寺」。白馬寺就成了中土佛教的祖庭。後來的和尚老攀這遠親，覺得這個名字是皇上御賜的，所以我們修行的地方也應該叫寺。「五寺」在先秦時期就有影子，一直延續到宣統皇帝的時候，始終存在，跟中國傳統社會一以貫之，從來都沒有人想過把它們廢除。只有在戊戌變法的時候，光緒皇帝說就把它們廢

除了吧，可是過了一百零三天，朝廷又把它們恢復了。這五個寺分別是：鴻臚寺、大理寺、太僕寺、太常寺、光祿寺。有學者認為五寺的長官是「九卿」當中的成員。那麼，大家知道這五個寺原來是幹嘛的？後來又演變成什麼機構了嗎？

鴻臚寺，本來是管朝廷禮法、皇家祭祀的，用什麼禮儀來朝拜皇帝，糾察百官看有沒有守禮是他的職責。古代官員如果不守禮法，就是「非禮」。「非禮」這個詞的本義，是指古代官員犯了一種罪，叫「非禮」罪。某某官員對皇帝「非禮」，指的是這位官員對皇帝不尊重。這個就歸鴻臚寺管。後來，事情越來越多，機構越來越多，但是對皇帝非禮的人越來越少，所以這個鴻臚寺管的事情越來越少。尤其是禮部成立以後，把它的職權侵奪得很嚴重，那鴻臚寺幹嘛去？但是，這個機構一直沒有廢，在唐朝以後，它變成了一個外交機構。比方說，英國使臣到中國來了，鴻臚寺在他的船頭插一面小旗，叫作「英吉利貢使」。使臣抵達北京城以後，告訴他們見了皇上要三跪九叩。教蠻夷來了以後怎麼向皇帝行禮，就是鴻臚寺的主要工作。大家有沒有去過北京的中山公園？進入公園後，院子的左手邊有座小亭子，叫「習禮亭」。這裡就是鴻臚寺的主要工作場所之一。

貢使來了，或者是地方土司來了，你先到習禮亭，我給你演示一遍三跪九叩。你先學習，學會了我再帶你去見皇帝。這就是鴻臚寺所管的事。他負責的僅僅是外交當中的部分禮賓工作。

大理寺一開始是管司法的，就是判案。但事實上，它不是什麼都管得了。重要的案子皇帝親自過問，後來又有刑部又有都察院。隨著政治發展和社會變遷，大理寺不可能像剛設立的時候那樣大包大攬，管司法管那麼多了。尤其是唐朝以後，刑部把司法實權都管在自己手裡。怎麼判案、怎麼處理，刑部說了算，大理寺只負責覆核刑部判完的案子。因

為刑部實在是太強勢了，大理寺的覆核就變成了對刑部判決的追認。刑部判完了往大理寺一送，大理寺蓋個章了事。重大的疑難雜案，一般要求刑部、大理寺和都察院進行「三法司會審」。說是會審，但是因為之前的初審、覆審、終審都已經由刑部包辦了，現在又有刑部參與會審，而且往往由刑部尚書來負責，會審就變成了更高級別的對刑部判決的追認。

太常寺起初是掌管宗廟禮儀的，涉及皇室宗法秩序，一度列為九卿之首，最後就變成了只管宗廟祭祀和朝堂禮儀的冷衙門。禮儀中很重要的內容為奏樂，因此太常寺工作一大主責便是管理傳統宮廷雅樂。吹拉彈唱倒成了人們對太常寺的首要印象。

太僕寺原來是負責皇帝出巡的，管理皇家的車駕和馬匹。後來車駕就不歸他管了，比如清朝皇帝的車架由內務府包辦了。太僕寺管不了。天下的車駕，兵部有車駕兵馬司，太僕寺更管不了。最後太僕寺就變成了養馬的清水衙門。事實上，全國絕大多數地方並不適合養馬，只有北方少數地區有成規模的馬場。在清朝，北方絕大多數馬場由地方都統衙門或滿族人自己管。太僕寺只能管北京城附近很少數的一些養馬場。

光祿寺在秦漢時期是很厲害的，長官叫作光祿勳，一度曾叫作郎中令。西漢名將李廣就當過這個郎中令。光祿寺管宮廷宿衛，也涉及負責部分疑難雜案，到了後來就變成管膳食的閒曹。皇帝要吃飯，朝會要備宴，光祿寺就管操辦酒醴膳饈之事。

隨著形勢的發展，古代絕大多數的政府衙門都被保留了下來，或多或少地賦予他們若干新內涵，或明或暗地賦予他們一些新職權，就是不廢除。

但是社會發展和政治演變，會遇到很多新情況，產生很多新問題，怎麼在新形勢下處理舊政制？中國古代政治不會對原有架構進行洗牌，以適應新的形勢。

它只是對原有架構小修小補，主幹還是原來的主幹，只能修剪分支。賦予一些在原來體制中不起眼的部門以新的職權，讓它們在舊體制中適應新形勢。最典型的例子是，皇帝覺得事情太龐雜了，要辦的事情很多，老感覺現有的政府機構不管用，達不到自己的要求，比如漢武帝。漢武帝要辦的事情很多，他有雄心壯志，但是丞相也好、三公九卿也好，效率不高，漢武帝不滿意。那好，他就把一些事情交給身邊的人來辦，然後在施行過程中慢慢規範起來。漢武帝身邊有很多辦事人員，這些人不是太監，而是低級官員。有一些人是幫漢武帝處理檔案文書的，叫作「尚書」。「尚書」顧名思義就是負責文書典籍的。漢武帝使用尚書來協助處理政務、上傳下達，導致這些人逐漸掌握了實權。尚書逐漸變成了實權官員。

從漢武帝時期到清朝末年，在兩千餘年漫長的歷史長河中，尚書和鴻臚寺等並存於世。衙門沒變，官名沒變，但是實際職權卻是千差萬別。

「秦亡而秦政不亡」，說的就有上述的意思。秦始皇時期遺留下來的許多制度理念和「化石機構」被歷朝歷代繼承，很多制度就成了「祖宗成法」。祖宗成法後來常掛在君臣的嘴邊，也落實在他們的行動上，輕易反對不得、變更不了，力量很強大。

既然古代政治制度這麼保守，為什麼又說它有蓬勃的生命力呢？因為，它畢竟統治了中國傳統社會兩千多年，沒有本質改變。中國古代的帝王，秦始皇算是對政治制度有根本性改變和塑造的人物。他繼承了先秦一些機構和官名，也繼承了之前的諸多政治哲學的遺產。但是多數秦朝制度是秦始皇的創舉，他有發明權。秦始皇之後，除了漢武帝、隋文帝等極少數帝王有大的創舉外，絕大多數人在制度層面上沒有建樹，基本繼承了「秦制」。千年制度，包打天下，而且沒有出現大差錯，可以說明其生命力之強。

皇帝換了，王朝變了，可是制度沒有大變，幾乎還是老一套的做法。其中的一大例子就是官僚集團。官僚集團雖然是中國古代政治體制和行政管理的一個部分，但在演變過程中形成了獨立的利益和運作規律，成為相對獨立的一個群體。

這個社會群體，幾乎在歷朝歷代都保持相對穩定。我給大家舉個例子。在王朝更替的時候，有一些人可以在好幾個王朝都是高官顯貴，最典型的就是五代十國時期的馮道。馮道是出了名的「水晶狐狸」，他在三四個王朝為官，官職都不低。

官僚集團常常把「忠君」、「效忠朝廷」掛在嘴邊，那麼在王朝有難的時候他們就應該義無反顧地撲上去。王朝滅亡的時候，大臣們應該跟著舊王朝一起死，這個叫作「殉節」。但是遺憾的是，殉節的人在每朝每代都是少數派。明朝滅亡的時候，李自成進入北京城，北京城裡吃皇糧的官吏（包括軍官）數以十萬計，跟著崇禎皇帝而去的不到一百人。絕大部分的官吏都去迎接李自成了。起義軍占領北京城後，專門成立了一個機構來篩選、登記、錄用明朝的官員。這個機構是有工作時間的，到了晚上工作結束了，還有許多明朝的官員扒著門縫要進來登記。當時起義軍在北京城內外殺戮得多，有一些官員還主動替李自成開脫，說：你看，當年洪武帝開國的時候不是也殺很多人嘛，所以新王朝在剛奪得天下的時候殺戮重一點，是一種正常的現象。其中，崇禎朝有個內閣大學士叫馮銓。馮銓這個人很有意思，他被起義軍關了起來，他扒著窗戶大喊：「你們到底是用我還是殺我，給個痛快話啊，我是很希望在新朝裡立功的。」不久，起義軍失敗退出北京，多爾袞帶著清軍進城。這個馮銓如願以償，在清朝繼續當他的內閣大學士。

再給大家舉個例子。徐世昌當過清朝的軍機大臣。清朝預備立憲之後，他又當過內閣副總理大臣，進入民國他繼續當他的國務卿，後來還

當了民國的第五任總統。他曾經規定，民國官員在清朝的政治履歷和獎懲，民國政府一律承認。民國政府，竟然承認官員在清朝的履歷！由此可以想像，中國官僚集團的生命力和延續性之強。

第二，中國古代政治制度廣度有餘，深度不夠。

中國古代政治制度把中國社會各個方面的內容都包含了進來。大家所能想到的各種問題都能找到相應的負責的衙門和掌管這方面職權的官員。發生了什麼事情，基本上都有人管。但是，中國古代政治制度和行政管理並沒有發展成為現代的體系。現存的政府機構和行政管理，框架是西方的。我們自己的制度遺產，離科學的、精細的要求還很遠，缺乏深度。

舉個例子，如今公務員考試很熱門。現在的公務員考試在中國的推行也就二十年左右，是從西方引進來的。現代的公務員考試制度和文官制度，是英國創造的。但是，就連英國人自己也承認，他們是在啟蒙運動的時候，受了中國科舉制的啟發，創造了現代的西方公務員制度。中國再把它給引進過來，等於是這套制度先出口，再內銷，「出口轉內銷」。為什麼中國古代的科舉制度沒有發展成現代的公務員制度，而要經過西方的這麼一道再加工、再引進呢？這就是因為中國古代政治制度深度不夠。出身缺乏可持續發展的因子，所以沒有延續下來。

歷史學家黃仁宇寫了一篇文章〈中國社會的特質〉，裡面提到了中國政制的這一特點。「由於缺乏所謂的技術精細化，中國的官僚政府通常表現得廣度有餘而深度不足。這一點給人留下深刻的印象。中國官僚政府所獲得的支持主要來源於社會習俗和社會價值觀⋯⋯在過去的兩千年裡，這些情況都沒有改變。」我們可以這麼理解，中國古代政治制度主要是一種道德上的價值觀上的管理。它追求的是一種性質上的平衡和完善，而不追求數量上的、內在的精細化。比如，黃仁宇提到明朝財政的

時候，他提出儘管明朝留下的檔案卷帙浩繁，提供了大量的資料，但是明朝的財政歷史資料卻從來沒有按照切合邏輯完整性的方式加以編排。

各式各樣的物品全都混在一起，各種款項、貨幣形式從來就沒有轉換成一種共同的標準加以合併。這讓後來的歷史學家和研究者感到明朝的財政數字完全難以駕馭。明朝的財政管理雖然涵蓋了諸多領域，支撐了龐大的政府運轉，但是怎麼能發展成現代的精密財政呢？

第三，中國古代政治制度和行政管理，道德色彩濃重。德政，受人稱頌；德治，是中國的政治傳統和共同目標。

明朝有個官員叫邵經武，是工部的主事。工部跟工程有關係，車船稅是工部徵收的。邵經武就被派到湖北荊州，去徵收車船稅。該項稅收是定額收稅。

邵經武到湖北收了三個月，完成了定額。剩下的九個月他什麼都沒做。這是公然的逃稅，公然的曠工。他一年有九個月都閒待著。但是在朝廷考核的時候，朝野都覺得他是個好官，因為他「愛民」。愛民就是道德評判。我們從制度上評判，邵經武這個人基本上不做事、尸位素餐，是庸官，但是從道德上講，他是個好官。

同時期有個官員叫沈榜。他在北京宛平縣當知縣。宛平就是現在「盧溝曉月」那個地方，當時管轄的範圍很大。現在的北京市區有六個核心區，明清北京城區只有兩個縣。以天安門中軸線為界，西邊為宛平縣，東邊為大興縣。所以當時宛平縣管的地方很大。宛平縣有一個造假集團，它們私刻宛平縣房契和地契的公章，辦了很多假契。最後，這個造假集團就被沈榜給擊破了。沈榜貼出一個告示：凡是持偽造房契和地契的人，限在多少日之內到衙門補交稅款，逾期不辦者嚴格處理。大家覺得這個告示有沒有問題呢？

從制度層面來說，一點問題都沒有。從情理上來說也是合理的，因

為你本來就是假的。可是，很快就有御史彈劾沈榜，說他貪婪、暴戾，是個典型的酷吏加貪官。御史的理由是這樣的：百姓為什麼要貪圖那幾兩銀子去辦假證呢？他不知道假證是假的嗎？那是他們生活太艱辛了，辦假證可以省幾個銅板。你看人家生活都這麼難了，沈榜還威脅人家說要「嚴格處理」，拆人家的房子收人家的地，這個人不是酷吏是什麼？再說補交的契稅能有多少兩銀子？沈榜連這麼點蠅頭小利都不放過，這個人不是貪官是什麼？

那麼，到底是沈榜有道理呢，還是御史有道理呢？

這其實是兩套不同的評價標準。沈榜是依法辦事。御史是站在道德角度批判沈榜。結果是誰贏？是御史贏。這就體現了中國古代的一個重要原則。古代政治的評價標準，道德是第一位的，才能和作為是第二位的。皇帝死了，你跑到皇帝靈前哭三天三夜都沒事。可是如果你沒去哭，而是堅持工作，你是有問題的。所以以德治國，大家都覺得沒有什麼問題，但是嚴格執法的話，就會遭人詬病，讓人覺得不通情理。

中國古代財政稅收也一樣。現代財政追求的同標是收支平衡，但是中國古代朝廷的財政稅收首要考慮的是道德，是如何「施恩」於老百姓。頻繁減稅，或者豁免欠稅，就成了朝廷經常使用的手段。皇帝登基改元，往往要減稅、免稅；發生大災難了，最需要用錢的時候，也往往「小災小減，巨災巨減」，而根本不考慮國家的財力繼續和使用情況。清朝康熙時期宣布「永不加賦」，被傳統社會視為一大「仁政」。清朝的士大大對此念念不忘，看作是「皇清德政」。他們絲毫不考慮人口增加和稅收變動的關係，也不考慮人口增加和財政支出的關係。

古代司法，非常能夠體現行政上的道德色彩。中國古代司法離真正的法治精神差了十萬八千里。我給大家舉個例子。有兩兄弟到知縣那裡去打官司。打什麼官司呢？原來是老父親去世了，留下了七兩銀子，說

這七兩銀子怎麼分。兩個兄弟就在那裡爭。爭來爭去打得頭破血流不可開交了，就到知縣大人那裡告狀。那知縣怎麼仲裁呢？知縣大人不仲裁。他先把官帽摘了，抱著他們痛哭。他會說，實在是我這個父母官沒當好啊，竟然讓你們兄弟反目，就為了七兩銀子連幾十年的兄弟情分都不要了，這歸根究柢啊是我這個知縣失德。為什麼呢？上行下效，因為我這個父母官沒當好，所以才讓你們兄弟反目。古代司法的邏輯就是這樣。他先自責。他覺得只要是有違人情、有悖常理的事情一出現，肯定是政府失德。我們設身處地，處在古代官員的角度，他們就會這麼想。在很多時候，就是這個知縣硬生生地把兄弟兩個人給哭回去。「我們兄弟倆知錯了，不告了。」這就是知縣的目的，這就叫作「息訟」。「息訟」是古代官員的重要考核標準。十個人來打官司，能把九個人給勸回去，你就是個好官。如果十個人打官司，你即使把十個人都判得很好，你也不是好官，為什麼？說明你這個地方民風不好，老百姓「健訟」。民風為什麼不好呢？說明你們父母官當得不好，沒有教化好老百姓。所以，地方官遇到民事糾紛，眼淚就是他們最好的武器。比如說，寡婦要改嫁，知縣就說，這種事情不要找我，找你們族長去解決。為什麼？一般他懶得管這種事情。中國古代官員，一般只管惡性刑事案件，像民事糾紛，能推走就推走。還有另外一個司法原則是「德主刑輔」，就是說，打板子不是我們的目的，目的是讓你意識到自己的錯誤。道德不僅是目的，也是主要手段，動之以情、曉之以理，苦口婆心地勸你。懲罰，才是次要手段。

我再給大家講一個比較極端的例子。北宋張詠出任崇陽（今湖北崇陽）知縣。上任後，他發現當地貪汙腐敗嚴重，怎麼辦呢？他就得殺雞儆猴。有一天，張詠在衙門裡看到一個小吏，拿了庫房裡的一枚銅板。他就讓這個小吏把銅板交出來，還要重重地懲罰他。小吏說：「至於嗎，

我不就拿一枚銅板？就算按照法律來辦，你能把我怎麼樣？」張詠見他態度十分惡劣，決心拿他當標靶，說：「來人呀，不用打板子了，把他推出去砍頭！」憑什麼呢？張詠說，這樣的「汙吏」會「一日一錢，千日一千，繩鋸木斷，水滴石穿」。他一天偷一枚銅板，一年偷多少銅板？你今天偷一枚銅板，後天偷一兩金子怎麼辦？所以，你偷一枚銅板就足以有殺你的理由。就這麼，張詠把小吏給殺了。大家覺得他是個好官嗎？張詠有力地遏制了當地貪汙腐敗的勢頭。但是大家反過來想：這麼做合法嗎？（宋羅大經《鶴林玉露》）

　　漢朝有一個郡的太守特別難當。就是「河內郡」。河內郡處於現在河南省黃河以北的西北部地區，出了很多達官顯貴和皇親國戚，而且離政治中心洛陽和長安都不遠，當地就產生了很多豪強，和國都的高層有千絲萬縷的關係，勢力很大。所以河內特別難治。誰一想懲治豪強劣紳，朝廷就有人打招呼，說這個人不能動、那個人不能動。所以，歷任太守查案子之前，都得看看辦案對象的背景，看看是不是和朝廷、和皇帝能扯上關係。漢武帝時，王溫舒赴任河內太守。

　　任前宰相告訴他，如果你能把河內治好，你就揚名天下了。王溫舒說，河內並不難治理，只要宰相您給我五十匹快馬、五十名健卒就行。宰相問他要這些幹嘛？

　　他沒有回答。王溫舒到任河內郡後，讓五十名健卒在府衙隨時待命，然後派官兵捉拿豪強劣紳。因為當地誰犯了什麼壞事都很清楚，所以第一分鐘抓人，第二分鐘判斬，第三分鐘就派遣健卒騎著快馬立刻送到朝廷去走程序，迅速就走完所有的司法手續。「奏行不過二三日，得可事。」王溫舒以最快的速度，把豪強集體斬首，血流數十里。讓豪強勢力根本來不及幕後操縱，讓皇親國戚根本來不及阻撓。歷史記載，河內大治。「天子聞之，以為能，遷為中尉。」但是大家想想：這樣做合法

嗎？（《史記‧酷吏列傳》）

上述兩個人，一個是宋朝的，一個是漢朝的，都是切實被正史記錄在冊的。從道德上來評價，這兩個人的確是做了好事，將壞人繩之以法了。但他們都有用「非法」手段來維護「法治」目的的嫌疑。但歷史上，幾乎沒有人從這個角度去評價他們的行為。這也從深層次體現了中國古代政治和行政中道德色彩濃重。

第四，中國古代政治制度充滿人情世故。大家要想理解中國古代政治制度和行政管理，必須理解中國特色的人情世故。如果說我們剛才說的前三個特點都是從整體層面來講的，那麼第四個特點就是從局部方面來說的。

民國風雲人物李宗仁，出身軍閥。官升得特別快，他在三十多歲的時候已經是集團軍司令。抗戰的時候指揮徐州會戰，他那時候才四十歲左右，他的下面有很多將軍，資歷比他老。李宗仁開會的時候常常講：各位，讓我來指揮你們實在是不恰當。我很慚愧呀，本不該指揮你們，但是呢，還得委屈大家聽我指揮。

這裡面就涉及了一個很關鍵的問題：資歷。資歷這個東西只有東方社會可以理解。中國傳統社會也好，政治制度也好，都很講究資歷。美國總統歐巴馬當選之前，只當過國會議員，按照傳統社會的標準，明顯「資歷不夠」。

資歷有它合情合理的一面。真實的世界，有很多事情只可意會不可言傳。

二十歲和四十歲的人社會閱歷不同，對社會的理解是不同的。時間轉化成了社會閱歷和人生經歷。尤其是在中國，很多東西要慢慢去熬，慢慢去品。這個，只有時間才能教會你。當然了，並不是所有人都能被歲月磨練出來。有些人可能資歷很深，想法和能力照樣不怎麼樣。我只

是說，資歷和能力成正比，不是說你活的年紀越大，你就越行，這是不一定的。但是在基本面上，資歷越深，你對社會的理解就越深。所以中國古代講究一個人的資歷，是有它可取之處的。這就是中國的一項人情世故。

很多時候，行政管理做的是人的工作。剛步入社會的職場新人，可能覺得自己工作很累，老闆很輕鬆，只要打幾個電話然後把事情交給別人來辦就行了。但是，大家想過沒有，老闆拿起手機把這個事情給談成了，你就談不成。為什麼？

因為他能夠熟悉手機對面那個人的工作。而職場新人，可能連手機中那個「關鍵角色」的號碼都沒有。在行政管理層面，到了一定級別以後，你不從事具體事務，而是做人的工作。

清朝有項制度叫「引見」。就是在人事任命之前，皇帝得見見這個人。有人做過統計，雍正皇帝平均一天要見三十個人。大家想想，見一個人花十分鐘，三十個人是多少分鐘？雍正皇帝一般是三更天才睡覺，五更天起床，連續十多年一天只睡四五個小時。不是他不想多睡，而是他工作太忙了。這麼多人非見不可嗎？那麼多應酬非去不可嗎？為什麼一定要跟人打交道呢？我們再以雍正舉例。

雍正要任命順天府尹（相當於今天的北京市市長），候選人他是不是得見一下？

他要任命九門提督（相當於今天的北京衛戍區司令），候選人他是不是得見一下？他要是不見，這兩個人過幾天聯合起來發動兵變怎麼辦？再比如，雍正要任命一位駐藏大臣，他可能有很多想法要對這個人說。不僅是駐藏大臣本人，甚至是他的副手，皇帝也要見一下。雍正可能對他說：「我對駐藏大臣不放心，你到西藏後給我盯緊他。」這個話不能公開在朝堂上說，只有兩個人見了面才能說。所以，引見制度是很必要的。

其實，清朝的引見制度已經是打了折扣的。它限制了引見的範圍。大多數官員是不用引見的，你自己走到端門門口，衝著紫禁城磕幾個頭就可以去上任了。

雍正只見高級官員和一些重要崗位的官員，一般的中下級官員壓根就不見，即使是這樣，他每天至少得見三十個人。這個工作是免不了的，我估計雍正每天花在跟大臣打交道上的時間不會少於四個小時。

清朝有個官員叫張集馨，江蘇儀徵人。有人做過統計，在明清內閣名單當中，江浙人占了很大比例，相互引薦。前輩栽培後輩，前輩提拔後輩，所以這也是個人情世故。繼續回到張集馨。他到陝西去當糧道。陝西糧道負責整個西北地區軍糧的採集、供應和運輸。張集馨上任的時候說，我們去查一下庫房吧。他這話一說，下面的官員立刻跪倒一片，說：大人，千萬不能查！張集馨問：我這個糧道不能查庫房嗎？下面人說，不是不能查，是不建議您查。查了會出人命的！他說，好吧，那就不查吧。這個事情就過去了。其中就包含著中國式的人情世故。

張集馨的主要工作是「陪吃飯」。陝西糧道駐紮在西安城。西安來來往往的人很多。當時去四川、貴州、雲南那邊當官走的是西安、漢中這一路。去新疆、甘肅、青海、寧夏，走的也是西安、蘭州那一路，所以西安地處交通要道的交匯處。官員南來北往，經過西安，地方官是不是得接待一下？與官員相關的人員經過西安，也得招呼一下。所以，西安官員的接待任務很重。那麼，為什麼經常拉張集馨來作陪呢？張集馨也覺得和自己沒有關係啊。在多數場合，在場的人除了陝西本地官員，客人我都不認識啊。拉你來，是讓你買單！因為張集馨的職位，是西北第一肥缺。你的衙門太肥了，所以由你來出這頓飯的飯錢。這個就是張集馨的主要工作。

張集馨當糧道的時候，當時的陝西巡撫是個大清官、赫赫有名的人

物──林則徐。張集馨每一個季度都會往林則徐家裡送銀子。這不是他自己的錢，而是從糧道衙門裡提取的，所以大家都知道，為什麼他要查庫房的時候不讓他查了吧。不僅僅往林則徐家送，所有的衙門他都送。張集馨從北京到西安赴任之前，欠了上萬兩銀子的外債，第二年，張集馨不僅還清了外債，還往江蘇老家送了一萬兩銀子。但是從我們現在的紀錄來看，張集馨基本上算是一個好官。他只是按照潛規則，拿自己該拿的份額，不多拿多要，不故意刁難。

　　有一次，張集馨對林則徐說：我對現任陝西布政使大人有意見，我們倆很難配合工作。林則徐就勸張集馨息事寧人，張集馨不願意。林則徐疏不通他的想法，只好勸他：「你別跟他計較了，你們倆在陝西都待不了幾天了。」果然，沒過幾天，布政使大人升任他省巡撫，而張集馨升任四川按察使去了。原來，林則徐有自己的消息管道，消息比下級要靈通得多，事先揣摩到了朝廷的人事變動。這種權力運作和幕後交易，只有懂得了中國式的人情世故才能夠理解。

　　我給大家舉最後一個例子。清代文人蒲松齡，一輩子想當官都沒能如願，最後發奮圖強，寫了一本《聊齋志異》。其實，蒲松齡跟官場有過親密接觸。康熙九年（西元一六七○年），蒲松齡到江蘇揚州給擔任寶應縣令的同鄉孫惠當師爺。清朝的知縣不僅有一個師爺，而且師爺也分很多種，最重要的是錢糧師爺，負責清理僱主的賦稅和財政情況。其次是刑名師爺，刑名師爺是判案子的。第三個就是書啟師爺，書啟師爺是幹嘛的呢？從字面上看是管理文書檔案、拆寫信件的，實際上就是幫僱主應酬的。蒲松齡就是給孫惠當書啟師爺。一次，寶應縣大災，民不聊生，孫惠同僚、吳縣的韓縣令寫信來，拜託孫惠幫忙低價購買當地少女做自己的侍婢。孫惠就對蒲松齡說：師爺，你就幫我處理一下吧。蒲松齡是這樣回信的：

「買丫頭的事情，老兄什麼時候抽空親自過來，肯定是手到擒來。你也知道，敝縣遭了饑荒，我天天在鄉下救災，實在是忙不過來了。」表面上來看，蒲松齡的回信非常客氣，實際上是斷然拒絕。這當中有很多玄妙的地方。蒲松齡的僱主不方便親自回信，就推給了蒲松齡；同時，萬一日後同僚真來興師問罪了，他還有個斡旋的餘地。「什麼，有這樣的事情嗎？那都是師爺做的。」這就是中國特色的人情世故。

這四個特點，第一點偏重縱向，是從歷史發展角度來說的；第二點偏重橫向，是從制度橫截面來說的；第三點和第四點分別是從整體和局部角度來考察的。為了便於記憶，我從四點中各抽出一個字，總結了一個詞：「保深道人」。

保，保守性；深，深度不足；道，道德色彩；人，重人情世故。這是一種利用關鍵詞的記憶法。記住了這四個字，就能擴展聯想出中國古代政治制度的四大特點；只要記住了這四個字，即使把中國政治制度史的其他內容忘記了，也能有個模糊的認知。

第二講
為什麼要學政治制度史

第二講　為什麼要學政治制度史

中國政治制度史是一門「高大上」的學問。下面我們就來談談，為什麼要學中國政治制度史？或者說，學習古代政治制度對我們有什麼作用，有什麼意義？從功利的角度來說，學習政治制度史並不能立即為我們帶來現實的利益。但是學習中國政治制度史的作用是潛移默化的，不能用功利的標準去衡量。

首先，中國政治制度史從大方面來說是歷史學的一個分支。歷史的意義也惠及政治制度史的學習。

學習歷史有什麼意義呢？讀史可以明智，可以幫助我們了解過去、把握現在、面向未來。探究自身是人類永恆的興趣所在。從原始社會開始，我們就在那裡思考：我們是怎麼來的，我們怎麼會走到這一步，下一步應該向何處去？要解答這些問題，我們必須去探究自身和所處社會的歷史。這是人類很自然的一種情緒，一種傳承的需求。讀史不是沉迷過去，而是更好地把握現在和掌握未來。歷史學的積澱最終會替你答疑解惑，對你的生活會有實際的幫助。你在歷史方面的造詣，終將沉澱成你的內在氣質。

第二個意義，中國政治制度史是理解歷史的基礎性學科之一。

從我自己讀書和思考的過程中，我覺得，要學習歷史學，有兩個基礎性的次級學科必須得學會，一個是歷史地理，另外一個就是政治制度史。如果你不了解這兩項基礎性的學科，你就很難從整體上把握歷史學，甚至很難讀懂歷史。有很多人可能是中文系畢業，而且學的是古代文獻，他古文功底很好，但是你拿一本史書讓他從頭到尾給你翻譯過來，他可能解說得磕磕絆絆、難以成句。這是為什麼？因為史書當中有很多「攔路虎」，有很多行政區、地名、官名、制度，雖然每個字都認識，但是他不知道具體的意思，不知道應該怎麼翻譯成現代口語。也就是說，這位精通中文典籍的讀者，由於缺乏歷史的基礎，影響了他宏

觀歷史。

我們來看看兩個歷史學的基礎分支。歷史地理，講的是地理的歷史演變，包括行政區劃的演變，滄海桑田造成的古今地理形態的差異，等等。比如，北京北邊有一個「水長城」，如果你不了解歷史地理，你就不能理解為什麼長城當年要造在水下呢？這就是一個典型的滄海桑田的例子。長城造的時候肯定是在山上的，但是後來地勢變化，又有人類活動，就把這段長城移到水下去了。又比如，中國有許多古今地名和行政區劃，既有關聯，又有很大的不同。我們可能對自己出生的地方的行政區劃演變很感興趣，你要探究這個問題，就不得不去讀歷史地理。

同樣，你要想對中國古代歷史、對先人的言行有一個全面、深入的理解，你就不得不研究政治制度史。不然的話，你很難理解歷史傳記上的人物，他們的喜怒哀樂，他們要爭取的東西。和他們的煩惱所在。你也可能很難理解古代社會的運轉和價值取向。畢竟制度深入社會，在塑造社會運轉方面作用巨大。相對歷史地理的客觀障礙，政治制度史更偏向主觀，可謂是思想觀念層面的障礙。從這個角度看，政治制度史這隻「攔路虎」比歷史地理更要命，更令人生畏。

學習中國古代政治制度的第三個意義，就是讓我們更好地理解社會變遷。我為什麼要單獨拿出這點說呢？因為，中國傳統社會是和政治權力（公權力）緊密連繫在一起的。政府的公權力與社會、與個體的生活緊緊地糾結在了一起。

之前，筆者出版過一本書叫作《泛權力》，提出的基本觀點就是說中國社會是一個泛權力的社會。公權力和私權力、政治和社會糾結在一起。政府的權力泛溢到其他領域。個人的真實權力和法定權力是存在重大出入的。因此，你要想理解中國古代社會，就必須理解中國古代的公權力的泛溢，就得去讀中國古代政治制度。

　　當然了，這個觀點可以商榷。有人說：「你這個觀點不對。」筆者經常拿一個例子來支持泛權力：在古代，你要想當和尚，就要有縣衙門給你發的度牒，沒有度牒你就是「野和尚」。反對的人就提出了一個反面例子：蘇東坡是個文豪，也是個好官。他在黃州當團練副使時，整天感嘆自己沒錢。他看中黃州本地豬肉便宜，就埋頭研究怎麼把豬肉做好、做香，結果發明了「東坡肉」。蘇東坡在杭州當知州時，基本上不怎麼做事。他看城郊有個池塘不錯，就調配人力、物力整修池塘，挖深了、挖寬了，又在池塘旁邊造了一條堤壩，後來命名為「蘇堤」。

　　這個池塘後來發展成了熱門旅遊景點「西湖」。泛舟湖上之餘，蘇東坡就到西湖群山環抱中的寺廟，找老和尚喝茶、聊天。反對的人就說，你看蘇東坡天天都不做事，這樣的官還不是少數，怎麼能說中國古代公權力泛溢呢？我覺得這個例子也有些道理。

　　政治和社會的博弈，是一個動態過程。兩者的關係是一個宏大話題，不是三言兩語能夠說清楚的。本書後面陸續會有所涉及。筆者的基本判斷是，中國傳統社會受到公權力的侵蝕，中國是個泛權力化的社會。然而，同時有著很多因素在制約公權力，在遏制公權力泛溢。具體有什麼因素呢？

　　第一，道德。人心中的道德觀念、好惡，會影響他對權力的接受程度，會推動他抵制公權力的泛溢。比如說古代的讀書人，他非常重視儒家道德、仁義禮智信、禮義廉恥等等，就會把它們作為評價權力的標準。政府高唱「以德治國」，宣揚德政，本意也是借助道德的力量來維護統治。你既然要借道德的力，就多多少少要向道德妥協。

　　第二，人情世故。中國傳統社會人情世故發達。古代人，不論他在衙門裡當官、做小吏、做幕僚，還是在社會上經商、做工、遊蕩，或者埋頭耕田、老死鄉間，不管他是不是和政治有連繫，他都受到人情世故

的束縛。古代人必須滿足人情、世俗世界的要求、預期和評判。他首先得是一個「社會人」，其次再細分為是不是官場中人，是不是士大大階層，是不是編戶齊民。政治人的身分很可能是一時的，社會人的角色是一輩子的。所以，人情世故就會制約政治權力向其他領域的泛溢。

第三，技術性制約。技術性的因素會在現實層面上制約公權力向其他領域的泛溢，甚至限制行政管理朝科學、精細方向發展。我們提到晚清新政，常常會批評清政府的立憲沒有誠意，是一種假選舉、假立憲、假民主。既然要「立憲」，為什麼還要「預備」？清政府一開始說立憲三五年實行，後來推到六年，最後又推到九年。預備立憲期長達九年。在很多人看來，這是毫無誠意的行為。那麼，清政府是怎麼解釋的呢？朝廷說，全國性的選舉很難操作。在全國人民投票的基礎上產生各級議會，這是一項非常龐大的工程，有很多技術性的難題要解決，第一個技術性難題就是人口普查。在清朝末期之前，中國從來沒有進行過人口普查。你都不知道有多少人，都不知道有多少人符合選舉資格，你怎麼去分配選舉名額、怎麼去產生最後的議會？我們要知道，中國第一次有效的人口普查是在一九五四年。也就是說在這之前，很多的政府政策也好，很多的行政管理也好，它都是有預估性的。即使在一九五四年進行人口普查的時候，新政府也遇到了很多問題。比如，許多人連名字也沒有。即使是人口基數摸清楚了，選舉的時候也會遇到一個大問題：絕大部分的中國人是文盲！他們根本就不知道選票上寫的是什麼。這只是一個人口普查的例子，但是從中可以看出，諸多技術性因素制約著政府權力的擴張。

此外，古代中國存在「大政治理想」和「小政府現實」之間的矛盾，形成塑造傳統社會的張力。

古代的中國人都希望建立一個統一、穩固的政權（這也是中國人理

解的常態），希望全國統一在一個皇室、一套意識形態、一套政治制度和行為規範之下。大家都忠君報國，都奉行儒家思想（西漢後），都安居樂業、安土重遷，全社會安定團結、井井有條。這是歷朝歷代的一個理想，一個宏大的政治理想。事實上，為了推行這一套理念，建設成理想的社會，必然要求有一個強大的政府。政府要有力量去規範很多東西，抵禦很多不穩定、不團結和無序的因素。

但是，古代中國的政府卻是小政府。除了秦始皇等少數時期，統治者全力爭取建立一個強有力的大政府外，歷朝歷代都傾向於建立一個小政府。秦朝「二世而亡」給後人的一個教訓就是「亡於暴政」，亡於他對社會介入太多、太深。與之相反的「與民生息」、「民本仁政」、「愛民息訟」等等就成了正面的價值觀。傳統社會從上到下，都認為小政府是正常的。事實上的政權也是小政府。我們現在看明清時期一些地方官府，規模很小，官員對當地事務的參與也很有限。

很多事情，官府是心有餘而力不足。這樣，公權力在塑造社會方面的能力就弱，現實離理想的距離就遠。這就形成了「大政治理想」和「小政府現實」之間的張力。

為了達成理想狀態，歷代公權力不得不借助其他力量來協助自己達成理想，比如儒家思想，比如宗族組織。既然要借助人家的力量，就不得不對人家做出妥協和讓步。這一點在後文我們談到地方官制的時候，還會大量涉及。古代公權力的一大「成功」之處，可能在於它在借助其他力量的同時，滲入到這些力量中去，使其沾染了權力的色彩。

總的來說，我們不能否認中國傳統社會中，政治和社會、和個體命運是糾結在一起的。你要理解中國傳統社會的變遷，理解中國古代個體命運的禍福沉浮，你就不得不去接觸政治制度史。這便是我們學習中國古代政治制度史的意義。

本講的最後，我們簡單談談怎麼閱讀政治制度史料的問題。個人覺得，最好的學習資料就是「原典」，本領域的原始典籍，比如紀傳體通史中都有「職官志」，綜述同時期的官職和政治制度；又比如官員的傳記，包含傳主升降和在位作為的原始資料。更專業的材料有各朝的會要（會典）、格式律例等等。這些就是學習政治制度史的第一手資料。

　　如果是想對政治制度史淺嘗輒止，那麼就沒有必要捧著史料研讀，可以讀一些政治制度史的專業圖書。其中的首選，是那些含金量比較高的經典作品，比如錢穆先生的《中國歷代政治得失》，以宏觀角度、分朝代講述中國政治制度的變遷與利弊得失；王亞南先生的《中國官僚政治研究》，是研究官僚制度的開山之作；瞿同祖先生的《清代地方政府》，是研究清代基層官府組織和運作的經典之作，是專題研究和跨學科學研究究的典範。此外，以《中國政治制度史》為名的圖書（推薦嚴耕望、韋慶遠、白鋼諸先生的同名書），還有專門的行政區劃詞典、官制詞典，讀之可答疑解惑，讀之有助於知識的累積，有助於知識結構的建構。

　　還有諸多歷史類圖書，雖然和政治制度沒有直接關係，但可以增進我們對古代政治、古代社會的了解。政治制度史不能脫離宏觀歷史，對社會對歷史的了解加深，可以增進對政治制度的認知。讀書沒有定律，個人興趣主導之。興趣是最好的老師，翻開任何一本嚴肅的歷史書，都會對政治制度史有所裨益。總之，這是一門內涵豐富、涉獵廣博的「高大上」學科。

第三講
皇帝制度：皇權至高無上

第三講　皇帝制度：皇權至高無上

我們講中國古代政治制度，首當其衝就得講皇帝制度。普天之下，莫非王土；率土之濱，莫非王臣。皇帝在中國古代政治和社會當中發揮了至高無上的核心作用。很多制度都是從皇帝派生出來的，是為皇權服務的。所以，中國古代社會也好、政治制度也好，繞不開的就是皇帝。

講皇帝制度，主要講三個問題：第一個問題是，皇帝是什麼？第二個問題是，皇帝是怎麼來的？第三個問題是，我們怎麼看待皇帝？

皇帝是什麼

首先，我們來講「皇帝是什麼」。皇帝他不是一個人，它是一個機關、一項制度、一種象徵、一種信仰，是中國古代政治運轉的靈魂和核心。事無巨細，俱決於皇。皇帝是一切政務的最高決策者，掌控著天下官府的運轉。

中國政治制度史上有不少官職、職務，不能單純地把他理解成一個人，而是要把它看作是一個機關，一項制度。這從另外一方面也能夠說明這個制度也好，這個機關也好，其存在與否跟這個人自身屬性，關係不是太大。你把任何一個個體放在這個位置上、這項制度裡，他的行為方式總有一個可以大致把握的規律。我們常說某件事情做得好壞跟負責人的能力關係不大，你把任何人放在他的位置上可能做得都是這個樣子，言行舉止差不多也得遵循這麼一個規律。皇帝就是這樣。從個體上來講，他是一個自然人，然而從更大的方面來講，它更是龐大的機關和繁瑣的制度。整個紫禁城及其服務人員，有諸多繁複的制度，都在為皇帝服務。

與皇帝有關係的幾個概念，先一一梳理一下。

第一個概念是「皇權」，也叫君權，皇帝的權力，皇帝的權威。皇權

高於一切，在政治制度和行政管理中居於核心地位。古代很多的政治制度、很多的行為，歸根結柢是要維護皇權，維護皇帝的權威。任何人、任何事情只要威脅到了（或者可能威脅到）皇權，就必然跟整個政治制度產生激烈的衝突。

第二個概念是皇帝的稱號。皇帝的稱號有廟號、謚號、年號之分。我們來舉個例子，比如說康熙皇帝，如果穿越到了清朝，我們就應該稱呼他為聖祖仁皇帝康熙。聖祖是康熙的廟號。皇帝死後，他的牌位要列入宗廟裡面去，在宗廟裡面有個稱號，就是廟號。有了廟號，他就成了列祖列宗當中的一位。講到列祖列宗，我們看到凡是稱號裡帶有「祖」或者「宗」這兩個字的，都是他的廟號。比如明太祖朱元璋，太祖就是他的廟號，唐太宗李世民，太宗就是他的廟號。

那麼謚號是什麼呢？「仁皇帝」這個「仁」，就是康熙的謚號。朝廷一般用一個很好的字來評價皇帝。謚號是在皇帝死後，朝廷對他的評價。謚號很長，可能會有二三十個字那麼長。一般我們都會取最後一個字，或者開頭的兩個字來稱呼這位皇帝。歷史上習慣稱呼劉徹為漢武帝，「武」是他的謚號（劉徹謚號「孝武」），他的廟號是「世宗」。漢武帝也是漢世宗。唐之前的皇帝一般以謚號相稱得的較多，比如晉元帝、北魏孝武帝、隋文帝、隋煬帝，唐之後的皇帝幾乎沒有以謚號相稱。

「康熙」是康熙皇帝的年號。年號是皇帝登基的時候頒布天下的。明朝以前，皇帝的年號多且複雜。比如像武則天那樣的，她心情一變化，就可能改個年號。年號變來變去，會造成很大的浪費。天下的老百姓和官員，都以年號紀年。

官府裡的文書、檔案往來，都以年號來紀年。更改年號，就得更換公文，混淆大家的紀年。銅板上面鑄的是年號，一旦改了年號，原來的銅板就作廢了，就得重新鑄造。所以，更改年號會造成浪費。從明朝開

始，一個皇帝只用一個年號。比如，朱元璋就只用了「洪武」年號。清軍入關以後，從順治皇帝開始，也是一個皇帝一個年號。漸漸的，官民更習慣用年號來稱呼皇帝。年號在實際使用當中，超過了皇帝的名字，也超過了廟號和諡號，變成了對皇帝的直接稱呼，比如，朱元璋就是洪武皇帝，愛新覺羅·弘曆就是乾隆皇帝。而「清聖祖仁皇帝康熙」，就是按照廟號、諡號、年號的順序排列的。

　　第三個概念是太上皇。太上皇指的是在世的皇帝父親。這就奇怪了，皇帝是終身制的，只有死了皇位才傳給他的兒子，怎麼會出現太上皇呢？所以，出現太上皇的情況很少。第一種情況出現在開國的特殊時期。西漢剛剛建立的時候，漢高祖劉邦是自己打下的江山，他當了皇帝，他父親劉太公還活著。這是中國歷史上第一次皇帝登基，生父還在。這就給所有人都出了一個難題，什麼難題呢？

　　劉太公和劉邦一起住在皇宮裡面，大臣也好，宮女、太監也好，碰到劉太公的時候，應該用什麼禮儀來對待？大臣們碰到劉太公要不要向他請示匯報呢？宮女要是遇到劉太公和劉邦一起出來，她要先向誰行禮呢？因為之前沒有明文規定，所以大家都很困擾。劉太公他自己起初沒有意識到這個問題。好在，他旁邊有個太監意識到了這個問題，就提醒劉太公說：「劉太公，有個問題你必須得注意一下：天下只能有一主。現在皇上已經坐了天下，那麼，太公您必須用一種恰當的方式來處理好你們的父子關係。如果處理不好，對全天下不好，對您的命運也不好。」劉太公很聰明，他一下子就明白了問題的癥結所在。那就是，如何處理在世的生父和大權獨攬的皇帝的關係？第二天，劉太公早早地起了床，拿起一把掃把，在劉邦上朝必經的路邊跟其他的太監宮女一樣在那裡掃地。劉邦經過的時候，劉太公和太監、宮女一樣，低著頭退讓到路邊，恭迎皇上經過。劉邦看到父親和太監們一起掃地、避讓，大吃一驚，不

過他馬上就明白過來了。劉太公用實際行動解決了困擾他已久的一個問題，解決了太上皇和皇帝之間的高低貴賤問題，給中國古代皇上和太上皇的關係定了基調：太上皇也要像大臣一樣向皇帝行禮。皇帝的權力是至高無上的，皇帝的權威在太上皇之上。劉邦對父親的行為很感激，投桃報李，給劉太公上了一個尊號，這個尊號就叫太上皇。

中國古代存在太上皇的例子不多，屈指可數。太上皇出現的第二種情況，是皇帝迫不得已，被兒子或者是權臣給逼了下去。最典型的例子是唐高祖李淵。有一天早上，李淵正在宮中的太液池上泛舟，突然二兒子秦王李世民手下的將領帶著一大群士兵，全副武裝，跑過來對他說：「皇上，太子和齊王密謀謀反，秦王殿下已經把太子和齊王都殺了，您看怎麼辦吧。」李淵一聽三個競爭的兒子現在只剩下一個了，而且大兵壓境、氣勢洶洶，這是逼宮的節奏啊！李淵能怎麼辦，只能退位。於是李淵就當了太上皇。這是古代太上皇產生的第二種情況，被迫退位。他不退位不行了，不退位就會有生命危險了，他是以退為進。

南宋光宗皇帝趙惇，極為不孝，在父皇宋孝宗重病和病逝期間，拒絕見他，而且宋光宗極為懼內，皇權有被后妃把持的危險，所以幾個大臣聯合起來，扶持太子來登基。有一天早晨，宋光宗起床，突然聽到了鐘鼓齊鳴，那是皇帝上朝議政的聲音。他感到很奇怪：「我還沒上朝呢，怎麼會有這種聲音？」一問，太監才告訴他：「您不再是皇上了，您已經是太上皇了。」宋光宗這才明白，自己已經被大臣和兒子聯合起來，給逼成了太上皇。

出現太上皇的第三種情況，是老皇帝實在是不想幹了，不想當皇帝了，主動退位成了太上皇。這種情況就更少見了，最典型的當屬清朝乾隆皇帝。乾隆當了六十年的皇帝，實在是當膩了，而且他不願意破壞爺爺康熙當政六十一年的紀錄，為了表達對爺爺的懷念和尊敬，乾隆在當

了六十年的皇帝以後主動退位了，又當了四年的太上皇。唐朝也有這樣的例子，就是李隆基的父親李旦。他是主動退位的。李旦本來就不想當什麼皇帝，無奈父兄時期皇室骨肉相殘，最後只剩下他這麼一個皇子，才被推上了皇位。本來皇位就不是自己想要的，現在一看到兒子們有重演骨肉相殘的悲劇的趨勢，李旦乾脆退位成了太上皇。

第四個概念是太子。太子是皇帝的繼承人，是要在皇帝百年之後成為新皇帝的人。太子是國本，是國家的根基、國家的未來所在。當年康熙皇帝不到二十歲，爆發了三藩之亂。朝廷開始進行處置。其中有一項重要的應急措施就是早立太子。所以，康熙皇帝在二十歲的時候就立了還在襁褓之中的皇二子為太子。目的就是為了以防萬一，維持王朝的延續。太子也和皇帝一樣，不要把它理解為一個個體，它也是一項制度、一個機構。

太子制度在中國歷史上源遠流長，但是我們會看到一個奇怪的現象：能順利當上皇帝的太子寥寥無幾。眼看著太子離那張龍椅只有一步之遙，但這一步邁出去邁成功的人少之又少。唐高祖李淵的太子是誰，不是唐太宗李世民；李世民開始的太子是誰，也不是唐高宗李治；康熙皇帝的太子是誰，也不是雍正皇帝。真正以太子身分登基即位的少之又少。為什麼會這樣呢？

首先，皇帝立太子的目的是什麼？是為了維護皇權延綿不絕。太子一旦確立，他就不是一個人，而是一項制度、一個機構，有諸多的衙門和官員們圍著他轉，逐漸形成了以太子為中心的政治勢力或者小團體。早先的朝代，太子還有直屬軍隊，掌握首都附近的武裝。太子的勢力更不容小覷。皇帝難免會在心裡有「想法」。即便皇帝和太子之間「父子情深」，即便太子完全無心擴張勢力，皇帝和太子之間都不再是簡單的父子關係了，而是新舊統治者的關係，是兩個政治勢力之間的關係。尤其是

當皇帝有事，或者出巡的時候，太子監國，皇帝更會心理失衡。這是人之常情。最終，太子威脅到了皇權！如果這個時候，有奸佞小人在一邊挑唆，皇帝和太子就容易關係破裂。比如，漢武帝劉徹和太子劉據因為「巫蠱之禍」兵戎相見，父子倆殺得血流成河，就是這種情況下的悲劇。

其次，中國有句俗語：槍打出頭鳥！皇帝，很多人都想當。無數雙眼睛盯著龍椅，順帶盯著那些靠近龍椅的人。太子一旦確定，就成了無數人尤其是野心家的眼中釘、肉中刺。大家都注視著太子，看他說了什麼做了什麼，有什麼犯錯誤的或者不恰當的言行。如果有，反對的人就使勁地放大太子的過失，拚命地攻擊太子。太子和兄弟們的關係，也發生了微妙的變化。本來大家都是說說笑笑的兄弟，突然你成了太子，將來就是皇上，你的子孫世世代代都是皇上，我這一輩子就是普通的皇子，我和子子孫孫的命運都握在你的手裡，生殺予奪由你說了算，我的心理怎麼能平衡？換作是任何人，心理都會有波折。好在太子還不是皇帝，每個皇子都可以再努力、再爭取機會，兄弟閱牆的種子，就這麼種下了。太子是非多，也就不難理解了。

對於太子而言，尤其是早早就當上太子的小皇子而言，成長的道路充滿艱辛。太子的「金帽子」，對孩子的成長非常不利，對青年人為人處事也非常不利。有些小太子，不誇張地說，長大後並不具備正常的知識和做人的能力。為什麼會這樣呢？因為他是太子，常人不敢按照常人的方法去教導他們，他本身也缺乏常人的態度，加上亂七八糟的是非、誘惑和壓力，太子爺就長成了「歪瓜裂棗」。康熙的太子胤礽就是例子。康熙皇帝傾注了巨大的精力培養他，但胤礽還是長成了扶不起的阿斗。胤礽從小沒有母親，一懂事就自動進入了「太子設置」，同時進入與眾多兄弟爭奪皇位的「廝殺模式」，從來就沒有享受過一天正常孩子的生活。後來他沒有成為一個「正常的人」，也就在情理之中了。綜上所述，我們可

以說，太子制度是比較糟糕的皇位繼承制度。

漢唐一般在宮城的東邊營建太子宮，建制、器用仿照皇宮，但是規模要小，稱為「東宮」。古代也以東宮代指太子。宋代南渡後，也許是因為財政緊張的緣故，也可能是因為創立南宋的宋高宗趙構無子，所以沒有修建東宮。到了宋孝宗時，明確「今後東宮不須創建」。宋孝宗說，皇宮裡就有很多閒置的宮殿，太子可以居住。之後，東宮就「搬」到了皇宮裡面，成了皇宮的一部分。之後，歷朝歷代的太子都和父皇住在一起，近在咫尺。這樣，太子想形成自己的勢力，另立小朝廷，難度就很大了。東宮官署更是徒有虛名，閒曹養閒人了。

康熙朝是實行太子制度的最後時代。繼位的雍正皇帝為了避免子孫重蹈自己兄弟鬩於牆的悲劇，發明了新的皇位繼承制度：「祕密建儲」制。祕密建儲制，是皇帝公開把相中的繼承人名字，寫好放在鐵櫃裡，再把鐵櫃放到故宮乾清宮「正大光明」牌匾後面，同時自己保留一份名單。皇帝駕崩後，王公大臣集體打開鐵櫃，和皇帝身上的名單核對一致後，共同迎立新皇帝。實行這項制度後，清朝再也沒有發生同室操戈、兄弟相殘的悲劇。我們可以說，祕密建儲制是比太子制度更好的繼承制度。

為什麼這麼說呢？首先，這種制度可以避免太子制的弱點。因為它是祕密的，誰也不知道誰是太子，連太子自己都不知道，所以就不可能形成太子勢力，更不會對皇權構成威脅。同時，又能督促包括祕密太子在內的所有皇子，腦袋裡的弦都繃得緊緊的，一刻都不敢怠慢，不敢放鬆學習，不敢不好好表現。老皇帝就處在一種非常有利的地位，他可以從容地觀察所有候選人的表現。如果他改變了心意，想換太子，怎麼辦？一共需要三個步驟：第一，找把梯子；第二，爬上去，取下鐵櫃；第三，換張字條，寫上新人選的名字。是不是簡單方便、成本低廉？

有人可能會問，會不會有人偷換鐵櫃，換上自己的名字呢？理論上有這個可能。但是，乾清宮的太監、宮女和侍衛們，難道會坐視梁上君子偷換鐵櫃不管嗎？

就算名單被換了，萬一皇帝突然檢查，發現名單被換，幕後主使豈不是白投羅網？

皇帝是怎麼來的

對皇帝和相關概念有了初步了解後，下一個問題就來了：皇帝制度是怎麼產生的？

從起源來看，皇帝產生的途徑主要有三。

第一個途徑是暴力。

暴力是最古老的權力合法性來源。武裝力量，長期以來是最重要的政治籌碼。在原始社會，用拳頭能解決的問題，大家是不會坐下來談的。而最初的皇帝就是拳頭的產物。部落聯盟和部落聯盟之間打仗，戰場上最後的贏家就整合所有的部落，形成國家，自命為君王。

有人會說，那麼，所有王朝的皇帝都是依靠暴力產生的嗎？是的。「可是，趙匡胤不就是黃袍加身，和平當上的皇帝嗎？」的確，宋太祖趙匡胤從形式上看是和平上位的，沒有血腥殺戮。但是，這事只有趙匡胤能幹成。你讓其他人穿上龍袍，在開封城裡走幾步看看，用不了三步就會被五花大綁，押去砍頭了。而趙匡胤之所以能幹成，是因為他背後站著十萬禁軍將士！他是最強大的武裝集團首領，誰敢抓他？說到底，趙匡胤還是依靠暴力當上的皇帝。

歷史上那些披著和平外衣開國建業的皇帝，其實都和趙匡胤一樣，本質上都是暴力掌權。比如中國古代常見的禪讓把戲，魏文帝曹丕、隋

第三講 皇帝制度：皇權至高無上

文帝楊堅、唐高祖李淵等人都是透過禪讓的形式奪取的前朝江山。仔細想想，魏文帝也好，隋文帝也好，唐高祖也好，誰不是大軍閥？如果他沒有掌握強大的武力，原來的皇帝能乖乖把皇位讓給他？即使拿到了皇位，他能夠維持統治，統一天下嗎？

隋文帝楊堅是奪了自己外孫的皇位。隋朝取代了北周。楊堅是關隴集團的代表。北周採取的是府兵制。天底下的軍隊由八柱國十二大將軍二十四開府來統領，官兵合一。這二十四支部隊是北周的軍事支柱。楊堅的父親楊忠就是其中一位大將軍（李淵的祖父李虎則是八柱國之一）。楊堅代表的是軍中漢族勢力。北周民族矛盾激烈，當時少數民族統治北方已經上百年了，漢族人迫切需要恢復漢族皇帝的統治。楊堅是當時最有能力、實力最強的大軍閥。所以他才能運用武力，裹挾民意，運籌帷幄，逼自己的外孫把皇位禪讓給他。到了後來，楊堅死後，天下再次大亂。李淵又憑藉自己的實力，逼楊堅的後代把皇位禪讓給自己。表面上，這些變動都是和平的，背後都有暴力支撐。

同樣，武則天也是這樣，宋武帝劉裕也是這樣。他們當皇帝前後，殺了多少前朝的皇族宗室？所以，暴力是皇帝權力的第一個來源。

現代政治學上有一個觀點，人類權力合法性的來源是有一個演變脈絡的。一開始，權力來源都是暴力，慢慢地轉化為金錢。比如說，我們會對白手起家的億萬富豪非常崇拜，他講了什麼話、做了什麼事情大家都會圍觀。如果一個草根巨富辦了一個講座，就是花錢你也願意去聽。你覺得他講得有道理。為什麼呢？因為他是白手起家，成功了，其中肯定有他的道理，所以我們願意聽從他。當然，這必須是在完全自由、公平公正的競爭環境下面取得的，大家才會覺得他行，才會跟隨他。資產階級革命的時候，資本家的權力就是這麼來的。資本家聚攏了民意資源後，又憑藉自己的實力，開始向原來的封建君主要求權力，這樣就把合

法性轉移到了自己手裡，轉移到了他們組成的國會、議會等代議制部門手裡。而代議制部門的選舉，往往由錢說了算。到後來，大家又覺得，為什麼我們要聽資本家的呢，為什麼誰有錢我們就聽誰的呢？我只聽我自己的，我只聽從我心裡的召喚。資本家不能代表我，軍閥也不能代表我，只有我自己才能代表我。這個時候，政治的合法性來源就變成了一人一票，民主選舉。誰得票高誰上去。人類權力來源就是從暴力到金錢再到選舉這麼一個脈絡下來的，而皇帝就處於暴力階段。

皇帝權力來源的第二個途徑是迷信。

人類社會早期，生產力低落，認知程度也比較低，有很多事情解釋不了。天為什麼要下雨、地為什麼要地震？人們理解不了，就會把它們歸結為天意，歸結為神靈的力量，相信一種宗教似的祕密。

皇帝只要將自己與這種神祕的力量連繫在一起，他就強化了自己的合法性。迷信能強化他的權力，這就是皇帝往往要「神化」自己的原因。皇帝自我神化有很多方法，比如，美化自己的出身。翻翻史書，我們就會發現，皇帝們都是怪胎，都不是「正常」出生的。懷胎十二個月之類的事情就先不說了，最離譜的是漢高祖劉邦，他聲稱自己是母親和神龍交配所生。《漢書》公然記載，劉邦母親在沼澤邊和神龍交配，當時天氣突變、電閃雷鳴，回去後就懷上了劉邦。劉邦（或者說整個西漢皇室）這樣做的目的，是讓皇帝成為「真龍天子」，為劉家的統治提供合法性。就連陳勝、吳廣起義的時候，他們也要借助神靈的力量來增加合法性，在蘆葦叢裡，假裝狐狸的聲音叫「大楚興，陳勝王」。史書裡類似的描寫，不勝枚舉。比如，史書經常這樣描述皇帝出生情形：紅光滿室，經久不散；祥瑞浮現，有各種異兆。另外皇帝還透過自己的衣食住行、稱呼等等神化自己。

需要指出，迷信在歷史上往往不能獨立發揮作用，而是要與形勢、

暴力等因素結合在一起才能導向權力。迷信是權力的錦上添花，而不是權力的唯一來源，更不是首要來源。

皇帝權力來源的第三個途徑是宗法。

現在我們很少講宗法了，但是在中國古代社會，這是一項非常重要的家庭、社會組織規則。這跟當時社會的生產力有關。宗法立足於血緣，把家族中的人們分出大宗、小宗，嫡系、庶出，長、幼，規定了同一始祖繁衍出來的各家族內的權力秩序、繼承秩序，也制約著整個社會秩序。它強調嫡長子繼承制，以嫡長子為大宗。大宗支配小宗，小宗服從大宗，雙方之間有權利和義務關係。每個人都可以在宗法體系中找到自己的位置，承擔相應的權利與義務。

正妻所生下來的孩子都是嫡系，妾所生下來的孩子都是庶出。第一個出生的嫡長子往往能繼承整個家族的產業。中國古代的繼承傳統，雖然財富要均分，但包括名譽、地位、稱號、爵位在內的精神內容，都是由大宗、嫡長子繼承的。

君王出現在中國的奴隸社會時期。從宗法上來說，夏王、商王和周天子是所有諸侯的大宗，是所有貴族的大宗。君王分封子侄為諸侯，是大宗獨占君權後，分遣小宗到各地去自立門戶；同時君王也分封部分異姓諸侯。同姓和異姓諸侯之間往往通婚。大家都可以容納到一個宗法系統中來，奉君王為大宗。這是奴隸社會時期，中國君王誕生初期的宗法情況。

當然了，皇帝的來源並不是只局限在某一個方面。我們不能簡單地說皇帝就是因為迷信產生的，也不能說有軍權就能稱王。皇帝的產生，是上述三大方面因素綜合作用的結果，甚至是更多因素綜合作用產生的。

皇帝是「三無」人員

本講的最後，我們來講一下怎麼評價皇帝。

世人都羨慕皇帝因為他能享受所有東西。普天之下，莫非王土。全天下的物質享受都歸皇帝。而且生殺予奪，他想幹什麼就幹什麼。這是多少人夢寐以求的啊！那麼在歷史上，皇帝真實的日子過得怎麼樣呢？

我的基本判斷是，皇帝是一個「三無」人員。

第一，皇帝無退路。我當上了皇帝以後，不當行不行？不行。只有你死了，才能卸下皇帝的重擔。為什麼當上了皇帝就要一條道走到黑，不能中途退出呢？因為，皇帝的退路就是死路。

赤壁之戰之前，魯肅是怎麼勸孫權的？《資治通鑑》裡的赤壁之戰這一節說，東吳內部爭論如何應對曹操的招降，「權起更衣」，魯肅偷偷地過去拉住孫權說，所有東吳的人都可以投降曹操，但唯獨你孫權不能投降。為什麼呢？

魯肅說，像我這樣的人投降曹操，混個十幾二十年也能混個太守、知縣，出有車、人有餐，生活還是有保障的，但是你孫權投降了曹操那邊，位不過封侯，還會有將來南面稱孤的可能嗎？不會！你連性命都可能保不住。

皇帝沒有退路這一點，我們從那些禪讓皇位的皇帝的命運中看得最清楚。皇帝一旦禪位了，遭遇都非常悲慘。為什麼呢？臥榻之側，豈容他人鼾睡。《水滸傳》裡有一號人物叫「小旋風」柴進。他是後周皇室後裔。北宋的天下是從後周皇帝柴宗訓手裡奪過來的，柴宗訓禪讓皇位後被封為鄭王。大家都覺得柴進就是柴宗訓的後代，這其實是不對的。《水滸傳》是文學虛構。柴宗訓禪讓後，二十歲就死了。他的兄弟不是死在他前面就是下落不明。雖然他的兒子繼承了爵位，降封為鄭國公，但他

這一支很快絕後了。鄭國公轉封給了大臣富弼。

趙匡胤受禪後，給柴家頒了丹書鐵券。所謂丹書鐵券，就是在一塊鐵板上刻了很多金字，列明了可以「免死」等優待。在很多影視戲劇作品中這個就是「免死金牌」。用鐵來造，表明承諾堅硬如鐵；用金來刻，表面承諾是金口玉言。可是，「承諾」救不了禪位皇室的命運。他們不是被毒死、殺死、悶死就是死因不明、下落不明。中國歷史上只有少數幾個禪讓皇位的皇帝得以善終，多數都死於非命。漢獻帝是有信史記載的第一個禪位的皇帝，也是少數幾個得以善終的皇帝之一。漢獻帝把皇位禪讓給曹丕後，雖然被囚禁但是並沒有被處死。魏晉南北朝流行禪讓這套把戲，一開始的兩個皇帝，漢獻帝劉協和曹魏的末代皇帝曹奐，退位後雖然沒有自由，但都是正常死亡的。到了晉朝，末代皇帝司馬德文，禪位當年就被殺死了。

這個司馬德文，本來是當不了皇帝的。準備篡位的劉裕因為民間讖語說「昌明之後尚有二帝」，為了湊足這兩個皇帝，準備先殺在位的晉安帝司馬德宗，再立一個皇帝讓位給自己。晉安帝司馬德宗是個白痴，他不辨寒暑、不知冷熱。天上下雪，他跑出來大喊大叫：「下麵粉了，下麵粉了！」弟弟司馬德文為了防止哥哥遭遇不測，一直陪在他左右。吃飯睡覺，兄弟倆都不分開。劉裕找不到下手的機會。一天，司馬德文生病了，離開司馬德宗去治病。劉裕的親信馬上找了件衣服，勒死了晉安帝司馬德宗。接著，劉裕逼養病的司馬德文繼位稱帝，一年後就逼他禪位給自己。

司馬德文退位後，被軟禁在一座小院子裡。他知道自己必死無疑。那種知道自己馬上要死，但不知道什麼時候死的感覺，最恐懼，最難熬。司馬德文就生活在這種恐懼中。他的身邊只有褚皇后陪著他。夫妻兩人相依為命，親手洗衣做飯，形影不離，防止刺客加害。一天，劉裕

派褚皇后的哥哥來走親，褚皇后出外相見。她剛走，刺客就翻牆沖進司馬德文房間，把毒酒遞到他面前，逼他服毒。司馬德文搖頭說：「佛曰：人凡自殺，轉世不能再投人胎。」刺客等不及了，拿起床上的被子，捂住司馬德文的臉，用力扼死他。此時距離他退位不到三個月。

比他晚一百年的北魏孝莊帝元子攸，是個信佛的皇帝，也是被迫禪位的皇帝。他退位後，躲避在佛寺中。權臣爾朱兆就派人在佛前殺了元子攸。臨死之前，元子攸在佛前許願：「願生生世世不再生在帝王家。」死時年僅二十四歲。

與元子攸類似的感嘆，順治皇帝發過：「我本西方一衲子，為何落入帝王家？」崇禎皇帝也發過：「何苦生在帝王家？」當然，他們兩位的情境，和司馬德文、元子攸的不盡相同。但是，這幾位皇帝都表達了相同的意思，那就是當皇帝難，當皇帝沒有退路。

當然了，有人說：「不對，三國裡面的劉禪，當了俘虜還能在晉朝樂不思蜀。可見，皇帝下臺後日子還是很好的。」的確，劉禪亡國後得以善終，天天歌舞美女，日子過得不錯。有一天，司馬昭邀請劉禪參加一個歌舞飯局，看劉禪欣賞得津津有味，就問他：「小劉啊，頗思蜀否？」劉禪回答：「此間樂，不思蜀。」司馬昭大笑。

郤正是前蜀漢的大臣，就偷偷對劉禪說：「如果司馬大王再問主公這樣的問題，您應該回答『先人墳墓遠在隴蜀，乃心西悲，無日不思』，要閉上眼睛，表現出悲傷思念的樣子。」果然，一會司馬昭又問他想念蜀國嗎，劉禪就照郤正說的做了。司馬昭問：「你這話，怎麼像是郤正說的啊！」劉禪吃驚地回答：「你怎麼知道？」這一下，不僅司馬昭笑了，在場的所有人都笑了。

恰恰是劉禪的「樂不思蜀」，才救了他的命。司馬昭曾對親信們說，劉禪這個白痴，即使諸葛亮再世，也救不了他。對於這樣的人，根本就

沒有殺他的必要，還不如好吃好喝地養著，來表現新政權的「寬宏大度」。如果劉禪不這麼表現，而是像南唐李煜那樣，「問君能有幾多愁，恰似一江春水向東流」，第二天就被毒死了。

　　第二，皇帝「無閒暇」。皇帝這份工作是終身的，沒有同定的上下班時間，工作量極大。隨著君主專制的程度越來越高，皇帝要處理的事情也越來越多。「事無大小，俱決於皇」。天下的事情皇帝都得管，否則就可能有疏漏，皇權就可能被削弱。中國歷史總體趨勢，是皇帝的工作量越來越大。除非是工作狂人加工作超人，一般人是承受不了皇帝這種終身、高強度工作的。

　　紙張發明之前，文字是寫在竹簡上。據說，漢武帝一天要處理二百五十斤的竹簡。有很多涉及機密事情的竹簡不能讓別人動手，他必須自己抱來抱去，這是一項很費力的體力勞動，更不要說他還要讀完做出判斷。到了東漢，蔡倫發明了造紙術，皇帝很高興，封蔡倫為侯。筆者覺得，其中重要的一個原因就是蔡倫發明的紙張，能極大地減輕皇帝的工作強度 —— 皇帝不用再去搬竹簡了。但是後來，大臣的字寫得越來越多。先秦的古漢語很精煉，幾個字就能表達很多意思。

　　後來，同樣的意思，需要使用的文字越來越多。到了清朝，皇帝批閱奏章，閱讀量比漢武帝要多得多了。

　　雍正皇帝每天工作到凌晨兩三點鐘，到了早上五六點鐘又要起來上朝。他每天的工作時間長達二十個小時，全年幾乎沒有閒暇。除了批閱奏章，他還要接見大臣、出席慶典等等，要想完成這些工作就必須成為一個超人。當然了，皇帝也可以不做這些事，不過，那樣他就成了不理朝政的昏君，他的江山離滅亡也就不遠了。

　　皇權、工作和各種政治需求，把專制帝王壓得喘不過氣來。即使是吃飯，對於皇帝來說也並不是一種享受。皇帝吃的不是飯菜，而是政

治。在影視作品中，御膳很好看，能擺滿整整一間屋子。但是大家想想，如果皇帝和大臣一起吃飯，他是吃不了幾口的。因為大臣們參加御膳，首先得行禮，各種的繁文縟節。皇帝得端著架子受禮。晚清官員何德剛，退休後寫了一本筆記，記述了自己參加御膳的經歷。在他看來，參加御膳就是遭罪，因為他不斷地被禮儀官所引導著磕頭、起身、再磕頭，其間還有大量的文藝演出。文藝演出的時候，君臣也不能只顧著吃。所以，整個御膳，與其說是吃飯，不如說是一種政治儀式。其次，大臣參加御膳，都想藉機跟皇帝套近乎，或明或暗傳遞各種訊息。皇帝就要分析、處理大臣傳遞的訊息，基本就吃不了飯了。中國式飯局是很勞心勞神的，飯局越大越勞心勞神。

當然了，在沒有大規模飯局的時候，皇帝可以一個人吃飯。但是，御膳房的工作就是全天候地把飯菜給皇帝準備著，讓皇帝隨時可以吃上飯，而且是吃上滿滿一屋子的飯。所以，絕大多數的菜，不是現做的，而是類似於「蒸碗」，或者乾脆就是反覆熱了很多回的冷菜冷飯。只有少數擺放在皇帝面前一兩張桌子的菜餚，才是新鮮的。於是，離皇帝比較遠的飯菜可能都壞了，餿了，只是擺在那裡，更多的是一種象徵。就算皇帝一個人吃飯，他也不能不管不顧，因為太后、太妃、皇后、皇妃都會送一些自己宮裡小灶做的小菜，孝敬皇上，聯絡感情。皇帝把這些小灶小菜，每樣只夾一筷子，差不多就吃飽了。皇帝連吃飯都不能落個自由、清靜。

第三，皇帝「無保障」。可能有人會問：全天下的財富不都是皇帝的嗎？全天下的軍隊不都在保護他嗎？皇帝怎麼可能無保障呢？

明朝紫禁城的西華門門口，常年備著幾匹快馬，還有兵器。兵器裡有快刀長矛，還有已經上了弦的弓弩。有一位明朝皇帝有一次注意到了，就問禁衛軍是怎麼同事，原來，這是明朝開國君主朱元璋立下的規

第三講 皇帝制度：皇權至高無上

矩：子孫後代要居安思危，隨時準備「跑路」，搞得像黑社會老大一樣。皇帝時時刻刻都生活在這種威脅之下，他能有什麼保障呢？

普通老百姓可以向官府要保障，大臣可以向皇帝要保障，但是皇帝找誰要保障？皇帝的身家性命，完全來源於他的權力是否穩固：皇權控制的資源有多少，皇帝的保障就有多少。東漢末年，漢獻帝四處飄零，必須自己挖野菜吃。他的生活能有什麼保障？皇帝只有不斷地和天鬥、和地鬥、和人鬥，在鬥爭當中鞏固皇權，他才有安全，有享受。所以，皇帝沒有朋友、沒有親情、沒有保障，只有永恆的鬥爭。皇帝的保障全來自權力，反過來助推了皇權專制，維護皇權的至高無上。這便很容易陷入「安全困境」的無限循環之中。

無退路、無閒暇、無保障的「三無」生活，有的只是工作、威脅和鬥爭，一般人都受不了。歷史上把皇帝這份工作做得出色的「明君聖主」，都不是一般人，都是工作狂、偏執狂和孤獨一生的可憐人。而一般人不幸當了皇帝，不是被逼成不理朝政的昏君，就是精神錯亂，被歷史書寫為暴君。

明武宗正德皇帝和明世宗嘉靖皇帝，是正常人被皇權壓垮的典型例子。正德皇帝是一個活潑好動的小夥子。他喜歡爬樹打獵，追求新鮮好奇的事物，就是不喜歡按部就班地天天上朝、批奏章 —— 十幾歲的小夥子都這樣。他取了一個化名「朱壽」，接著任命朱壽為大將軍，要出塞去。大臣們紛紛反對，因為朱壽這個人子虛烏有，因為明朝沒有大將軍這個職務，因為皇帝不能離開北京，所以大臣們反對，也沒錯。沒辦法，正德皇帝只能待在紫禁城裡，和太監們打打鬧鬧。

可是，在傳統史書裡，這樣的皇帝不是昏君是什麼？好不容易南方發生了寧王反叛，正德皇帝終於可以名正言順地御駕親征了。可是剛走過盧溝橋，正德皇帝突然想起愛妃沒跟來，在千軍萬馬中掉轉方向，去

接心愛的女人。這又是沉迷於愛情的小夥子的典型做派，可在大臣們看來又是典型的昏君表現。

正德皇帝好動，嘉靖皇帝愛靜。他晚年幾乎什麼正事都不做，就好做一件事情：煉丹吃藥！嘉靖皇帝躲在紫禁城裡，二十幾年不上朝。（不過話說回來了，皇帝二十多年不上朝，明朝還是照轉無誤。）嘉靖剛當皇帝的時候，也是年輕好動。因為正德皇帝沒有子嗣，堂弟嘉靖皇帝以藩王的身分入主紫禁城，他想追封生父為皇，尊生母為皇太后，結果遭到了朝野大臣集體反對，爆發了轟轟烈烈的「大禮議之爭」。透過這件事情，嘉靖皇帝意識到了皇權框架限制的厲害，內心非常抗拒，乾脆躲進小樓成一統，躲進紫禁城自我逃避。這一躲就是一輩子。

正德皇帝、嘉靖皇帝如果只是普通老百姓，他們並沒有什麼大的問題，但是把他們擺到皇帝的位置上，就大不一樣了。正德皇帝是一個個性張揚、追求自由的年輕人，但是按照皇帝的標準評價，他就是一個暴君。嘉靖皇帝是一個追求內在、自我完善的鄰家大叔，但是以皇帝的標準來看他就是一個昏君。皇帝本人，也是皇帝制度的受害者。

第四講
深宮深海：宮禁、宗藩、后妃和宦官

說完了皇帝制度，我們要來講講和皇帝密切關聯的人和事。這就是古代宮廷制度。

宮廷制度包括四方面的內容：宮禁、宗藩、后妃、宦官。後者完全依附於皇帝和皇權。皮之不存，毛將焉附？沒有皇帝就沒有宗藩、沒有后妃，沒有宮女太監，等等，所以他們的喜怒哀樂全都仰仗皇帝；他們如果有權力，那都是分享皇權的結果。宮廷這四方面的制度，有相互銜接的地方，但是都相對獨立。

宮禁制度

要講清朝的宮禁制度，先得了解首都的結構。歷朝歷代的首都的結構大致都可以分為都城、皇城、宮城。

我們以北京的布局為例。北京城最早是元朝興建的，明清兩朝在元朝城池的基礎上進一步完善。明清北京城最外圈是現在的北京二環路。二環路類似於「凸」字形，凸字裡面就是都城的範圍。凸字的上半部分區域是元朝的大都城池，一共有九個城門；下半部分的長方形是明清後建的外城，主要由老百姓居住。兩部分相接的地方，相當於現在的前三門大街。明清的皇城，就在凸字形的上半部分。皇城南起長安街，北到平安大街，東邊到東黃城根，西邊到西皇城根。皇城正南門叫天安門；正北門叫地安門；東邊的叫東安門；西邊的叫西安門。這四個門之內的範圍就是明清時期的皇城。這些地名，現在都還在。在這個區域裡面，包含北海、中海、南海、景山、紫禁城、南河沿這些地方。皇城主要就是由紫禁城、皇家園林、官署衙門以及一些上三旗包衣的住宅構成的。

皇城的核心是宮城，也就是紫禁城。它是古代宮禁制度的最內核。我們重點關注的是宮城部分。

紫禁城南起午門。午門的前面是天安門，天安門的前面原來還有一個門，在明朝叫大明門，在清朝叫大清門，在民國的時候改稱中華門。大清門到天安門之間，是一個狹長的廣場，兩邊是官署。之後修建天安門廣場的時候，把大清門及兩邊的官署都拆除了。

走進午門，就正式進入宮城了。宮城又分前後兩部分，前後的界線是乾清門。午門到乾清門叫作外朝或外廷；乾清門以北到神武門（紫禁城的北門）叫作後宮或內廷。外朝的東邊有個東華門；西邊有個西華門。午門、神武門和東西華門，是宮城的四大門。

紫禁城四周都有護城河。當年紫禁城的建築廢料和護城河的泥土，在宮城後面堆成了一座山，就是現在的景山。景山不是隨便堆出來了，它和護城河一起塑造了紫禁城的風水。山南水北為陽。紫禁城恰好靠山臨水，面南而立，風水很好。景山的旁邊有後海、中海和南海，這些原來都是皇城裡面的皇家園林。因為在宮城的西邊，俗稱西苑。

回到紫禁城，宮城的結構就是為了炫耀皇帝的權威。你想想，一個讀書人辛辛苦苦讀了二三十年書，好不容易當上了官去見皇帝，凌晨起床走到天安門，再走到午門，看到高聳入雲的箭樓、威嚴的御林軍，進入午門後會遇到一個大門叫太和門，進入太和門是一個巨大的廣場，讓人豁然開朗。這個廣場大到能占據故宮四分之一的面積。官員得從太和門走下臺階，在高高的藍天和遠處的宮牆之內，走過空曠的廣場，走向一座巍峨的、拔地而起的大宮殿，那就是太和殿。太和殿剛好處在紫禁城的中央，民間俗稱「金鑾殿」。皇帝坐朝、朝廷大典，就在太和殿舉行。試想一下，讀書人走到金鑾殿，要花小半天的時間，從天濛濛亮走到臨近中午，才走到彷彿登天一般的金鑾殿，足以讓他對皇權產生深深的敬畏。

這樣就對了，紫禁城的設計就是要讓你敬畏皇權。

第四講　深宮深海：宮禁、宗藩、后妃和宦官

　　外朝的主體建築是三大殿：太和殿、中和殿、保和殿。三大殿旁邊還有很多小殿，比如武英殿、文華殿、文淵閣、體仁閣。這些殿閣後來成了內閣的辦公場所。明清內閣大學士都會在他前面加一個官名，比如武英殿大學士、文華殿大學士、文淵閣大學士、體仁閣大學士、東閣大學士。兩側還有其他附屬結構，比如內務府。內務府除了敬事房是在後宮，其他的都是在外朝。在外朝的東北角有個擷芳殿，又叫南三所，是清朝皇子皇孫讀書、交往的地方。

　　我們再來看一下後宮的結構。走進乾清門，後宮的主體建築是三大宮：乾清宮、交泰殿、坤寧宮。三大宮也叫後三宮，與外朝的前三殿相呼應。皇帝住在乾清宮，皇后住在坤寧宮，交泰殿是皇后的辦公場所。皇后接見命婦、舉行親蠶禮，就在交泰殿。坤寧宮後面就是御花園。後三宮東西兩邊分別有六個宮，叫作東六宮和西六宮。這是後妃居住的地方。

　　乾清宮的西邊有座宮殿叫養心殿，清朝皇帝日常辦公一般選在養心殿。召見大臣也在養心殿。皇帝舉行重大儀式才去外朝的三大殿，三大殿各有濃厚的政治含義，就算是皇帝也不能隨便去。比如，太和殿是舉辦大型朝會和慶典的地方，比如皇帝登基、冊立太子、藩屬朝賀等等。太和殿的大門輕易不能打開。皇帝很少召集所有大臣，舉行大規模的朝會。《萬曆十五年》的第一節就提到萬曆皇帝常年不上朝，有一天傳說皇帝要午朝，結果引得所有大臣湧向了紫禁城，說的就是這種情況。中和殿是給皇帝休息用的，相對較小。皇帝去太和殿，從乾清宮走到中和殿可能要休息一下。中和殿也是皇帝處理家務的地方，每三年修一次玉牒，記錄皇室成員生老病死、婚喪嫁娶等情況。這個修好了以後要給皇帝看，皇帝就在中和殿審閱。保和殿是科舉考試的殿試的場所。科舉考試最後一個環節是殿試，這個「殿」就是保和殿。這三個殿含義不同，

是不能亂開的。清朝皇帝就主要生活在乾清宮，工作在養心殿。

乾清宮的東面有個宮殿，與養心殿呼應，叫毓慶宮，民間俗稱東宮，是太子住的地方。清朝只有一個太子在這裡住過，就是康熙皇帝的太子胤礽。從雍正開始不立太子，毓慶宮就變成了沒有出宮的皇子皇孫居住的地方。毓慶宮在後宮東南邊，和外朝東北邊的擷芳殿離得很近，方便皇子皇孫讀書和居住。乾清宮門口有個乾清門；養心殿門口有隆宗門。

後宮的西南邊，還有慈寧宮和壽康宮。慈寧宮是皇太后居住的地方，壽康宮是太上皇居住的地方。清朝只有一個太上皇就是乾隆。後宮的其他地方，還有一些佛堂。這個是清朝宮城的基本結構。此外，皇帝還有諸多的行宮別院，比如北京西郊的圓明園、頤和園和承德的避暑山莊等等。

那麼，如果你是皇帝，你會怎麼布置宮禁制度，來保障自己和家人的安全呢？

一說起宮禁，我們可能馬上會想到一個詞：大內高手。大內高手是保護皇帝安全的第一個措施。它是通俗的說法。大內高手究竟是什麼人？

大內高手是皇帝身邊的御林軍（禁衛軍、侍衛親軍）將士的俗稱，御林軍是最基本的宮禁制度，主要目的就是保護皇帝安全。歷史上比較有名的御林軍有：漢朝和三國的羽林軍、唐朝的神策軍、明朝的錦衣衛。清朝入關之後，龐大的錦衣衛機構投降，怎麼處置這些人呢？清朝的辦法是收編。所以，清朝開國之初，把錦衣衛恢復侍衛的初始職能，不再讓他們刺探情報、監察百官，後來又改編成了「鑾儀衛」。鑾儀衛的最高負責人叫掌鑾儀衛事大臣。在他的下面還有鑾儀使、冠軍使、雲麾使等。但是並不受重用，只負責單純的皇家儀仗。皇帝的儀仗叫鹵簿，

第四講　深宮深海：宮禁、宗藩、后妃和宦官

皇后和皇太后的儀仗叫儀駕，皇貴妃和貴妃的儀仗叫儀仗，妃和嬪的儀仗叫彩仗。鑾儀衛下面有養馬所、修車所，還有馴象所。鑾儀衛的工作人員有滿族人也有漢族人。我們在清宮戲中看到的鳴鞭的禮儀官，就隸屬於鑾儀衛。鑾儀衛的普通工作人員就是侍衛。武舉錄取的武進士中，有百分之四十是不用去軍隊的，而是給皇帝當侍衛。後來溥儀當皇帝的時候，鑾儀衛名字中有一個字犯了皇帝的忌諱，所以鑾儀衛就改名叫鑾興衛。

但是，皇帝的安全顯然不能只靠鑾儀衛來保衛。他們的主要功能還是顯示皇家威儀。鑾儀衛舉著彩仗、金瓜，看著好看，真打鬥起來確實不頂用。所以，清朝皇帝把自己的安全主要寄託在侍衛處。

清朝入關之前，君王身邊就有侍衛，入關之後擴充成侍衛處。侍衛處通常選擇上三旗的強健子弟來擔當侍衛。如果下五旗有特別能幹的小夥子，那麼他能不能當侍衛呢？能當侍衛，但要求有特別突出的某項本事，或者立有傑出的功勛。

同時，全國武舉的第一名，也就是武狀元，按例授一等侍衛。第二名武榜眼和第三名武探花按例授二等侍衛。

侍衛處的首領大臣叫領侍衛內大臣，和掌鑾儀衛事大臣並列為清朝「唯二」的正一品實職武官。下面還有內大臣、散秩大臣、御前侍衛、乾清門侍衛一等到四等侍衛、藍翎侍衛。不要以為侍衛是普通保鏢，人家可是品級很高的軍官，其中一等侍衛是三品官，最低的藍翎侍衛也是六品官。有很多讀書人，一輩子也當不了三品官。一等侍衛編制只有六十個人，缺一個補一個。他們可能最接近大家在影視劇當中理解的大內高手。所有的侍衛處的侍衛合在一起、滿編制是五百七十人。這五百七十人當中，跟隨皇帝左右、皇帝最信任的通常只有兩三個，這些人能帶刀跟在皇帝身邊，叫御前侍衛。再低一級是御前行走，再下面還有乾清

門侍衛、乾清門行走。乾清門侍衛不是只能守衛乾清宮，而是跟著皇帝走，守衛皇帝的寢宮。皇帝在哪裡，御前侍衛、乾清門侍衛就守衛在哪裡。

皇帝跟前的侍衛，一般都前程似錦。當年，和珅就是從侍衛起步的，因為在御前被乾隆看中了，從此平步青雲。和珅長得很英俊，又精明能幹，在御前被皇帝發現的機會就多。大家就會發現侍衛升官都比較快。《清史稿》裡面，很多封疆大吏的履歷都是從侍衛開始的。

可是，就算侍衛們的本事再高，真的有人叛亂了，五百七十人顯然是不夠的。侍衛處還下轄一支直屬於領侍衛內大臣的軍隊，叫作親軍營。這是皇帝能夠直接調動的、最快的一支軍隊。親軍營的挑選標準比侍衛稍低一些，但也是在八旗當中挑選最精明能幹的子弟來當兵。滿員一共是一千七百七十人。皇帝的安保工作，如果有一個層次，那麼，最內層就是由侍衛處和親軍營來保衛的。

紫禁城和北京城的安全由誰來保衛呢？規模更大的軍隊。

在侍衛處外圈保護帝王的、規模更大的軍隊，主要有駐紮北京城內外的各營。其中，護軍營總額有一萬五千多人，從八旗子弟中挑選官兵。上三旗的護軍守衛紫禁城，下五旗的護軍守衛都城，首領是護軍統領。

還有皇帝額外建立的像特種部隊一樣的各營：前鋒營，有一千百七十人。

皇帝每一次出巡的時候，前鋒營在前面清道、突擊，有大活動的時候警戒扈從。

這一千七百七十人當中有一半的人是裝備火器的。清朝的火器叫「鳥槍」。持鳥槍的這部分官兵叫鳥槍前鋒。在冷兵器時代，鳥槍前鋒的威懾力還是挺大的；康熙時期，清朝專門建立了火器營，裝備有紅衣

大砲和長槍，有七千八百多人。駐紮在紫禁城和圓明園行宮之間；健銳營，是乾隆皇帝鎮壓西南少數民族叛亂的時候，發現清朝軍隊行動遲緩，缺乏翻山越嶺、攻城拔寨的銳氣，所以挑選了一些身手矯健的官兵，還包括了部分藏族人和西南少數民族士兵，建立了健銳營。士兵不到三千人，行動方便，攻堅克難。北京現在還有很多地名還保留著清朝御林軍的痕跡，比如火器營、健銳營。

以上所說的軍隊都是八旗軍隊，合起來的人數不到三萬人。皇帝還建立了一支規模更為龐大的步軍營，人數超過了三萬兩千，可以和上述的所有各營對抗。步軍營是混編的，其中既有八旗士兵又有漢族士兵，八旗士兵兩萬多，漢族士兵編為五個巡捕營，兵員一萬左右。步軍營的職責不單單是保護皇帝，還負責整個北京的治安和警備工作。北京內城有九座城門，這些城門的關閉和開啟就由步軍營負責。步軍營還管京城的治安事件。通俗一點講，步軍營就相當於現在的北京警備司令部，兼北京市公安局，兼北京市司法局，兼北京市消防局、交管局，等等。它的人數最多，負責的事情也最多。

步軍營的首領是步軍統領，全稱叫作「提督九門步軍巡捕五營統領」，民間又俗稱九門提督，因為他主管北京內城九個城門。九門提督是很要害的崗位。因為他職權廣泛、位置重要，而且他掌管的京畿部隊數量最多，所以常常成為清朝政治鬥爭當中的重要角色。傳說隆科多幫助雍正篡位，當時他的職務就是九門提督。

在皇帝禁衛部隊的最外層，是留駐在北京周邊的八旗軍民。八旗組織寓兵於民，軍民合一，每個旗都有自己的武裝。每個旗都組織驍騎營，來保衛皇帝。但八旗入關後，迅速弱化，各旗驍騎營組織多名不副實。真正遇到戰爭，還得依靠護軍營、步軍營等。另外，清朝還有虎槍營（陪同皇帝打獵的）、善撲營（陪同皇帝摔跤的）等規模很小、職責單

一的武裝，在整個制度層面可以忽略不計。

禁衛軍隊的很大部分，駐紮在通州、豐臺等地，建立了俗稱的通州大營、豐臺大營。因為離紫禁城最近，離皇權最近，所以這些大營控制在誰的手裡就直接影響北京城政治鬥爭的走向。自古以來，禁衛軍隊都很重要，劉裕、趙匡胤等人都是依靠禁衛軍篡位的。所以，皇帝很看重負責禁衛軍隊的大臣人選。在清朝，皇帝最看重的是領侍衛內大臣，接下來就是步軍統領（九門提督）。跟領侍衛內大臣相併列的是掌鑾儀衛事大臣。跟步軍統領相併列的還有很多人，比如護軍統領、掌管前鋒營的統領，但是因為他們部隊的實力比不上步軍營，所以在皇帝心目中的份量也比不上步軍統領。

宗藩制度

宗藩制度，有關宗室藩王的制度，就是皇帝怎麼管理自己的叔伯兄弟還有子孫。

平常百姓人家，都有可能出現兄弟反目、同宗之間打官司的情況，皇室一旦出現反目，那可不是一般的事情。所以，創建什麼樣的宗藩制度非常重要。站在皇帝的角度說，他建立宗藩制度的目的只有一個，就是讓宗室不要威脅到自己的統治。最好的方法就是把他們全都管起來、關起來，集中在什麼地方圈禁。但是，皇帝又不能把所有族人都關起來，因為他得依靠叔伯兄弟來保衛自己。俗話說「上陣父子兵」，真有了什麼事情，同胞血脈相對來說還是最可靠的。皇帝就處在這樣一種兩難的選擇下：他得依靠兄弟子姪，又得防止他們奪權。所以，歷朝歷代的宗藩制度都搖擺在重用與限制之間，不可能在當中找到一個平衡點。

重用的典型是劉邦，他說過一句話：「非劉氏不得封王。」劉邦在和

異姓藩王的鬥爭中，內心傾向劉氏宗藩。劉姓王爺有封地，可以收稅，可以任免官員，直接指揮軍隊。可是到了他孫子漢景帝的時候，問題大了，漢景帝不得不花很多時間來削藩，因為叔伯兄弟控制了天下大部分的土地和財富，而且還有軍隊。吳王劉濞起兵造反。直到劉邦曾孫子漢武帝的時候，削藩才得以實現。但是削了藩以後，劉姓王朝又面臨另外一個問題：外戚專權和宦官專政的時候，皇帝沒有依靠的力量了。

如果把政治鬥爭比作一個天平的話，要保持平衡，必須在天平的兩端權衡各種砝碼。軍隊是一個砝碼，文官集團是一個砝碼，後宮是一個砝碼，宦官是一個砝碼，宗室又是一個砝碼。這些砝碼如何調配，是皇帝統治的一個永恆難題。

到了三國時期，曹魏是典型的嚴格限制宗室藩王。最著名的例子，發生在魏文帝曹丕和弟弟曹植身上。曹植受了他哥哥多少氣啊？他們可是親兄弟。曹植不斷被哥哥曹丕封來封去，不能擅自給其他宗室寫信，出了封地三十里地要報告，沒有曹丕的召喚不能來到首都。而且身邊有曹丕派的監國謁者，二十四小時受到監視。曹植和囚犯沒有本質區別，只是關押他的監獄更大一些而已。這就導致後來司馬懿來奪權的時候，曹氏宗室沒有一個人起兵反抗。他們不是無心，就是有心無力。司馬氏奪權相當順利。所以，司馬家族建立晉朝後吸取了曹魏的教訓，為了防止宗室力量太弱、無法拱衛中央，晉武帝司馬炎大封宗室。姓司馬的人，向上推三代五代，只要能沾親帶故的不封個王爺也能封個侯爵。受封的司馬宗室都是實權。結果，司馬炎一死就爆發了「八王之亂」。這就從一個極端走到了另一個極端。

到了明朝，明太祖朱元璋繼位的時候兄弟都沒了。朱元璋念及兄弟感情，同時又有很多事情需要家裡人去辦，他就分封了很多宗室藩王，主要封在北京、桂林、甘肅、山西、陝西等邊遠地區，讓藩王鎮守邊

疆、開疆拓土。藩王要完成這些使命，就要賦予他們軍權、財權和人事權。到了建文帝的時候，建文帝要削藩，結果爆發了「靖難之變」。靖難之役本質上是明朝皇室骨肉相殘。

燕王朱棣發動「靖難之變」的口號就是反對削藩，可是他自己當了皇帝以後，削藩削得比誰都厲害。他把父親朱元璋建立的宗藩制度基本上都給推翻了，只留下一項，那就是高官厚祿。他規定所有皇室的男子都可以封爵位，皇帝的兒子都能夠封親王，王爺的兒子都能夠封郡王，郡王的兒子都能夠封鎮國將軍，而且都是世襲的。王爺一年有上萬石的糧食，而且有王府，畢生享受榮華富貴，但就是不能參與政務。沒有皇帝的允許，宗王不能到南京和北京；沒有皇帝的允許，王爺和王爺之間不能有交往，這是為了防止他們聯合起來反對皇帝；沒有皇帝的允許，不能離開封地；沒有皇帝的允許，不得從事任何工作。如果有皇子皇孫說，我不要什麼爵位了，我自己開家小客棧或者開個私塾行不行？不行，你只能當王爺，而且是只能在你的封地內，哪都不能去。就連宗藩的婚姻也要受管制。宗室成員年長，必須向朝廷請婚選配，不能「擅自婚配」。有些宗藩子弟，兩鬢斑白還不能成家，有的女子年過四十還沒有嫁人。朱棣這就走到了另一個極端，導致明朝宗藩整天無所事事，只能在封地裡腐化墮落。後人看到明朝宗藩有許多不法的行為，今天出去打獵，明天搶個東西。但是大家反過來想想，他不幹這個能幹別的嗎？年輕的皇子皇孫活潑好動，但是不能練兵習武，只能去打獵；他不能經商牟利，為了保持高品質的生活，不搶能怎麼辦？這就是朱棣建立的宗藩制度所造成的惡果。當然，它也有一個好處，有部分宗室成員什麼事情都不幹，整天寫字，明朝宗室出了許多書法家和畫家。

明朝宗藩制度的另外一個壞處，是給國家造成沉重的財政負擔。他什麼事情都不能幹，但生孩子這件事朝廷禁止不了。反正生的孩子都有

爵位、都有俸祿，所以明朝的宗室就使勁地生育子孫，最後導致明朝用來供養皇室的經費超過了稅收的三分之二。僧多粥少，明朝宗藩的榮華富貴，最後必然是一種低水準的「大鍋飯」。這又反過來逼迫宗藩掠奪民間財富。

清軍入關時，朱明皇室基本上沒有力量抵抗。他們長期養尊處優，沒有一兵一卒，即使知道改朝換代後自己的地位和生活品質會大幅下降，但是，他想自衛都沒有那個能力。清朝藉口懲治不法，基本上把朱明皇室給一鍋端了。到最後，清朝想找出一個明朝皇室子孫來延續明朝皇室的血脈都找不出來。後來是從漢軍旗裡面找了一個姓朱的知府，任命他為朱元璋的子孫，封他為奉恩公，讓他每年去祭掃明十三陵。這位「子孫」的祖先一兩百年前就舉家搬到關外去投靠外族了，現在倒反過來延續朱元璋的香火。

清朝入關以前，並沒有考慮安置宗藩的問題。因為正處於事業的蓬勃上升期，大家心往一處想、勁往一處使，努力把事業做大做強。這就好比兄弟在創業時不會產生矛盾，一旦企業做大，各種矛盾就來了。清朝入關之前並不存在宗藩問題。而且客觀來說，努爾哈赤的子孫都挺能幹的，都經受了血與火的磨練。但是，清朝建立後馬上就面臨怎麼安排自己叔伯兄弟的問題。清朝有鑑於明朝的前車之鑑，不可能讓子子孫孫都養尊處優，但是又不可能不讓子孫享受一定的權力和待遇。清朝就在這兩者之間取了一個平衡點。

第一，清朝規定，爵位不是天生就有的。不是說皇帝的兒子就是王爺，只有皇帝覺得這個兒子行，才封他為王爺。如果皇子能力不濟、無所建樹，有可能連貝勒、貝子都封不了。

第二，即使受封了爵位，爵位也不是世襲的。王爺的嫡長子不是王爺，清朝規定所有的爵位降一級襲封。所以清朝末年的時候，一些外國

人發現使館門口擦皮鞋的、賣茶葉蛋的，竟然都姓愛新覺羅。為什麼？因為他們跟皇室的關係太疏遠了，一代降一級封，到了後來可不就變成平民百姓了嗎？其他兒子怎麼辦？自己想辦法養活自己。清朝有一項特殊的制度，如果宗藩對國家立下了大功，爵位可以世襲，這個叫作「世襲罔替」。民間俗稱為鐵帽子王。雍正皇帝時期只封出去一個世襲爵位，就是怡親王允祥，就是他那個十三弟。到了同治帝時，又封出去了一個世襲爵位，就是恭親王奕訢。奕訢在辛酉政變中堅定地站在慈禧一邊，後來又主持洋務運動，實力龐大，聲望卓著，所以受封世襲爵位。光緒也封了一個世襲爵位：慶親王奕劻。那是慈禧太后和他交換，換取他默認醇親王載灃上位攝政。整個清朝一共封出去十二個世襲宗藩，民間稱作十二個鐵帽子王，說的是他們端著鐵飯碗。其實這個說法並不準確，因為十二個人並不都是王爺，其中有兩個是郡王。現在北京宣武門和長安街之間有座克勤郡王府，他就是個鐵帽子王，但他是個郡王。

這裡要插敘一下爵位問題。中國歷史上的爵位分王、公、侯、伯、子、男六級爵位。後來在翻譯外國文學作品的時候，譯者按照中國的爵位來對應。清朝一共有十二級宗室爵位，分別是：和碩親王、多羅郡王、多羅貝勒、同山貝子、鎮國公、輔國公、不入八分鎮國公、不入八分輔國公、鎮國將軍、輔國將軍、奉國將軍和奉恩將軍。不入八分是什麼意思？「八分」是現實中的八種待遇。類似於府裡能用多少名太監、出行享受什麼儀仗、佩什麼樣的刀……，這些都是待遇。「不入八分」就是沒有這八種待遇。

在中國傳統政治當中，待遇是一個很敏感的問題。待遇有關權威、地位。魏晉開始直到唐宋，我們常常能看到某某「開府」、「儀同三司」、「賞鼓吹一部」等類似的記載。明清則有贈官。它們實質上是賦予某項待遇，並不是授予實際的職權。但很多官員要的就是待遇，爭的就是地

位。權力意味著更大的責任、更高的風險，待遇是安全的、舒服的，純享受的，何樂而不爭呢？

我們再說同清朝的十二級爵位，這是封給宗室成員的，此外還有四個世襲爵位，叫作「小世職」，分別是：輕車都尉、騎都尉、雲騎尉和恩騎尉。清朝入關後，但凡是跟著努爾哈赤起兵打仗還倖存的，都會封一個世職。這就好像公司上市了，原始員工每個人都會拿到一些原始股。小世職是可以世襲的。

第三，清朝對宗室的管理非常嚴格。皇室成員只要斷奶了，就開始讀書。讀書是為了從小培養你的政治才能。以前的歷朝歷代，皇室成員骨肉相殘、恣意妄為，歸根究柢是家教失敗。子不教，父之過。皇子皇孫的素養直接關係到他們將來把這個國家帶到何處去，所以宗室教育要從小抓起。

每一年除了元旦和生日那一天，其他的三百六十三天，宗室子弟每天都要從天濛濛，剛亮就起床上學，即使是寒冬臘月也得去。從上午五點到下午一點不停地念，只有師傅說你唸得好了，你才能去吃午飯。這八個小時當中，學生只能休息一次，只有十五分鐘。選出來給皇子皇孫教書的統稱為「上書房師傅」。上書房師傅見到皇子皇孫是不用跪的，也不用拜，皇子皇孫如果背不了書、上課的時候嬉笑怒罵，上書房師傅是可以責罰的。如果學生有什麼事情想走，要起身向師傅請假，師傅同意了才行。有一個皇子不聽師傅的阻攔，帶著幾個太監出宮遛了一圈回來，受到了廷杖的懲罰。上書房的學業，皇帝會不定期抽查。上書房師傅有很多，有漢族的文官教四書五經，也有滿族的官員教滿族歷史和滿語，有蒙古族官員來教摔跤，還會有一些將領蒙皇上的恩典來教導騎馬舞劍。

那麼，皇子們什麼時候才能畢業呢？成了親、出了宮、有了自己的王府，從宗法上來說就已經離開了皇帝這個大宗，自立門戶成了一個小

宗了，那樣皇子才算是從上書房畢業了。但是，他得在王府裡面建立類似的機構來教導自己兒子。同時，皇子犯了錯，也會被勒令同到上書房繼續學習。比如，恭親王奕訢，被封為親王了，還被咸豐皇帝命令回爐唸書。

皇子到了六歲，除了讀書還要開始上朝、聽政，從小就讓他們了解國家管理是怎麼同事。同時皇子可以出去辦差。皇帝會根據皇子的情況，分配一些力所能及的事情讓他們去辦，或者可以安排一些難題，要磨練他們的能力，比如搶險救災、守陵，到各營當軍官。清朝非常講究皇子皇孫的教養，因此我們就發現，清朝皇室的修養的的確確是比其他朝代要好一點。

第四，清朝官制中專門有一類「宗室缺」，規定只能從宗室成員中選拔人選。這些職位公開透明，一方面讓宗室成員有了工作的通道，另一方面又能把宗室的勢力限制在可控的範圍內。皇子皇孫，按例不能進入內閣、軍機處，可是在國家危難的時候，可以破例。奕訢和奕劻，都在清朝內憂外患的時候，進入了軍機處。對於一些賦閒的皇子皇孫，皇帝也會給他們派些差使。

清朝還建立專門的機構來管理宗藩，這個機構叫宗人府。宗人府人員主要職責是管理宗室成員。宗人府的最高長官叫宗令，副手叫宗正。宗令必須由親王或郡王來擔任。宗正必須由十二級宗室爵位中的前八級擔任。一般情況下，宗令和宗正，皇帝都不方便直接任命，改由宗室公推，一般是由健在的、輩分最高的宗室來擔任。這就使得宗人府就相當於愛新覺羅家的家族組織。也正因此，宗人府是超品級的衙門。上朝列班、慶典活動的時候，宗人府名列第一，列內閣、六部九卿之前。各個部門之間、平級部門之間行文叫「函」，比如「刑部因某某事茲吏部函」。但是刑部要發文給宗人府是「呈」，比如「刑部因某某事呈

宗人府」。

　　清朝宗室分「黃帶子」和「紅帶子」。努爾哈赤及其兄弟的後代，在宗人府列入黃冊，稱宗室，俗稱黃帶子；努爾哈赤的堂親和遠支，在宗人府列入紅冊，稱覺羅，俗稱紅帶子。宗人府的主要工作，就是把皇室人口的生老病死、婚喪嫁娶和工作生活大事記錄在冊。雖然整個國家的人口普查從來沒有進行過，但是愛新覺羅家每三年做一次人口普查。普查完了要上呈皇帝御覽，皇帝每三年在中和殿搞一次玉牒的編輯、出版工作。宗人府還負責皇室人犯的違法違規的事情。如果宗室實實在在違法了，宗人府就要會同刑部一起來審訊。即使這個人爵位很低，刑部也不能單獨審訊，而是要會同宗人府審理。涉及經濟糾紛或者錢糧往來的，宗人府會同戶部一起來解決。雖然在清朝之前，歷朝歷代也都有宗正這個職務和類似宗人府的機構，但沒有哪個朝代像清朝這樣管理規範。

后妃制度

　　講后妃制度，我們要先釐清幾個概念。我們通常把后妃稱為「後宮」，進而用「後宮」指代皇帝家眷。有前廷才有後宮。比如故宮其實是被分成前後兩個部分的，前面的三大殿是皇帝辦公的地方，大臣們是可以進去的。後面從乾清門開始一直到神武門，是后妃和皇帝居住、生活的地方，大臣是不能輕易進的。前面這部分叫作「前宮」，也叫作「外廷」，跟它相對的就是「後宮」，也叫「內廷」。因為後宮住著的主要是皇帝的家眷，所以慢慢地我們就將後宮和后妃畫了等號。地方的衙門也是前面辦公，後面居住。

　　皇帝有很多妃嬪，人們津津樂道皇帝有「三宮六院七十二妃」。皇帝多妃嬪，是因為古代的醫療衛生條件差，幼兒夭折率高，皇帝為了保

證江山後繼有人，只能多生子女才能保證子嗣延續。要想多子就得先多妻。這是一個現實的考慮。另外，后妃多本身就是皇帝權威的體現。「妻」和「妃」本意是配偶的意思。「妾」是女性奴隸的意思。皇帝擁這麼多後妃是從奴隸社會時期延續下來的習俗，表明上下有別。只有他才能擁有這麼多後妃，展現了自己的權威和實力。一般的富豪，都不可能像皇帝那樣，他在財力上就養活不了這麼多家眷。皇帝的婚姻還有政治因素在裡面。皇帝為什麼要「定期」選秀呢？不是他要娶老婆，更多的是政治需求。尤其是當皇帝年紀比較大的時候，他有足夠多的兒子了，他為什麼還要定期選秀呢？這其實是聯絡各個政治勢力的手段，讓各大家族跟皇室連繫的一個管道。當然了，在這個過程中，皇帝是獲益的，各個家族也是得利的，真正被犧牲掉的只是那些小姑娘，尤其是參加老皇帝選秀的那些女孩子。

「選秀女」和「選宮女」，是兩個不同的概念。秀女和宮女在本質上來說沒有區別。她們都要入宮。後宮只有皇帝一個男人，後宮所有的女人都是皇帝的女人。但是具體過程和結局是不同的。

我先講清朝的選秀女。首先，選誰？一般是八旗子弟的女兒才能參加選秀。

外官文官同知以上，武官總兵以上，他們的女兒才能夠參加選秀。同知是正五品。慈禧當年參加選秀的時候，他的父親惠征是安徽的一個道臺，官職是正四品。所以，慈禧不能嫁人，要先參加選秀。選秀對於年齡是有要求的：十四到十六歲。特殊情況，可以放寬到十七歲，但是超過十七歲是肯定不能參加選秀的。選秀女是每三年一次。如果有未婚女子超過了十七歲，又錯過了選秀女，那是不是就可以自行婚配了呢？凡是符合選秀條件的人如果沒有參加選秀，原則上是不能嫁人的。想嫁人，必須經過皇帝同意。這個倒不用一個人一個人地去請示，以旗為單

位，一批一批地奏報皇帝就行了。

　　一開始這個制度實行得還挺好的，但是清朝中期以後，這個制度就很難執行了。因為人口增長得太快，每一次參加選秀的秀女太多。於是，選秀的標準也就水漲船高，主要是對秀女父親的官職要求越來越高。光緒皇帝選皇后的時候，候選人基本上都是巡撫或侍郎的女兒。到了晚清，很少再有道臺、知府的女兒參選秀女了。

　　選秀女和選宮女最大的區別可能是，秀女不一定入宮。因為選秀女，不是單純給皇帝選妃，其實是給所有的宗室皇子、皇孫選秀——當然主要是給皇帝，但候選人當選秀女後，也可能分配給宗室為妻。宮女是全部留在後宮的。清朝選宮女，年紀要求是十三歲，且必須是上三旗的女兒。上三旗是正黃旗、正白旗和鑲黃旗。只有上三旗身家清白的女兒才能入選宮女。宮女中除了極少數被皇上看中、升為妃嬪，或者太后和皇后特別喜歡她，離不開她了，否則二十五歲必須出宮。宮女表面上看起來光鮮靚麗，其實日子很不好過。他們並沒有專門的住宿宮殿，只能四處打地鋪，而且吃的是御膳房的剩菜剩飯，經常挨打挨罵。只有四季衣服，宮女們是不缺的。但那也是為了讓宮女們穿戴齊全了，面子上能好看一點。

　　后妃和前朝官員一樣，是分等級的。清朝后妃有皇后、皇貴妃、貴妃、妃、嬪、貴人、常在、答應之分，皇后、皇貴妃只有一位，貴妃兩位，妃四位，嬪六位，貴人及以下沒有定數。后妃晉升級別，是很困難的。只有皇帝登基的時候沒有結婚，這批秀女才有機會直接當皇后、當妃，起碼也能當個嬪。萬一這個皇帝年紀很大了，後宮齊全了，那所有的秀女選進去以後基本上是從答應開始做起，很少能封為常在，能一舉封為貴人的就更少了。

　　大家不要小看了這個等級，后妃等級和她們的待遇緊密相關。後宮

只有十二座宮殿安排妃嬪，裡面安排皇貴妃、貴妃、妃，連嬪都不一定有自己的獨立宮院。你等級夠高，才能擁有自己的獨立住處。低級的妃嬪（答應、常在）跟宮女沒有什麼本質上的區別，十四五歲離開父母，整天只能吃御膳房端來的大鍋飯，有時候還可能是殘羹冷炙，你想想她們的生活有多麼悲慘。后妃進入皇宮以後，原則上來說永生永世都不能踏出紫禁城一步。慈禧是在十五六歲進入皇宮，一直到她七十三歲死的時候，只出過宮一次（除了八國聯軍侵華時西逃外），那就是她生下了同治皇帝，咸豐皇帝極為高興，因為同治是他的獨子，所以恩准慈禧可以回家省親一次。這是天大的恩賜。所以，我們讀《紅樓夢》，書裡為什麼對「元妃省親」這件事花費了那麼多筆墨，當成一件特別隆重、特別大的事去寫，其中一個很重要的原因就是這是一個天大的恩典。原則上來說，只要你進入了皇宮，即使你當了皇后、當了太后，除了死之外，你是不能踏出皇宮一步的。

后妃生下孩子以後，是享受不到母子或者母女的天倫之樂的。首先，嬪妃生下的所有孩子，在理論上都是皇后的孩子。孩子們都要由宮廷統一養育。為了防止皇子、皇孫和后妃亂倫，皇子和后妃相見有嚴格的規定。皇子和后妃不能單獨相見，否則都要受到嚴懲。那萬一后妃的兒子出息了，當了王爺，有了府邸了，那后妃能不能去投靠兒子呢？這是不允許的。皇帝死了，成了太妃，那能不能經常見到兒子呢？這也是不允許的。原則上來說，低級的后妃在皇帝死的時候沒有殉葬就已經是開恩了。她們的餘生不是在佛堂裡度過，就是在深宮別院中度過。

一些級別比較高的太妃、太嬪，可以居住在宮殿裡，但是也要給新皇帝的后妃騰地方，搬去別的宮殿，好多人住在一起。當然了，如果她運氣足夠好，年紀足夠老，成了太太妃，而兒子也成了皇叔、在外面稱王稱霸，又願意奉養老母親，這個時候就需要她的兒子向現在的皇帝提

出申請，這樣才有可能把她接到外面來。

所以，大家不要以為入宮是多麼好的一件事，萬一女孩子入宮一輩子都是答應怎麼辦？後宮女子三四萬，未見君者三十六年。很多秀女入宮後，一輩子連皇帝的面都沒見過，只能「天階夜色涼如水，坐看牽牛織女星」。唐詩中專門有一類「宮怨詩」，和「怨婦詩」相似。可以想見，宮中女子充滿多少孤寂、怨恨，生命完全虛度了。所以，《紅樓夢》裡面元妃省親，她為什麼和奶奶、母親抱頭痛哭啊？因為宮廷生活的的確確不是一般女子能夠忍受得了的。選秀是要女兒把一生都奉獻給家族。家族的確從入宮女兒身上獲得了好處，但是也把她的一輩子都搭進去了。

皇帝選後宮的本意，是希望后妃能給自己提供一個安靜的後盾。皇帝住的叫「乾清宮」，皇后住的叫「坤寧宮」，從名字可以看出，他希望後宮安寧，能給自己提供一個安寧的後方。皇帝不希望后妃走到前朝來，不希望后妃干政。后妃一旦干政，就對皇權構成了威脅，所以這是皇帝盡力防範的一件事。實際上，皇帝無法杜絕后妃的政治影響，所以後宮干政一直存在。最極端的例子就是「垂簾聽政」。

後宮有什麼管道可以干政呢？主要有這麼三個。第一個管道，皇后是國母，她的一舉一動本身就帶有政治含義。後妃也一樣，她們存在本身就帶有政治色彩，怎麼可能和政治絕緣呢？況且，皇帝有時候還要後妃去扮演一些政治角色，比如親蠶、聯姻、聯絡等等。第二個管道，后妃能透過日常生活的點點滴滴對皇帝產生影響。比如，有個大臣對皇帝的寵妃家族很好，這種好會傳遞給寵妃，進而潛移默化地影響到皇帝對這個大臣的評價。第三種管道，皇帝駕崩以後如果新的皇帝「難產」，或者新皇帝年紀太小，中國古代往往是採取由太后輔政的形式。從皇權上來說，這種形式是對皇權的至高無上的踐踏。但是從另一個角度來說，歷朝歷代以孝道治天下。小皇帝是不是應該聽他母親的？況且，太后是

老皇帝的妻子，本來就是國母，本來就具有政治合法性。所以，每當需要太后走到檯面上，由她來輔政或者聽政，官僚集團和讀書人勉強也能接受。

後宮干政最熱鬧的形式，是「垂簾」。慈禧太后垂簾聽政過，武則天也垂簾聽政過，不過後來她扯下簾子，乾脆自己當皇帝了。其他的太后，都始終躲在簾子後面。

「垂簾」垂的其實不是簾子，而是一塊紗，在清朝的時候是垂一塊「黃幔」，這是一種透視效果很好的紗，黃色代表皇家。垂簾的本意是突出男女大防。太后是「未亡人」，怎麼能和大臣們相見呢？那道簾子更深的含義是，強調后妃只能在幕後，不能名正言順地行使皇權。

后妃沒有特殊情況，不能踏出後宮一步，所以即使太后垂簾，也只能在後宮的養心殿聽政。有些書上說，戊戌變法的時候，榮祿連夜向慈禧太后告密。但是從政治制度上來說，榮祿不可能向慈禧太后告密，因為他根本沒法在深夜見到慈禧。慈禧不可能深夜在後宮召見大臣。榮祿深夜向慈禧告密，從宮廷制度上來講是不可能實現的。

另外，「聽政」意思是后妃只有聽的權力，只有向皇帝提意見的權力，所有命令在名義上都只能由皇帝來發，還得以聖旨的形式發下去。在《走向共和》這部電視劇中，光緒皇帝和慈禧出逃，有一幕是光緒皇帝坐在前面，慈禧坐在簾子後面和大臣對話。保守大臣剛毅說了很多話，慈禧跟他吵了起來。吵到最後，光緒聽不下去了，很生氣地站起來拍桌子，把桌上的東西都給砸了。這一下，所有的大臣馬上跪倒，連慈禧也閉嘴了，因為名義上，光緒永遠是一把手。如果光緒生氣了砸東西了，哪怕他是個傀儡、一點權力都沒有，大臣們也要靜下來。慈禧下的命令，光緒只要不同意蓋玉璽，那麼這個命令就不能生效。垂簾的本意是一種輔助措施、一種權宜之計。這也從另外一個方面說明，後宮對皇

權的影響和干涉都是間接的；名義上，永遠都是小皇帝在做決策。

「垂簾」是有時間限制的。皇帝親政的日子，就是垂簾結束的日子。如果皇帝明確表達了我要親政，太后就得撤簾，因為她的權力是依附於皇權的。

宦官制度

另外一個必須仰皇帝鼻息生存的群體是太監。后妃起碼還有依靠，有自己的家族，太監什麼都沒有，比后妃更依賴皇權。一批太監依賴特定的某個皇帝。換一個皇帝，宮中就換一批太監。

皇帝和太監的感情，可能比后妃近得多。因為，深宮特殊的環境決定了皇帝和太監在一起的時間最多。皇帝從小就是太監帶大的。撫育他、陪他玩的是太監，那等他當皇帝了，自然還會信賴、重用這些太監。明朝萬曆年間，河北肅寧有個姓李的男子，赤貧，連自己的女兒都養不活。實在是沒有辦法，他在二十多歲的時候自宮，然後到北京去當太監。他投靠了一個太監叫魏朝。魏朝問他叫什麼名字，他說，在家無名，入宮後取名李進忠。魏朝說：那給你改個姓吧，叫魏進忠。輾轉安排他在當時的東宮。當時萬曆皇帝對東宮太子極不喜歡，魏進忠進去以後的工作是打掃衛生。他在這裡幹了二十多年，從二十多歲幹到五十歲出頭。他發現東宮有個野孩子，他是萬曆皇帝的皇孫。當時，因為孩子的太子父親本身自顧不暇，根本沒時間管理兒子。所以魏進忠就陪著這個小孩子玩，教他做木工活。那個場面其實算得上很溫馨了。在深宮的夕陽下，一個孤苦無依的野孩子，一個年邁平凡的老太監，依偎在一起，竊竊私語。也許不會有人覺得這兩個人能掀起什麼波瀾來。結果過了幾年，萬曆皇帝駕崩。閒居東宮的太子登基了，就是泰昌皇帝。過了

三個月，泰昌皇帝因為「紅丸案」速亡，原來那個野孩子（朱由校）就當了皇帝。天啟帝在情感上就把魏進忠當成自己父親一樣，離不開他。雖然魏進忠不識字，但是小皇帝還是讓他當了權力最大的司禮監秉筆太監，幫自己批閱奏章。魏進忠獲賜名魏忠賢。歷史上赫赫有名的大太監，就這麼誕生了。

太監其實是很值得同情的群體。太監和皇帝感情上的連繫，是所有大太監誕生的根源。

太監對皇帝來說很重要。他們是皇帝的耳目，是皇帝延伸到宮外的手腳，而且他們離開皇帝又活不下去，所以皇帝似乎天生就更信任太監。太監和外官發生糾紛，皇帝往往偏袒太監一方。只要太監沒有過分地違法亂紀，皇帝對他們都比較寬容，甚至睜一隻眼閉一隻眼。有的時候，皇帝還幫助太監打壓外朝官僚。用宮廷太監來牽制外朝官僚集團，是古代帝王常用的「馭下之術」。

太監能夠作惡，很大程度上是皇帝縱容的。這當中就有一個悖論：皇帝離不開太監，又要防止太監干政。皇權和相權，和文官集團的利益不一定是一致的，皇權和其他集團也存在矛盾，皇帝得提防大臣篡位，只能依靠身邊的太監來制約大臣和其他集團，因為太監不可能篡位。所以，皇帝很自然地想依靠太監來壓制相權，抵禦其他威脅。皇帝的政治需求是中國歷史上宦官專權誕生的重要原因。

宦官專權比較嚴重的朝代有三個：漢朝、唐朝和明朝。漢朝中期以後，所有的皇帝都是小皇帝，所以朝政總是在外戚干政和宦官專權之間更替。小皇帝登基，太后聽政，導致外戚專權；小皇帝長大了，為了奪回權力，就依靠身邊的太監發動政變，結果導致宦官專權，如此循環反覆。唐朝李隆基小的時候就和同齡的小太監高力士友好。登基後，他不僅讓高力士總管太監，甚至還讓他去監軍，就意味著太監能掌握軍權。

唐朝的御林軍叫神策軍，都由太監來監軍。明朝朱棣是靠造反奪了皇位，依靠的基幹力量之一就是燕王府的太監，其中比較有名的太監就是鄭和。朱棣奪取天下後，傾向重用太監。而且朱棣這個人心裡老是覺得有人要篡位，喜歡搞一些特務活動。他加強集權，又成立東廠，管理不過來自然要太監來幫忙。這樣，太監不僅掌握了特務機關，還掌握了批奏章的權力。明朝中期以後，皇帝缺錢，就會讓太監到地方上去監礦、監稅。皇帝對領軍將領不放心，讓太監監軍。最後在某些地方，皇帝不用總兵，而是用鎮守太監。當年袁崇煥在遼東打仗是帶著監軍太監的。監軍太監可以先斬後奏，掌握了過大的權力。

那麼，這個悖論怎麼解決？一方面皇帝必須用太監，另一方面又要防止太監專權。清朝在這方面做得比較好。清朝有個機構叫內務府。內務府的職能主要有兩項。第一項是管皇帝的衣食住行，第二項是管理上三旗事務。上三旗有很多包衣，包衣在滿語裡是「家裡的」的意思。清朝把所有管理宮廷事務的部門都整合在一起，成立內務府。

首先，內務府不是太監的衙門。管理內務府的都是正常人。內務府其實是朝廷的一個組成部分，它不屬於後宮而是屬於外廷，只不過，它有一項職能是管理太監。這就杜絕了太監干政、專權的制度可能。之前的朝代，皇帝把太監凌駕在外廷之上，或者是把它和外廷放在同樣的地位，讓雙方相互制衡。但是清朝從一開始就把太監群體置於朝廷一個部門的監管之下，從制度設計上就把太監的地位降低了。

內務府一共有七司三院和一些附屬機構。這七個司分別是：廣儲司、會計司、掌儀司、都虞司、慎刑司、營造司、慶豐司。廣儲司是管財務的，皇室的收支都歸廣儲司。這樣就斷絕了皇帝直接找朝廷要錢，做到公私分明。廣儲司還管接受貢品，相當於皇帝自己的帳房。廣儲司下面還有著名的三大織造衙門：江寧織造、蘇州織造、杭州織造。歷任

織造中，最著名的應該是曹雪芹他們家。曹家出身於上三旗的包衣，所以得到了這麼一個肥差。會計司掌管皇家園林，還管發放口糧、應徵宮女太監。掌儀司，掌管禮儀。它下面有一個部門極其重要，就是敬事房。敬事房才是全部由太監組成的機構。為了抑制太監的權勢，敬事房的首領太監級別為正四品。各個宮的首領太監一般都是八品。太監當到頭了最多就是一個四品太監。都虞司管理皇帝的兵器和武裝。

慎刑司是管所有上三旗和宮廷的刑罰的。即使是當到了首領太監也歸慎刑司管，這就從司法上杜絕了太監專權。因為正常的文官，可以對內宮太監先斬後奏。外面的大臣，看到太監不法，可以透過內務府慎刑司直接懲罰。之前朝代那樣太監對大臣生殺予奪的情況，再也不可能出現了。但是，慎刑司只能處罰到徒刑以下。更重的刑罰必須會同刑部辦理。這樣，就在制度上，讓刑部有了監管、懲罰太監的合法管道。

營造司就是管造東西的。慶豐司管皇帝和宮廷的牛羊畜牧。除了這七個司以外還有三個院，分別是：上駟院，管馬匹和車駕的；武備院，負責造兵器、儲備兵器的；奉宸院，管皇家園林和各種行宮、別院。此外還有一些附屬機構，比如皇家陵寢、修書處、官學等。

內務府是清朝時全天下最大的一個政府機構。內務府一共有三千多名官員，而全天下一共有大約四萬個官缺，可見為皇帝服務，圍繞皇權的人員之多。內務府官員數目不包括太監。明朝的太監有十萬，清朝的太監不超過三千三百人。清朝的太監待遇差，所以經常湊不齊這個數。（《欽定大清會典》卷八十九，內務府）

筆者之所以把清朝的太監制度作為一個典型拿出來說，是因為清朝的太監管理得較規範，從制度上杜絕了太監干政的威脅。太監要想濫權，必須衝破朝臣的勢力，可是清朝太監已經被置於朝臣監管之下了。清朝有一個順治定的祖宗家法，宮門口有一塊鐵牌，上面寫著「太監擅

出此門者斬」。慈禧太后起初很喜歡太監安德海。安德海跑到山東濟南去，山東巡撫丁寶楨就把安德海給抓住了，想把他給殺了。安德海說，你肯定殺不了我，有慈禧太后呢。丁寶楨說，我肯定殺得了你，憑你出宮這一點我就殺得了你。慈禧也不能違背順治帝制定的祖宗家法。

　　清朝歷代皇帝都有意地壓制太監。順治時期，有一次賜宴群臣。宴會開始，有幾個太監先行拜謝皇恩，這是延續明朝的傳統。順治皇帝看不下去了，專門下旨：「朝賀大典，內監不得沿明制入班行禮。」也就是說，太監不僅不能搶在大臣之前行禮，而且和大臣們一起行禮的資格也沒有。皇帝明確表態：太監要低大臣一等！道光朝有一個奏事太監，姓曹。這個曹太監原來是乾隆皇帝的近侍，三朝元老了，所以有點倚老賣老。有一次，兵部有一件事情回覆晚了，曹太監就在奏事處訓斥兵部官員，說：皇上半個月前就把這件事情交代下來了，怎麼還沒有回覆？道光皇帝聽到後，把所有朝臣都叫來，當著他們的面廷杖曹太監。打完了，規定曹太監終生都必須在端門看門，永不得跨出端門一步，而端門是大臣上朝下朝的必經之路。道光皇帝透過這麼一件事告訴所有的太監，太監是不能訓斥大臣的。

　　明朝時，朝臣與太監相見，相互行禮致敬。遇到大太監或者重要崗位的太監，朝臣們往往搶先行禮，內閣大學士也不能例外。清朝的情況就完全不同了。

　　乾隆皇帝有一次看到乾清宮外廊下有兩個朝臣自南而北行走，一個太監自北而南行走，雙方擦肩而過，沒有打招呼，也沒有相互行禮。乾隆馬上把首領太監叫來，規定凡是太監與朝臣相遇，不管雙方品級高低，太監都要主動低頭、讓道。

　　之後，太監和大臣在宮廷裡遇見，哪怕官員品級比太監低，太監也要讓入朝官員先走。

　　北洋海軍要舉行閱兵儀式，慈禧太后派了醇親王奕譞去，但是又不太放心，所以想要派個太監一起去看看，就派了李蓮英「李大總管」去。李蓮英也算是「欽差大臣」了。但是檢閱的時候，醇親王和其他官員落座，但是李蓮英不敢坐，他一旦坐下去就是和大臣平起平坐，這是不合規矩的。可他站著看也不行，李蓮英就側著身子、哈著腰，端著奕譞的水煙袋，站在一旁。整個過程，他愣是沒正眼看軍艦一眼。休息的時候，北洋水師準備了兩個小院，李蓮英也不敢住，他就在奕譞房間的地板上窩了一個晚上。這就是清朝權勢熏天的大太監出宮以後的樣子，從中可見清代太監地位之低。

第五講

君臣相防：中樞決策機構的演變

　　如果把權力結構比作一個金字塔，塔尖最頂點的那個就是皇帝，下面次一層就是中樞決策機構。既然是中央集權政治，天下大權都彙總到中樞決策機構這裡，那麼中樞決策機構的設置和參與決策的人選就非常重要，關係到政治的好壞、國家的長治久安。從這一點出發，皇帝很重視中樞機構及其人選。同時，從帝王專制的角度出發，皇帝又不希望集權的中樞機構妨礙到皇權，威脅到自己的權力。既要讓中樞高效、權重，又不能讓中樞脫離控制、權勢過重，皇帝要在這兩點中做一個權衡。

　　講中樞政權的演變，我們要從貴族政治到賢能政治的轉變講起。

從貴族政治到賢能政治

　　國家剛誕生的時候，中國的的確確是「封建社會」。什麼叫封建社會？就是中國進入奴隸社會時的那種形態：封邦建國。全國有一個王，周天子也好，商王也好，夏王也好，它就只有一個王。王分封貴族到四方去，建立諸侯國，所有的諸侯都是這個最高的王封的。

　　比如，商湯推翻了夏朝，建立了商朝。這麼大的地方怎麼管理？他就開始分封。先封自己的兄弟、子侄，派遣到各地去建立諸侯國。不管爵位是公也好是侯也好，統稱諸侯。還有部分諸侯是開國功臣或者地方實權人物。比如，西周剛建立的時候，第一個分封的就是齊國。齊國的第一代國君是姜子牙，因為他輔周滅商，立下了大功。天子還分封了一些地方上的實力派。夏朝也好、商朝也好，都帶有部落聯盟蛻變成國家的痕跡。部落聯盟意味著許多部落聯合起來，你雖然是最大的部落，但地方上還有許多小部落，那你怎麼辦？你就得分封，承認小部落的實力。典型的例子就是楚國。楚國存在的時間很長，但是它既不是西周血緣關係內的諸侯國，也不是功臣，它本來就在南方獨立發展起來的。所

以，西周統一了天下，怎麼安排楚國呢？乾脆，原來你占的地方都歸你，我封你為諸侯，封你為子爵，叫楚子。你定期進貢南方特產的一種茅草（包茅、菁茅）就行了，表示對我的臣服。楚子每次就挑選最好的茅草送到周天子那裡，典故「包茅之貢」就是這麼來的。

封建社會，最核心的一點是什麼？就是權利和義務的關係。周天子能不能隨意殺了楚子？不行，楚子說，天子沒有這個權力。楚子說，我不給你茅草了，行不行？不行，因為這是諸侯的義務。只要大家履行了各自的權利和義務，天下就能夠相安無事。這是封建社會的精髓，不論是行政管理還是社會結構。英國資產階級革命是怎麼爆發的？當時英國就是典型的封建社會。國王說，我沒錢了，我要加稅。下面的貴族說，加稅可以，怎麼加我們得召開議會，大家得商量著來。

國王和貴族談不攏，戰爭就爆發了。

諸侯國對天子有什麼義務？第一個，鎮守地方。這當然也和諸侯的利益是一致的。第二，追隨周天子征戰。分封諸侯後，天子直接管轄的地域遠遠比不上諸侯國的總和，周天子的軍隊很少，諸侯加在一起的力量遠遠大於天子，但是他們仍然是聽天子的。天子可以傳檄天下，讓各路諸侯出兵，組成軍事聯盟去打仗。

第三，諸侯定期朝拜周天子。

第四，諸侯和諸侯之間發生了糾紛，不能自己打架解決，要找周天子來裁決。天子是高於諸侯的裁決者。這些是諸侯必須遵守的義務。諸侯在他的封地裡面就是天子，可以行使完全的權力。周天子不能管他，諸侯也可以拒絕履行義務之外的事情。周天子如果要增加楚國進貢茅草的數量，也要和楚子商量，不能任意增加。

天子的義務是什麼？第一，保證天下安寧，保證所有諸侯的安全。如果諸侯有危險，天子要號召諸侯救援。春秋首霸齊桓公為什麼能號令

天下？因為他行使了部分天子的義務。當衛國被蠻夷武裝滅國的時候，齊桓公出面，號召天下，幫助衛國復國，這本來是天子應該履行的責任。第二，天子要解決諸侯之間的糾紛，解決一些跨國的矛盾。比如，號召各國聯合起來治理黃河、解決諸侯之間的領土糾紛等。第三，天子要遵守自己和諸侯之間的權利與義務關係。

封建制帶有濃重的宗法制的痕跡。商王也好，周天子也好，他是全天下的大宗，商王的子孫、周王的子孫，永永遠遠都是商王、都是周王。諸侯的子孫永遠都是諸侯。嫡長子以外的子孫，怎麼辦？繼續分封。周天子的兒子，除了一個人繼承天子以外，其他的人都可能成為諸侯，諸侯的兒子可以成為卿，卿的兒子變成大夫，大夫的兒子變成士。大宗一直延續，大宗的旁邊又繁衍出很多小宗。大家都是貴族，都在宗法系統內。

貴族，是和封建制緊密相關的一個概念。封建社會產生貴族形式。你這個人再有錢，別人說你是暴發戶，不會說你是貴族。

你如果真的是貴族，你再沒錢，別人也會說你是貴族。電影《霍比特人》裡面，矮人國的王子叫索林‧橡木盾。在現實中，他是王子嗎？他的爸爸、爺爺的確是矮人國的國王，但是矮人國已經覆滅了，索林沒錢、沒有國土、沒有王冠，那為什麼大家還承認他是王子？為什麼矮人國的遺民會繼續聽他的，去進行一場前途難料的遠征？這是由他的能力和他的榮譽感來決定的。貴族是由內涵決定的。能力加上榮譽感，再加上內在的精神追求，才能塑造一個貴族。真正塑造貴族的不是金錢。

在西方的歷史和戰爭影片裡，首領都是能力出眾的人物，他們經常號召大家的口號是「為了榮譽」（For Honor）或者「為了自由」（For Freedom）。有一種內在的精神在支持著他，他把榮譽、自由、正義看得比其他東西重要。更重要的是，他用實際行動實現這些目標。所以，

人們願意追隨這樣的領袖。這當中暗含著一種權利和義務的關係。大眾認可首領的目標，服從首領的指揮；首領要帶領大眾為了目標而奮鬥。他統一了英格蘭，他就是英格蘭的王，他再分封跟著他奮鬥的人為貴族，等於是把權利與義務關係擴大化、規範化了。近代英格蘭、法蘭西就是這麼產生的。歐洲的許多國家，都有這麼一段歷史。

中國古代，最開始的國家形態，夏朝和商朝的時候，政務相對比較簡單，唯一的王就拍板決定了。遇到疑難問題了，就燒龜甲和獸骨，進行占卜，讓上天來決策。甲骨文就是這麼來的。到了西周，尤其進入春秋戰國後，政務越來越多、越來越複雜，新情況、新問題層出不窮。周王和諸侯當然也還占卜，同時漸漸引入了「朝議」，就是若干貴族在朝堂上商量問題，最後由君王決策。朝議開始取代占卜，中樞決策制度的雛形出現了。遇到什麼事情，幾個大貴族湊在一起就把這個事情給商量著辦了。

春秋戰同時，決策的核心階層是貴族階層。宗法制決定了不論是天子、卿，還是大夫，大家在血緣上都有或近或遠的連繫。國家政事，相當於他們的家事。有什麼事情，大宗和幾個主要的小宗湊在一起，大家在家族內部就解決了，家國是不分的。更重要的是：君權是受到限制的。

君權怎麼受到限制呢？重人政務，諸侯或者天子不能自行決定，需要和貴族坐下來商量。比較極端的例子是，天子特別討厭一個大夫，他能不能把這個大夫推出去斬了？他可以這麼做，但是新的大夫是被殺大夫的兒子，他還是不一定會聽你的。孔子時代的魯國，內政有一個大問題：三桓之亂。三桓是魯國貴族階層裡面的小宗，勢力膨脹，蔑視、欺壓魯國國君。魯國的國君卻不能把三桓連根拔起，因為三桓在各自的封地裡面是大宗，具有天然的、不可動搖的權威。只要君臣關係是建立在權利和義務之上的，君王的權力就受到限制。

第五講　君臣相防：中樞決策機構的演變

君王反受臣下的欺凌，就是孔老夫子說的「禮崩樂壞」的一大表現。除了魯國，大國晉國，後來被韓、趙、魏三個大夫瓜分了，史稱「三家分晉」。另一個大國齊國，原本姓姜，是姜子牙的封地，春秋末期時改姓田了。怎麼回事？貴族田氏坐大，把姜子牙的後裔推翻了，取而代之。

分封和宗法制，體現在行政區劃上，造成先秦時期沒有類似後代的地方行政。天子分封諸侯，諸侯義把國土分封給卿和大夫，卿和大夫們分割一方。在方圓五十里或者一百里的地方裡面，卿或者大夫就是統治者，他說了算。卿大夫會在封地中，找一個人口密集的或者是環境好的地方建造城池，自己居住，也作為行政中心。這座城池就是「邑」。因為卿大夫由邑所在的地區來供養他，邑也叫作「食邑」或者「采邑」，一般以居民的戶數為單位。後代逐漸演變為「某某貴族食邑多少戶」，意思是他的封地有多少戶口；「萬戶侯」就是封一個食邑一萬戶的侯爵。先秦時，卿大夫的封地因為規模小，人口也少，所以沒有發展出後世那樣專業化的、具體的行政機構來。

貴族政治為什麼慢慢行不通了呢？西歐的貴族政治，是被大砲轟沒的。在中國，是我們社會內部把它埋葬了。貴族政治的消亡，是一個長期的過程，原因很多、很複雜，這裡就說一些比較突出的表現。

春秋戰國是一個什麼樣的時代？春秋戰國是天天打仗，一年一小仗、三年一大仗，十年天下重新洗牌的時代。這樣的時代，必然會對作為統治者的貴族階層的個人素質提出極高的要求。貴族一旦能力跟不上形勢的發展，就可能被其他貴族吞併。為了維持自己的地位和物質待遇，他們是不是要讓能幹的人去幹？比如說，你是貴族，敵人來侵略你的封地了，如果封地失守了，被別人奪走了，那你就什麼都沒了。你為了守住食邑，是不是要把一部分權力轉讓給他人。這個人很可能不是貴族。非貴族的人就這樣，透過「時勢造英雄」，掌握了部分政治實權。他

不是世襲的，完全靠個人能力參與政治。那個時代有利於有才華的平民躍升到權力場上來。

隨著人口的繁衍，按部就班的貴族傳承也出現了問題。土地能夠供養的貴族數量是一定的，一旦貴族階層的自我繁衍超過了生產力的發展速度，必然導致部分貴族子弟跌落出本階層。比如，現在的北京屬於古燕國。燕國首都最初在現在北京西南郊區良鄉一帶。燕國開始是一個方網百里的諸侯國，如果燕國國君生養了一百個子孫，怎麼辦？這就注定有一些子孫不可能像祖先一樣，繼續高高在上當貴族。慢慢地，經過五代十代人，大部分的貴族子孫除了有血統以外，實質上已經淪落為平民百姓了。比如孔夫子，孔子先人是宋國貴族。到孔子這一代，年輕的孔子，在別人出殯的時候，給葬主唱輓歌，以此謀生。到春秋晚期和戰國時候，中國社會上游蕩著這麼一群人。這群人流淌著貴族的血液，但已經不是貴族，也不是奴隸，不是平民。他們受過一定的教育，掌握知識和文化，又沒有機會掌握政治權力，實現自己的抱負。這群人，有一個專門的字形容他們，叫作「士」。

當時，周王室已經衰落到極點，天下缺乏一個強大的權威。春秋時代是一個低強制性、高流動性的社會，士散於野，百家爭鳴。人們思想活躍，天南海北地自由遷徙，此外，思想觀念、科學技術乃至各種物資的流動非常頻繁。士，可以說是所有這些資源的一個載體。諸侯和貴族階層很需要這些資源，不管是思想理論還是人才，舊的統治階層都很需要。有很多人就說，諸侯爭霸，各個諸侯國爭奪的不是領土，而是士。士，代表著當時有文化、有能力的階層，誰爭取到這個階層支持，誰就能夠爭霸天下。商鞅、蘇秦、吳起、孫臏、百里奚等等，都是士。北京朝陽有個地名叫作金臺夕照。金臺夕照是什麼意思呢？古燕國的燕昭王，用黃金壘了一座臺子，向全天下人宣布：誰到這個地方來向我證明

第五講　君臣相防：中樞決策機構的演變

你有本事，這些黃金就是誰的！天下士人聞風而來，燕國因此一度強盛。士為知己者死，說的是士人感恩知遇，珍惜機會，忠誠做事，為雇主效勞。貴族階層主動讓渡部分權力給其他階層，到戰國後期，各國掌權的人很大一部分已經不是世襲貴族，而是憑真才實學上升的新統治階層。

秦國之所以能夠統一六國，得益於商鞅變法。商鞅變法，很重要的一條是獎勵軍功。就是說，秦國不看一個人的出身來決定他的地位，而是看他的功勞。一個秦國人斬首多少，就能獲得多高的爵位，掌握多大的權力。這就給了平民躍升地位的制度管道，秦軍戰鬥力也因此大為增強。到了秦漢，這個趨勢更加明顯。

之前，位居宰相的人，都是貴族。漢武帝可能是有意提拔非貴族出任宰輔重臣。

公元前一二四年，漢武帝任命平民公孫弘為丞相。這個年份值得在中國政治制度史上大書特書。這意味著皇帝完全看臣下的思想傾向、才能涵養來任免使用，血統並沒有那麼重要了。從此以後，從權力金字塔的最高端到最底層，政府職位都向所有人開放了。

當然，這個過程不是在哪一年或者是哪一個人完成的。中國從貴族政治到賢能政治的過渡是一個漫長的事件。在某個時期，貴族政治和賢能政治可能並存不悖，也有可能貴族政治雖然在制度上消失了，但它的影響一直還在。貴族的稱號始終存在，不過後來變成了單純的爵位稱號，和封地、實權剝離；獲得方式也以能力和功績代替了血緣。在先秦，大家都是覺得貴族的子孫當官。到了兩漢，誰能當官？孝廉能當官，誰在家裡對父母孝順，誰道德清高，誰就能當官。到了唐宋時，誰能夠當官？大家心裡就會想「學而優則仕」，誰的學問大，誰就能當官。不論是哪種標準，從兩漢以後，大家都不認為誰父母好就能當官，而是

賢德和有能力的人才能當官。天下官位，有才有德者居之。明清時，有的達官顯貴，權勢煊赫一時、家財萬貫，但如果子弟不肖，他自己就會惴惴不安，知道權勢很快就會不保。

中國古代官制的設置，也和從貴族政治到賢能政治的轉變相關聯。先秦重臣，有「師」、「傅」、「保」。這些官名本身就顯示了對君王的不敬。憑什麼君王得叫你「師傅」，憑什麼就得由你來「保」？但是，君王必須和這些人商議重大政務。這些官名帶有貴族政治的痕跡。周朝初期，周成王年幼，周公在貴族支持下，竟然攝政，代行政權，對周成王耳提面命。商朝的伊尹更「僭越」。伊尹身為丞相，覺得商君不行，就把國君放逐了！在後代，這可是「擅行廢立」、大逆不道的罪！在商朝，大家覺得是正常的，因為有貴族政治的風氣。後來，師、傅、保前面加了一個「太」字，成了太師、太傅、太保。它們用來安置德高位重的老人，基本上沒什麼實權了。曹魏時，曹爽和司馬懿奪權。司馬懿原來是驃騎大將軍，曹爽藉口司馬懿勞苦功高，驃騎大將軍不能夠和司馬懿的功勞相匹配，應當升官。司馬懿說我不想升官，曹爽說就得升官，去當太傅。一當太傅，司馬懿就傻眼了，雖然地位上去了，但任何實權都沒了。當時原先貴族職位的虛化表明貴族政治土壤的變異。

皇權與相權的纏鬥

相權是中國政治制度史中僅次於皇權的、第二重要的概念。什麼叫作相權？從狹義上來說，相權就是宰相的權力，從廣義上來說，相權是以宰相為代表的官僚集團的權力。官僚集團和皇帝，是政治鬥爭的天平上的兩個不同的砝碼。皇權至高無上，但是相權能夠對皇權構成極大的束縛。

第五講　君臣相防：中樞決策機構的演變

先秦沒有「宰相」這個詞。先秦有「宰」。「宰」這個詞的本義是副的意思，「宰」相當於諸侯和國君的管家。諸侯家中亂七八糟的事情，錢怎麼收怎麼花，家裡的出遊怎麼安排，由宰來負責。先秦還有「相」。「相」這個角色相當於君王諸侯家門以外的行政事務負責人。雖然在封建結構下面，諸侯直接管轄的地方很小，但是諸侯直轄的地區的行政事務由相負責。相被叫作百官之長。後來，宰、相合稱，成為官僚集團的首領，叫作宰相。

秦始皇是開天闢地的皇帝。他奠定了中國傳統社會政治制度的基礎。秦始皇設立了丞相、太尉和御史大夫。三人並稱為宰相。但在這三個人當中，實權以丞相最大，丞相就變成了相權的代表。原本在封建時代輔佐君主的師、傅、保變成了太師、太傅、太保「三公」，實權轉移到以宰相為首的官僚集團的手裡。

權力有兩大屬性。第一個屬性是排他性。通俗的理解就是「我說了算」，不允許其他人說了算。如果一件事情，權力所有者說了不算，大家還會覺得他擁有對此事的權力嗎？這是權力的第一大屬性，排他性。第二個屬性是擴張性。這件事情我說了算，那麼下一件事情我能不能說了算呢？權力所有者自然而然就想把現有的權力擴張到其他時間、其他地點去。皇權肯定帶有這兩點屬性，相權也是。兩者並存，肯定會產生矛盾。

皇權和相權的矛盾，在古代如何表現呢？有一種極端的情況，握有大權的宰相或者權臣，把皇帝取而代之，篡位了。更多的情況是，皇帝把宰相打倒了，客氣一點的讓宰相退休，不客氣的就革職罷官，殘酷一點的呢，就刀光劍影，皇帝把宰相抄家滅門。在中國古代，基本趨勢是皇權蓋過相權。皇帝透過各式各樣的方法，尤其是透過制度設計，把相權不斷地削弱，不斷地邊緣化。西漢前期，朝堂議事，君臣席地而坐。

宰相上殿，皇帝要起身相迎。散朝時，宰相告辭，皇帝也要起身相送。皇權和相權還處於一種比較平等的狀態。到了清朝，皇帝說話，宰輔重臣要跪聽聖訓。宰相進出，皇帝不僅不用起身迎送，宰相還得彎著身子、低著頭、恭恭敬敬地進出。見到皇帝，大臣要屈膝跪拜。這點禮儀，典型反映出皇權和相權的消長趨勢。

秦漢的宰相，把天下政務彙總、處理後，再向皇帝匯報。宰相覺得一些事情不需要皇帝知道，自己就拍板處理了。而且，宰相自行徵辟僚屬。宰輔大臣白行「開府」。開府的意思是，大臣建立機構，徵聘人員，處理政務。此外，宰相定期召集九卿和其他官員，向自己匯報事情。宰相等於是「大拿」，把所有的事情都處理了一遍，定期向皇帝匯報，等皇帝最後點頭。宰相負責政治彙總、整理歸納，權力很大，相當於半個皇帝。

皇帝很快就有意見了。一方面，皇帝覺得皇權受到限制，不能隨心所欲，很不方便。比如，皇帝看好一個人，想任命他當北平太守。皇帝和宰相一說，宰相說：行啊，我把皇上的人選拿回宰相府，開會討論一下。你說，皇帝聽到這話，心裡能高興嗎？排他性是權力的基本屬性。如果連官員人事都得宰相同意，皇帝能不覺得權力受限嗎？另一方面，皇帝覺得相權阻礙了政令實施，效率太慢，不利於皇帝意志的貫徹落實。比如，匈奴為患邊疆，皇帝決定出擊匈奴。宰相也同意了。他領了聖旨後，回到府裡召集官吏開會，商量怎麼落實聖旨、怎麼調兵、用誰領兵、使用什麼策略戰術，商量定後再把政令散發出去，送到邊關或者送到各地去調兵。兩三天後，相關軍隊能集結起來，就已經算是快速了。皇帝覺得這個效率太低了，還不如我直接下令呢！皇帝一個人想好誰領兵誰打仗、怎麼打仗，立刻就把命令下發給目的地和目標對象，第二天就能開拔打仗。繞開宰相，皇帝乾綱獨斷，效率不是更高嗎？

第五講　君臣相防：中樞決策機構的演變

　　西漢開國幾十年後，還真遇到了這麼強的一位皇帝。他年紀很輕，雄才大略，想幹的事情很多，又極為剛愎自用，覺得世界上沒有自己做不了的事情。這個皇帝就是漢武帝。漢武帝有很多想法，比如開鑿運河；削藩，把宗室的封地都奪回來；出擊匈奴，最好是把匈奴徹底消滅；開疆拓土，把南海之濱、西南蠻荒都納入帝國版圖等等。漢武帝覺得以宰相為首的行政機構，用起來既不聽話，能力又差，辦事效率太低。那他怎麼辦？漢武帝開始直接給各部門、各地區下命令，但他不可能親自去頒發政令，也不可能親自去了解事情的進度。他就利用一些在他身邊收發文件、整理圖書的人，即尚書。

　　西漢的尚書是品級很低的官員，一般都是些資歷很淺的年輕人。漢武帝就吩咐這些人去宣布聖旨，監督政令的貫徹落實，慢慢讓他們幫忙出謀劃策，又讓其他官員把重要的事情直接告訴尚書，再由尚書轉告。漢武帝覺得這麼做很好，能夠迅速貫徹自己的意志，很順暢，他想怎麼辦就怎麼辦。

　　在新架構下面，以宰相為首的原有機構，只執行「例行公事」。皇帝不關心的事，或者是例行公事，比如，某個地方今年下雨晚了一個月、某個地方的道路如何規劃，仍還是交給三公九卿來處理。軍政大事，皇帝和尚書們湊在一起處理。尚書漸漸成為一個獨立群體，東漢設尚書臺統領之，至曹魏發展為尚書省。

　　尚書的首領叫「尚書令」，副職是「尚書僕射」，一般分左僕射、右僕射。尚書臺（尚書省）協助皇帝中樞決策，皇帝透過尚書令下發政令，透過尚書令上傳下達。尚書令就變成了事實上的宰相。到了漢末魏晉，三公也好、宰相也好，如果不兼任尚書令，他的這個宰相就是「假相」；兼任了，就是「真相」。原本，尚書是低級官員，相當於一些年輕才俊暫時沒有去處，或者資歷不夠不便安排，先在宮中幫皇帝收發文

件。尚書一開始是被人挺不看好的小官，現在則是大家放著宰相不當，爭著去當尚書令或者尚書僕射。丞相、太尉、御史大大或者大將軍，兼任尚書令。實權雖然有了，但覺得掉價，嫌棄兼職的品級太低了。後來就在尚書令上面加了一個職位，叫作「錄尚書事」，就是負責記錄所有尚書行事。錄尚書事是一個差事，並不是嚴格意義上的官職。它後來居上，取代了尚書令，變成了「真相」。我們翻史書，看魏晉南北朝時，如果沒有錄尚書事、有尚書令，那麼真正的宰相就是尚書令。如果既有尚書令義有錄尚書事，那麼「真相」就是錄尚書事。

大家都讀過《三國演義》，蜀漢諸葛亮的職務是什麼，他是「真相」還是「假相」？諸葛亮是「真相」，因為他的職位是武鄉侯、丞相、錄尚書事、領益州牧。他既有爵位，有名義上的丞相之位，又有實權職位，名實相符。再加上當時蜀漢只占有一個州，就是益州。諸葛亮不惜以宰相之尊兼益州牧之職，是不折不扣的權臣。諸葛亮很幸運，碰到了劉禪這樣腦子不是太清楚的君主（要不就是腦子太清楚了）。不然的話，蜀漢內部皇權和相權的鬥爭會白熱化。

後來，漢武帝的接班人們又覺得，尚書省還是不好，相權的束縛依然存在。

雖然名字換了，丞相不是「真相」了，但是尚書令或者錄尚書事成了相權新代表。皇帝就想，能不能繞過尚書省去行使權力呢？於是，皇帝又開始利用「身邊人」。這回輪到「中書」。中國古代官制中有許多帶有「中」字的官職。這裡的「中」指的是宮廷，大家不要把它理解成是一個方位，它指的是「禁中」。皇宮在古代是禁地。皇帝一人居於禁地的中心，帝王的居所就是「禁中」。與禁中緊密相關的官職往往帶有「中」字。比如，太監又稱「中官」；中領軍、中護軍，是禁衛軍的官職；此外還有「中行人」、「給事中」、「侍中」等等。那麼，中書是什麼？在禁中，

第五講 君臣相防：中樞決策機構的演變

也就是皇帝身邊處理文書檔案的低級官員，叫作中書。皇帝對尚書不放心了，就讓尚書單純負責執行，我交代你辦什麼事情，不和你商量應該怎麼辦。那麼，他和誰一起商量決策呢？中書開始參與決策。中書一開始也是小官，後來也擴充為「中書省」。中書省最高長官是「中書令」。

單純用新機構來架空舊機構，這麼循環下去是沒有盡頭的，只能變成惡性循環，機構越來越龐雜，相權的陰影始終存在。果然，皇帝很快對中書省也不放心了。再加上尚書省和中書省也做了一些不好的事情，比如漢武帝時，尚書郭通帶刀行刺漢武帝，雖然沒有成功，但是漢武帝很生氣，命令尚書省遷出禁中。尚書省的行政權大受影響。中書官員雖然在禁中，但他們是正常男人，曝出了個別中書跟後妃私通的醜聞，後來皇帝把中書機構也遷出了禁中。尚書、中書都不在身邊，皇帝就依靠親近宦官處理政務，「門下官員」橫空出世。

「門下」，意思是在大門外面隨時聽候召喚。秦漢時置侍中，侍從皇帝左右，至晉朝正式定名「門下省」。其門下官員一開始多為宦官。門下省的官職，比如說黃門侍郎、散騎常侍，都是一些侍衛官、顧問官、皇帝的隨扈。門下省的長官叫作「侍中」。皇帝倚重門下省，結果就變成了尚書令、中書令和侍中三駕馬車並駕齊驅。他們三人變成了「真相」，原來的丞相、御史大大和太尉變成了新的「三公」。

至此，我們可以做一下總結，在相權和皇權鬥爭中，皇帝是透過什麼樣的制度安排來削弱相權的。第一，原來的宰相職位都還在，但是輕易不拜相，防止出現宰相 —— 哪怕是名義上的。只有萬不得已，像司馬懿這樣功高震主，沒有辦法安排了，才安排他擔任太傅。或者是像諸葛亮之類的，大權在握，封不封他當宰相都沒有本質區別了。或者是像王莽那樣，自封宰相。第二，皇帝調派官員交叉任職，防止專人專職，勢力膨脹。比如，皇帝讓郎中令去兼中書令，或者讓廷尉去兼侍中，又

或者讓左將軍去兼尚書令，人為製造職位和權責的交叉，讓大家相互牽制，防止出現「真相」。第三，釜底抽薪，那就是樹立新的相權，讓新宰相和老宰相去鬥，讓「真相」和「假相」去鬥。鬥來鬥去的結果呢？舊相權被埋葬了，新相權不斷湧現。機構越來越膨脹。本想釜底抽薪，結果卻是疊床架屋，剪不斷，理還亂。中書、門下幫著皇帝決策，原本的決策團隊三公也還在；尚書省裡有各位尚書負責行政，原本的行政機關，九卿、五寺依然存在。

機構越來越龐雜，怎麼辦？到隋唐時期，中樞決策機構進行了一次根本性的改組，那就是確立了三省六部制。

三省六部制起於隋朝，終定於唐朝。在隋朝，因為隋文帝楊堅的父親叫楊忠，中書省要避諱，就改名叫「內侍省」。門下省、內侍省、尚書省並列隋朝三省，其中尚書省下面有六個部：吏、禮、兵、刑、戶、工。三省中，內侍省負責決策，門下省負責審查，尚書省負責執行。隋朝停止了原來樹立新相權來約束舊相權的做法，在內部進行了分權制衡。任何一個人都不可能像先前那樣對皇帝構成那麼大的威脅，因為他只掌握權力的某個環節。所以，隋唐的做法比兩漢魏晉南北朝的做法要高明得多，停止了機構的繼續膨脹。

唐朝時，內侍省又恢復叫中書省了。唐朝皇帝最倚重中書省和門下省。當時的中樞決策是這樣的：中書省先拿出一個方案來報給皇帝，皇帝說方案可行，方案轉到門下省審議；門下省如果說方案不行，拿回去重做；門下省如果認可方案，再轉發尚書省執行。集體決策，任何人都不能大權獨攬。三個宰相也一樣，誰都不可能大權獨攬。

皇帝還是不放心：萬一三省長官聯合起來反對我，怎麼辦？擴張性是權力的基本屬性之一，它在擴張中自然是希望阻礙越少越好。唐朝皇帝又搞小動作。

第五講　君臣相防：中樞決策機構的演變

　　第一個小動作是把三省當中實權最大的尚書令取消了。尚書令直接管人管事，還負責政務執行，執行到位不到位，相差一百倍。尚書令的實權很大。李世民登基後永久取消了尚書令。為什麼取消呢？因為李世民登基之前擔任過尚書令，大臣們為了避諱，都避讓尚書令。唐朝尚書省的長官就變成了尚書左僕射和右僕射。

　　尚書左、右僕射和中書令、侍中四個人並稱為宰相。但是左右僕射不能參與決策，中書令和侍中決策。有個成語叫作「房謀杜斷」，「房」是房玄齡，「杜」是杜如晦，他們一個是中書令，一個是侍中，一個人拿主意，一個人來判斷是否可行。

　　門下省有一個會議室，叫作「政事堂」。為了提高效率，免得決策在兩個部門間反覆駁議，中書令和侍中事先常湊到政事堂商量可否。有的時候，二位集思廣益，也邀請尚書左、右僕射列席會議 —— 可能為了聽取尚書省關於決策貫徹落實方面的意見。政事堂會議就聚集了唐朝掌握最高實權的四個人。很快，朝野把能否參加政事堂會議，作為判斷宰相的標準，稱呼列席會議的人「同中書門下平章事」，像中書令和門下侍中一樣，擁有在政事堂處理奏章的權力。比如，尚書左僕射加同中書門下平章事，他就可以進入政事堂參與最高決策。唐朝也好，宋朝也好，凡是加此名號的人，都是「真相」，沒有此名號的人，即使當到了太傅，也是「假相」。又因為唐朝中書令和門下侍中的級別是三品，「同中書門下三品」也成了事實宰相的稱呼。有個名詞叫「金龜婿」，丈母娘都希望女兒釣得金龜婿。唐時，官員在腰間會掛一個墜子，中低級官員掛的墜子是左右對稱的魚符，三品及以上官員是用黃金做的小烏龜。又因為三品是宰相的級別，所以釣得三品高官，就是嫁入達官顯貴的意思。「金龜婿」寓意顯貴。此外，「參知政事」、「平章政事」等也成了事實宰相的稱呼。

　　政事堂會議，皇帝經常會讓多名大臣參加，事實宰相可能不止三個四個，有時候會有十個八個。比如唐初大臣魏徵，本職是祕書監，也獲得了政事堂議事的資格，事實上也是宰相。在這個決策群體中，總會有人因為威望、個性等原因，比較強勢，拍板拿主意。同時，議事完畢，總會有人負責起草結論。起草者就能在奏章中貫徹自己的思想，實際權力就蓋過了同僚。這樣的角色，就被稱為「首相」。比如李林甫、楊國忠，他們身上又出現了相權的影子，成為權臣。雖然唐太宗進行了分權制衡的設計，但在實踐當中，還是出現了相權膨脹的情況。皇帝會怎麼辦呢？

　　堡壘最容易從內部攻破。皇帝在中書省、門下省開始扶植新勢力。中書省具體辦事群體是「中書舍人」。中書令等長官不可能親自決策、草擬奏章，他沒有這個時間和精力。政務進入中書省，中書舍人先草擬意見，再報給中書侍郎、中書令，長官認可了，就成了中書省的正式意見。事實上，很多時候中書令是照搬中書舍人的意見。決策實權原本就在下移，現在皇帝有時故意繞開中書令，直接讓中書舍人草擬意見。這樣一來，該名中書舍人的實權就更大了。唐代稱呼這個直接替皇帝草擬聖旨的中書舍人為「知制誥」。知是動詞，知道、掌管的意思；「制誥」是制書、誥書的意思，這是兩種聖旨的形式。中書舍人一旦兼知制誥，就掌握了極大的權力。他雖然不是「金龜婿」，但完全可以一邊自己出主意，一邊以皇帝的名義說出去。

　　唐德宗年間，有個不得志的讀書人，叫作韓翃。韓翃是唐玄宗年間的進士（當時已經是唐玄宗的曾孫唐德宗在位），他考中進士二三十年、換了四個皇帝了，還在河南開封給人當幕僚。別人宦海二十多年都已經是宰相了，他還在顛沛流離，看不到希望。

　　一天晚上，有一個朋友突然來訪，恭喜韓翃發達。韓翃說：「別逗了，你看我都一大把年紀了，怎麼可能發達呢？」朋友說：「你飛黃騰達

第五講　君臣相防：中樞決策機構的演變

就在眼前。今日聖旨已下，由你知制誥！」韓翃不相信，覺得朋友尋他開心。正說著，韓翃的老闆、開封的節度使，帶著滿城的文武官員，整齊列隊，挨個進來向韓翃道喜。果然，聖旨任命韓翃為中書舍人、知制誥。原來，當年知制誥空缺，大臣向唐德宗請示人選。唐德宗寫了三個字「予韓翃」。「韓翃是誰？」大家都不知道，就去查，查到江南有一位州刺史叫韓翃，另外，二十多年前有一個進士也叫韓翃。兩個韓翃，到底是任命哪個呢？又向唐德宗請示。唐德宗批了一首詩「春城無處不飛花，寒食東風御柳斜。日暮漢宮傳蠟燭，輕煙散入五侯家」，然後寫道：「予此韓翃。」這首詩就是韓翃的代表作《寒食》。

這是君權削弱相權的一個慣用手段，提拔系統內的中低級官員，來削弱長官職權。唐代類似的做法還有翰林院的建立。翰林院的淵源，可以追溯到「北門待詔」。北門是古代宮城的後門。唐高宗時，挑選一些才學出眾的文官在北門「待詔」，隨時聽候召喚。高宗遇到什麼問題，諮詢他們，讓他們幫忙出出主意。時人稱呼這些文官為「北門學士」，這是非常通俗的叫法，不是正式的官方名稱。

唐玄宗時才專門設置了「翰林待詔」，幫皇帝批答部分文章、表奏；又有「翰林供奉」，幫皇帝草擬一些詔書聖旨。到了開元後期，唐朝專門成立了「翰林院」，將這些文官安置其中，稱為「翰林學士」。翰林學士協助皇帝處理部分文書宮作，出謀劃策，侵蝕了正常的中樞決策機構的職權。

唐後期，唐順宗用王叔文充翰林學士，主持「永貞革新」。反對派的宦官勢力將王叔文加拜戶部侍郎，趁機削去其翰林學士之職。王叔文失去此職，就喪失了處理核心政務的權力，改革形勢更是急轉直下。

唐朝晚期，國家財政入不敷出。這時候，誰掌握了財權，誰就獲得真正的實力。朝廷根據財政實際，在戶部機構和業務基礎上發展出了鹽

鐵轉運使、戶部使、度友使三大財政使職。後唐長興元年（西元九三〇年）設「三司（鹽鐵、戶部、度支）使」，總管國家財政。宋初沿舊制，三司總理財政，成為僅次於中書省、樞密院的要害部門，號稱「計省」，三司使獲稱「計相」，地位略低於參知政事。

誰兼任了三司使，誰才是「真相」。最後就變成了中書令或者侍中，都要兼任戶部下面的司長。為什麼？職位雖然小，但是實權大。

後來，到了宋朝，宋神宗進行元豐改制。元豐改制的重頭戲是改革官制，其中主要內容是把尚書令提升為宰相，由尚書左僕射兼任門下侍中、右僕射兼任中書令，重新將分權制衡的三個部門合併到了尚書令的統轄下。（元豐改制撤銷了三司使，其中核心的財政實權歸屬戶部）。為防止尚書令坐大，北宋增加了樞密院。樞密院掌管軍權和軍政要務（最著名的樞密使，可能就是高俅高太尉了）。北宋對中樞官制進行重組，但權力制衡的思路沒有變。

明太祖朱元璋開國，朱元璋覺得宰相壓根就不應該存在。不管是單個宰相也好，還是集體宰相也好，再怎麼制約，相權都會對皇權造成制約。朱元璋的做法是：廢相！

廢相比罷相還要狠，壓根就不允許宰相存在。廢相以後，朱元璋直接指揮六部，自己決策，自己監督，自己蒐集反饋，自己指揮所有的系統。如果朱元璋和他的子孫們一直這麼行事下去，政治制度史上皇權和相權的矛盾就永久解決了。遺憾的是，皇帝不可能直接指揮整個政治體制。有人做過統計，在八天之內大臣們向朱元璋匯報了三千四百件事情，他平均每天要處理四百二十五件事。

這四百二十五件事是朱元璋一個人處理的。請注意：是「處理」，而不是簡單的「已閱」。正常人在一天內把四百二十五件事的所有資料看一遍，就要累死了，更何況還要分析判斷，還要指導如何解決！朱元璋

第五講　君臣相防：中樞決策機構的演變

在實踐中就有自己的顧問團隊，協助提煉奏章內容，處理簡單的文字工作。朱元璋將顧問團隊稱為「內閣」，提拔一些年輕官員進入內閣，稱為「內閣學士」。內閣學士的級別大約也是五品。

朱元璋是精力旺盛的工作狂，所以內閣的工作局限在提煉奏章內容、簡單的文字處理，朱元璋的子孫沒有祖先那樣的精力和工作熱情，甚至連奏章都懶得看，越來越依賴內閣。內閣不僅對奏章簡單處理，漸漸地幫助皇帝草擬處理意見，稱為「票擬」。內閣的處理意見寫在小紙條上，貼在大臣的奏章上，皇帝如果認可了，就照著內閣的意見抄一遍。明朝後期的皇帝，連抄都懶得抄了，直接在上面圈一個圈，再叫太監抄一遍。負責替皇帝硃筆御批的太監，就是「司禮監秉筆太監」。

這樣的話，朱元璋本想廢除宰相，可是內閣不就成了新的宰相嗎？內閣當中，資格最老的、拍板決定票擬內容的學士，不就是事實上的宰相嗎？內閣學士只是五品官，很多尚書已經高居一品了，還鑽營去當內閣大學士。所以，雖然朱元璋廢了相，但是明朝後期皇權還是極為衰弱的。

清朝一開始有「議政王大臣會議」，就是把王公大臣叫在一起，商量事情怎麼辦，很有貴族政治的遺風。議政王大臣會議的權力很大，連皇位繼承問題都可以公開討論。皇太極和順治帝，兩代清朝皇帝，就是由王公大臣們開會推舉出來的。

清朝入關後，覺得議政王大臣會議比相權的危害更大，於是棄之不用（當然其中經歷了一段時間的權力內鬥）。清承明制，一開始還是用內閣掌控政局。但皇帝對內閣是不放心的，康熙皇帝另成立了「南書房」。南書房是幹什麼的呢？

它和唐代翰林院、明初內閣，有異曲同工之妙。表面上看，南書房就是做文書檔案工作的。實際上，康熙召一些年輕的才學之士，輔助自己處理政務文書。以至於南書房的年輕人下了班，從紫禁城裡出來後，

內閣大學士看到了，主動招呼寒暄。為什麼？因為南書房掌握了實權。

到了雍正時，情況又變了。雍正覺得南書房也有發展成新內閣的趨勢，及時遏止了它的進一步膨脹。雍正對相權的定義是：相權只能聽命於皇權，中樞決策機構要對皇帝言聽計從。他就藉口處理軍事要務，成立了「軍機處」。軍機處是幹什麼的？雍正對軍機處的定位是四個字：跪聽聖旨。意思是我成立軍機處不是讓你來幫我拿主意的，是讓你來聽我下命令的。所有大權都歸於皇帝，如果皇帝沒讓軍機大臣說話，軍機大臣就只有「跪聽聖旨」的份了。

嚴格說，軍機處並不是一個正式官署，而是因應軍事需求而設立的臨時機構。

設立之後，皇帝運用起來得心應手，就一直「臨時」下去，成為清代中樞決策的核心。因為軍機處是臨時的特設機構，所以，它不是中央部院的上級衙門，無權向中央部院或者地方衙門發號施令。軍機處有什麼意見，只有奏請皇帝同意後，才能以皇帝的名義發布命令。事實上，軍機處「不能有」意見，所有意見都是皇帝的意見，它只是「代傳聖旨」。

至於軍機大臣，所有人都是兼職，隨時可能被勒令離開軍機處，返回原衙門。雍正任命軍機大臣時，還會象徵性諮詢一下大家的意見；乾隆以後，皇帝說一聲「某某著即日起在軍機上行走」，這個人就算進入軍機處了，完全由皇帝說了算。

因為是臨時機構，軍機處沒有衙門，只有值廬（值班室）。故宮隆宗門內有五間小平房，就是軍機大臣辦公的值廬。這些值班室，差不多就是「小黑屋」，房檐低矮，空間逼仄，靠牆的炕床幾乎占了房間一半面積，一個房間裡擠進五六個人，就覺得擁擠了。因為是臨時機構，軍機處沒有官吏和差役，只能從在京各衙門抽調中級官員來協助處理政務，稱為軍機章京。清朝的軍機大臣、軍機章京們不管酷暑還是隆冬，都擠

在小黑屋裡揣摩聖意書、書寫聖旨，「伺候時立得手痛，鈔錄時寫得腳痛，此苦豈外廷所知？」有了這麼多的規矩，軍機處還怎麼可能出權臣呢？這樣的軍機處，裡面的人多數是庸才，循規蹈矩按章辦事而已。軍機處實現了皇帝的絕對專制，皇權徹底壓制了相權。

內閣在清朝依然存在。軍機處因為人手有限，又困於種種制度約束，政務處理能力有限，所以大量的例行公事和不重要的事務，依然由內閣經辦。清朝確定了「三殿三閣」六名大學士，分別是保和殿大學士、文華殿大學士、武英殿大學士、文淵閣大學士、東閣大學士、體仁閣大學士。此外還有一兩位新人內閣、資歷較淺的文官，任協辦大學士，等大學士出缺依次遞補。內閣大學士「位高而權不重、名尊而實不至」，即便如此也很少授人。內閣始終是名義上的最高機構，內閣大學士始終是名義上的最高級別官員，公認的宰相。因此，一些人還是很在意大學士名號的。比如，當年翁同龢已經是兩代帝師、軍機大臣了，還為自己不是內閣大學士而耿耿於懷。

綜上所述，我們基本上把從先秦到清朝的皇權和相權的爭鬥史做了一個梳理。基本趨勢是，相權不斷被削弱，君主專政不斷得到加強。這是個大趨勢，但並不是說整個趨勢是連貫的，有的時候會有波折。它就好像曲線圖一樣，不是一條直線直接上去的 —— 魏晉南北朝亂世，相權就有所回升。皇權和相權的鬥爭始終存在。

奏章的曲折人生

有關皇權和相權的爭鬥，筆者覺得有兩點啟示。第一，政治源於人事，人治決定政治。每一朝每一代都對宰相制度有所變更，翻來覆去，為什麼？都是因人生事。這裡的「人事」不是人力資源或者人事管理的

意思，是人本身的事情，人生事。很多政治制度是源於人事的。皇帝為了保證皇權至高無上，制定了諸多政治制度，塑造了古代政治形態，人治決定政治。第二，文書工作很重要。尚書也好，中書也好，內閣也好，軍機處也好，它們日常工作其實都是處理公文。古代官員和公文接觸的時間，比和家人在一起的時間要多得多。誰掌握了公文處理的權力，誰就掌握了政務流通和決策的實權。尚書原來是幹什麼的？中書原來是幹什麼的？內閣原來是幹什麼的？都是處理皇帝公文的。可見，文書工作很重要。

中國古代政權，可以簡單理解為一個為了維護帝王專制而設計的有秩序、強制性的國家機器。這臺機器力圖讓資源、人員、消息乃至思想文化，都在一個可控的系統中流動。各種因素都可以轉化為訊息，負載在文本之中。文本的處理，就在政治體制中扮演了重要角色。我們就延伸開來，講一講明清時期中樞文書處理問題。

明清時期，給皇帝的奏章主要有兩類形式，一類叫作「本子」，一類叫作「摺子」。「本子」亦分成「題本」和「奏本」。「摺子」就是奏摺。

本子是怎麼一同事呢？明清的奏章寫在長條形的紙張上，最後折疊壓成一本。本子寬十多公分，長二十多公分，類似於現代一本狹長的圖書。「題本」的封面（第一頁）空白，只寫一個字「題」，下面蓋上寫作者的官印。從第二頁開始書寫正文。每一頁六行字，每一行二十個字，但是第一格和第二格是用來頂格用，比如說碰到了皇、帝、聖、旨這些字，必須要頂一格寫（太后和皇帝同時出現，太后要頂兩格寫），所以雖然每一豎行能寫二十個字，實際上只寫十八個字。每一頁正常字數是六乘以十八，一百零八個字。

正文的開篇先寫居何官何職何人因何事上題本。假設，清代浙江巡撫因為杭州的一起殺人案，給朝廷上題本，他就會寫「兵部侍郎都察院

右副都御史巡撫浙江等處地方提督軍務監理糧餉某某為浙江杭州府某縣殺人事題」。這是一行，不管官銜多長、事情多長，都必須寫成一行。第二行開始寫正事，寫完之後在末尾註明「謹題請旨」或者是「謹題奏聞」，然後在末頁蓋上印信，封存起來發往北京。一個題本就誕生了，開始在政治體制中流轉。

明朝初期，呈遞給皇帝的奏章只有題本，到永樂皇帝時發展出來「奏本」。奏本封面寫一個「奏」字，下蓋印信。第二頁開始，和題本類似，只是首行要寫何官因何事「奏」，文章末尾需要註明「具奏請旨」。那麼，題本和奏本有什麼區別呢？

明朝規定，公事用題本，私事用奏本。轄區內發生命案了、地震了，或者是軍隊凱旋、賦稅完納，這些都是公事，要用題本。官員思念皇上了，恭請聖安，或者是年紀大了，申請退休，就要用奏本，不能寫題本。亂用題本奏本，官員要受到行政處分，在清朝要扣罰薪水。

地方官員的題本，需要做一份備份，備份叫作「揭帖」，和原件內容基本一樣。來自地方的本子，原件也是送通政司，揭帖送題奏內容相關的部門。比如，浙江巡撫因為杭州命案上了一個題本，揭帖就要送給刑部。奏本不需備份揭帖。

因為奏本所寫為私事，比如某個官員說「皇上，我想你」，就寫了一個奏本，直接遞給通政司就可以了，不需要寫揭帖——就是寫了，也沒「相關部門」可以接收。通政司接收本子，彙總登記後，送交內閣。

中央機關的本子，無論題本還是奏本，都不經過通政司，直接送交內閣。通政司傳遞的本子叫作「通本」，直送內閣的本子叫作「部本」，因為中央機關以六部為主，所以叫作部本。

不管是哪個管道來的本子，內閣都要閱讀（清代內閣還要把本子翻譯成滿漢雙語），考慮到本子文字長，而皇帝很忙，很可能沒時間逐字逐

句讀完，所以從明朝後期開始，出現了「貼黃」。貼黃就是在一張黃色紙條上，用一百個字左右（甚至更少）歸納總結題本的內容，貼在本上一併上呈。貼黃可以是寫作官員親自撰寫。內閣也會替題本貼黃，並對其中的題本票擬。對於奏本，內閣一般不票擬，直接轉交皇帝。

皇帝同意票擬意見，就用紅筆在本子上批示，叫作「批紅」。本子「批紅」後就變成了「紅本」。紅本返回內閣。紅本其實就是聖旨，是具有法律效力的，所以很重要。內閣要把紅本上的意見全都記錄下來，同時重新抄錄兩份，作為備份，一份送給史官，將來作為修史的依據，另一份留內閣存檔。紅本原件送到六科。六科負責登記紅本涉及的政務，通知相關衙門來領取，並定期監督事務的處理進度。比如，杭州的殺人事件，發給刑部。到了年底，所有的紅本都必須上繳內閣。這就是一個本子的生命軌跡。

如今，文物市場上有人兜售奏摺、奏本、題本。如果是真的文物，那是很珍貴的。因為這些文物，當年官員到年底都要上交的，保留在手中的情況極少。北洋政府時期，曹錕當總統時，因為缺錢，曾經把明清內閣和清朝軍機處保存的奏摺和本子賣出去過幾個麻袋。現在市面上流傳的遺物，可能是那幾麻袋的東西。大量的本子和奏摺應該還保留在故宮博物院裡。

回到正題。這一套公文處理流程，怎麼樣呢？效率太慢，機密性太差！

地方官員的通本，要登記、複製三四次，透過多重衙門、官員、書吏的手續，經過那麼長的時間、那麼多的人手，皇帝的處理意見還沒出來，該知道的人早就知道得一清二楚了。比如，浙江杭州的命案，等紅本到達刑部，刑部辦事官吏就說：「這事我們半個月前就知道了。」又比如，某人要揭發一起造反陰謀，結果皇帝還沒看到本子，陰謀集團就

已經聞風而動。可見，如此公文流轉，效率不高不說，一點保密性都沒有，君臣雙方都不滿意。

明朝中期以後，皇帝恩准部分官員可以繞過正常的公文流轉管道，把本子直接送到宮門口，快遞處理。這就極大方便了君臣雙方的交流，加快了政務的處理。但此舉並沒有形成常態。有權這麼做的大臣，非常少。大家一般把直送宮門的「上奏權」，當作是莫大的恩寵，而不是一項制度。清朝的康熙皇帝，開始將這種做法制度化。康熙常常命令親信官員及部分重要崗位的官員「密摺奏事」，匯報一切他們覺得皇帝應該知道的資訊。剛開始，密摺類似於康熙皇帝的 IG 摯友列。能夠進入圈內的都是康熙熟悉、親近的人。比如，康熙皇帝在康熙四十八年（西元一七〇九年）給蘇州織造李煦發了一道密摺：「近日聞得南方有許多閒言，無中作有，議論大小事，朕無可以託人打聽。爾等受恩深重，但有所聞，可以親手書折奏聞才好。」李煦回了兩道密摺，內容是報告戶部尚書、江蘇巡撫等高官小道消息的。私信最大的特點就是一個「私」字。類似，奏摺最大的特點就是一個「密」字。康熙皇帝就再三叮囑江寧織造曹家：「凡有奏帖，萬不可與人知道。」還有「凡奏摺不可令人寫，但有風聲，關係匪淺。小心，小心，小心，小心！」康熙的「密摺」，繞開了正常的公文體系，直送內宮，由皇帝親自批閱，不允許任何第三者拆閱。這種新的公文，在封面和封底都有硬折，因此得名「奏摺」。

奏摺的要求，比本子要嚴格。首先，對寫奏摺的人有嚴格要求，必須是身居高位或者特定角色的人才能上摺子。其次，奏摺的內容必須是機密事件，例行公事還是要求用本子流轉。康熙一開始就是讓奏摺作為密報來用的。再次，奏摺一般要求大臣手寫，不允許幕僚代筆。奏摺不允許備份。封面也寫「奏」字，但不加蓋官印。為什麼呢？因為加蓋官印，多一個人經手，奏摺洩密的機率就增加一倍。正文第一行也是何官

因何事奏，每頁也是六行，但每行二十四個字。奏摺寫得更密，寫完後由專人快馬加鞭送到北京。

奏摺直接送奏事處。奏事處，顧名思義是向皇帝奏事的部門，是公文送交皇帝的最後一關。因為大臣不能入後宮，清朝分內奏事處和外奏事處。外奏事處在宮門口接收奏章，再遞給內奏事處。外奏事處辦事的是正常人，內奏事處全是太監辦事，他們當中隔著一道厚厚的宮門。大家在影視劇中會看到用托盤托著一疊摺子、一路小跑送給皇帝的太監，叫作「奏事太監」，就隸屬內奏事處。

皇帝接到奏摺後，沒有固定的處理程式，因人而異、因事而異。皇帝可以直接批，批完後送回上摺子的人，這個過程極快。皇帝也可以不批，把摺子下發給軍機處或者由相關部門討論。第三種方法，皇帝可以把摺子扣留，冷處理，叫作「留中不發」。那麼，上摺子的人就得揣摩皇帝的心意了。有時候，上摺子的人可能只是為了試探皇帝的態度，還有可能是告狀、告密、風聞言事的，事關機密或真偽不辨，不宜公開，根本就不需要皇帝批同，完全可以「留中不發」。更常見的處理，還有皇帝把摺子批紅，轉給軍機處，那它的後續處理程式，基本和紅本處理程式一樣。

奏摺的好處很多，除了上面說的保密之外，在實踐中還有很多微妙之處。

比如，官員彈劾官員，如果用題本，經手的各級官員都會知道，無異於將矛盾公開化，擺出撕破臉皮、拚個魚死網破的架勢。其實，這也給同僚和上司們攔截題本、居間幹旋留出了充分的時間和可能性。如果彈劾用的是奏摺，那就不是鬧著玩的了，那就是有相當大的把握，追求速戰速決。在實踐中，官員真要幹架，一般用奏摺。又比如，一些官員在上本子之前，對於例行公事的前景沒有把握，都先上一個相關的或者

無關的奏摺，試探一下皇帝的態度再說。再比如，奏摺制度讓皇帝很方便就繞開了相權，直接指揮全天下。皇帝也愛用。奏摺有這麼多的好處，到了後來，幾乎沒有人用本子尤其是奏本了。大家有什麼私事，都習慣直接用奏摺。乾隆中期，朝廷廢除了奏本，只剩下題本來處理日常公文。清朝官員們常常「匯題」，就是彙總相關的公事後，很多事情只上一道題本 —— 反正是例行公事，不追求效率。到了光緒時，連題本也廢除了。

　　中樞公文系統，主要是由內閣、軍機處在負責運轉。內閣的核心部門是典籍廳。典籍廳相當於內閣的辦公與祕書機構，負責接收各衙門的奏章文件，分發內部處理。內閣並沒有大印，對外行文用的是「內閣典籍廳」的印章。清朝的內閣，還有滿本房、漢本房、蒙古房等部門，負責把題本翻譯成滿漢兩種文字，並撰寫貼黃；滿票簽處、漢票簽處等，負責審核題本並票擬意見，過程是這樣的：

　　內閣中書草擬意見，經侍讀學士審閱後，交大學士們終審，最後作為正式票擬，交由皇帝裁定。票簽處還負責同收紅本，根據硃批意見草擬聖旨。滿漢票簽處還負責把紅本和硃批的大意逐日逐件匯抄成冊，彙編成內閣《絲綸簿》。此外，內閣還有稽察房，負責統計移交各衙門辦理的紅本情況，並在年終收繳紅本；紅本處，負責把紅本交給六科，六科再交給相關衙門辦理；副本庫，負責儲藏紅本。題本的原本由六科於年終匯交內閣，也要統一保存。可見，內閣承擔了中樞公文的處理重任。

　　軍機處的公文處理就相對簡單。就公文處理而言，它大體是清朝皇帝和內閣、大臣的中間人。皇帝的意旨、硃批，軍機處轉給內閣發表，就是「明發」，所有人都能看到；軍機處繞開內閣，直接寄給相關大臣，就是「廷寄」。廷寄的一般是不宜公開的事情、皇帝對臣下的耳提面命或

斥罵，或者乾脆就是祕密任務，所以南軍機處直接發給受命對象。廷寄反映了軍機處才是清朝中樞政務的核心，也反映了此時的皇帝為政幾乎可以隨心所欲，不受相權的束縛了。

第六講
天下衙門：中央政務和朝堂官制

　　大家在讀古代歷史或者古文的時候，會遇到一系列的衙門，如果不把這些衙門搞清楚了，是很頭疼的。嚴重的話，書都讀不下去。從第六講開始，我們就講古代官府和官員設置，這屬於「官制」的內容。正史往往有幾卷「職官志」，專論本朝官制。

　　沒有一個朝代的官制設置是一成不變的，就是同一個朝代同一個官府，從開國到滅亡，它的職能和設置也是隨著人事和形勢的變化而變動。所以，筆者選擇中國古代政治制度成熟期的明清官制為主體，來講解「天下衙門」問題。當然，我也會涉及縱向的歷史，介紹歷朝歷代官制的大致情況。

　　我們先從中央層面的官制講起。上一講的內容可以歸納為兩句話，「政治源於人事，人治決定政治」。帝王專制主導了中樞政務機構的演變，用制度設計來不斷強化皇權。在制度設計的過程中，不斷有些人事方面的小動作，比如北門學士、比如從中書省到軍機處，這些都塑造了中央官制。

六部是行政主體

　　明確的中央官制出現在秦漢時期。秦漢的朝廷，三公之下設列卿，分別主管禮儀、刑獄、財務等專門事務。「三公九卿」說的就是秦漢時期，中央政務公卿施政的結構。三公是中央政務決策者，九卿是落實者。至於具體是哪九個卿，似乎沒有定論。秦朝的九卿似乎是奉常、郎中令、典客、衛尉、太僕、廷尉、宗正、治粟內史、少府；漢朝似乎是太常、光祿勳、衛尉、太僕、廷尉、大鴻臚、宗正、大司農、少府。九卿當中，廷尉主管司法刑獄，典客（大鴻臚）主管禮賓外交，治粟內史（大司農）主管賦稅財政，和我們理解的國家事務有關係。其他的六位負

責的基本上是皇家事務，管理皇帝身邊的事情。比如，奉常（太常）掌管皇家祭祀，郎中令（光祿勛）管理皇帝隨扈，衛尉負責宮廷護衛，太僕負責皇家車駕，少府管理皇帝的小錢袋，宗正負責的是皇家的血脈和族譜，他們幾位處理的事情，和國家行政的關係有點疏遠。可見，當時圍繞皇帝轉的中央政務比較多，處理祭祀、禮儀和宮廷事務的政務比較多，還保留有宗法制和貴族政治的濃厚色彩。

從漢末到南北朝，最高決策機構在變，九卿的設置也有所變化，而且日益邊緣化，但作為行政主體的基本情況沒有改變。期間，尚書省侵吞了越來越大的行政實權，省內各部處理中央政務，經常和九卿在業務上打架。雙方的職責交叉不清。南北朝時就有人提議把九卿併入尚書省，但一直到清末，九卿一直存在。隋朝把尚書省的各部獨立出來，設置了六部，中央政務透過六部流轉。九卿作為行政主體的地位徹底喪失了。九卿和三公一樣，都「備員」而已。

尚書臺（省）原本內含各曹（部），名為吏曹、主客曹、五兵曹、度支曹、東西曹等等，到隋朝開始獨立成部，至唐朝明確為吏、禮、兵、刑、戶、工六部。原來的九卿部門，在隋朝演變為九寺、五監。九寺基本對應秦漢的九卿，另外又成立了少府、將作、軍器、都水、都水五監。從隋唐開始，中國中央政務的行政系統，就確立為「六部 + 寺監」的格局 —— 六部獨攬大局，寺監居於絕對邊緣。

那麼，六部和各寺、各監之間的關係是怎樣的呢？六部負責全面事務，把握整體工作，各寺、監負責專項性事務工作，並且在業務上接受相應部門的指導。其中，禮部在政令上傳承、指導的監寺最多，有太常寺、光祿寺、鴻臚寺和國子監。這些部門都涉及禮法、文教，和禮部的執掌高度重合。至此，先秦之前帶有宗教、宗法等色彩的官銜，都統一到了禮部系統之中。戶部在業務上指導太府寺、司農寺，大家都和財政

賦稅有關；工部對應少府監、將作監、都水監，這些部門都和工程製造、器械製造或者水利有關；兵部對應衛尉寺、太僕寺、軍器監，顧名思義，和宿衛、兵器有關；刑部則和大理寺對接，吏部和宗正寺對接。

　　隋唐六部，每部都是四個司。一般第一個司名稱與本部名稱相同，負責主體業務，稱為「本司」，比如，吏部的本司就是「吏部司」，工部的本司是「工部司」。另外三個司，分掌其他三方面的業務。「六部二十四司」，結構相對比較簡單。明朝打破了一部四司的格局，戶部、刑部都按照地區設置了十三個司，比如浙江司、山東司、四川司等，每個司掌管冠名省份的相關事務，並兼管特定的全國性事務。明朝這樣做，便於按照地區來管理、掌握情況，也能解決之前存在的各部門之間「忙到死」、「忙卻效率不高」的問題，總的來說，便利了行政管理，是一個進步。清朝沿用明制，戶部設十四司，刑部分十七司。機構增加的主要原因是全國行政區劃變動。我們就以清朝的六部設置為例，來看看各部的設置情況。

　　六部的排序是：吏、戶、禮、刑、兵、工。這有些類似後世領導排順序，實權大、地位重要的排在前面。清朝的軍機大臣，一般從各部尚書當中選拔。吏部尚書進入軍機處的機率最大。戶部尚書的機率也很大。但是，工部和兵部的尚書一般不太可能進入軍機處。為什麼呢？因為，工部和兵部的職權比較邊緣化，尚書的實權比較小。甚至，吏部侍郎、戶部侍郎進入軍機處的機率，都比工部尚書大，這和級別沒有關係，主要看你所負責部門的實權大小。

　　在政治實踐中，最主要的兩項權力，一是人事權，一是財權，這兩樣是最核心的。大家想想，自己家裡的事情，最主要的是哪兩樣？一是家裡的小孩子該不該打，誰說了算；一是家裡的錢誰在管，一般在這兩個問題上說了算的人，才是真正的一家之主，跟戶口簿上「戶主」寫的

是誰，關係不大。吏部侍郎比工部尚書的實權要大得多，原因就在這裡。

清朝的總督，上調中央，一般是安排擔任各部尚書；巡撫上調中央，一般擔任各部侍郎，反過來也一樣，這算是平級的調動。萬一，某位總督資歷特別深，比如擔任過好多任的總督、年頭很久了，他調到中央來，一般安排排名比較靠前的那個部的尚書。如果這位總督的資歷很淺，就會安排他擔任六部中排名靠後的尚書。這也表明了六部的實權大不相同。光緒初期，軍機大臣沈桂芬援引門生王文韶進入軍機處，當時就遭到了非議。因為王文韶當時只是湖南巡撫，而且只擔任過一屆巡撫，上調中央後直接擔任戶部左侍郎、代理戶部尚書，兼軍機大臣。反對的派系就認為王文韶資格太淺，攻擊沈桂芬在結黨營私。

六部中，首重吏部。吏部權力最大，因為它管理的是官員的任免、升遷、考核、懲罰，和所有官員的切身利益相關。

吏部真的能夠決定天下官員的仕途嗎？這個問題其實很複雜。從名義上說，天下官員的任免獎懲都由吏部操作。但實際上，吏部的權力大打折扣。吏部尚書能任免各省的巡撫嗎？任免不了。不要說巡撫不行，就是布政使、按察使，吏部也任免不了。吏部尚書雖然不能任命巡撫，但是可以審核候選人的資格。同時，吏部可以提名人選。這兩點權力也是很要命的。我們可以把人事權分解成很多階段，按照人事任命的過程可以分為考察、提名、決策。皇帝掌握了最終的決策權，考察、提名的權力在吏部。所以，吏部還是掌握了相當一部分人事實權的。關於中國古代官員的任免程式，第九章會有專門的論述。在這裡，大家需要記住一點，吏部的實權雖然有限，對天下官員的任免獎懲更多的是名義上的權力，但是吏部依然保留了相當大的權力。尤其是對中低級官員的任免，吏部的操作還是非常關鍵的。這是因為，皇帝不可能所有的官職都親自過問，他只掌握高級官員和極少數的關鍵崗位。中低級官職，就放

手給吏部了。吏部實際上負責中低級官員的任免和高官的審核、提名，外加辦理所有人事案的程式事務。

中央各部，部下分司。各部的長官是尚書和侍郎，一般尚書有一位，侍郎有左、右兩位。（清朝特殊，有滿漢兩套團隊。）他們幾位就組成了部領導團隊，清朝稱為「堂官」。各司的負責官員是郎中、員外郎、主事，稱為「司官」，是政務的實際執行者。吏部一共有兩百多名官吏。請注意是「官」和「吏」。吏也稱書吏、經承、典籍等，他不是官，而是一種差役，是政府向老百姓徵發的徭役，讓老百姓到政府機關來義務工作，是「在官之民」。和官員一樣，吏也是有編制的。吏部的官和吏合在一起，有超過兩百個編制。在實際工作中，官員們先前讀的是四書五經，沒有受到專門的業務訓練，加上在一個崗位待上三五年就調任轉走，因此對工作很生疏。承擔具體工作的幾乎都是吏。書吏反過來操縱政務，上下其手、營私舞弊的現象在明清兩朝都很嚴重。這一點，之後還會涉及。

吏部下設「文選司」、「考功司」、「稽勛司」和「驗封司」四個清吏司。文選司、考功司是核心部門。文選司負責文官的選拔、分配、任免；考功司考核官員的功勞，考察一個官員有無功過是非，進而決定獎懲。吏部是權力最大的衙門，文選司和考功司義是吏部當中權力最大的部門。有一些官員寧願在文選司和考功司當郎中、員外郎，也不願去地方上當知府或者道臺（郎中外放道臺、員外郎外放知府是升官）。當中的玄妙之處，想必大家能夠體會。人在仕途，更多的時候追求的是實權的大小，而不是級別的高低。不知大家有沒有看過電視連續劇《大宋提刑官》，最後的案子裡有一個大反派，是郭達飾演的。他雖然罷官為民，卻能夠暗中操縱朝廷官員，頤指氣使。為什麼？因為他掌握了吏部官員人事的大量檔案，知道官員們的小辮子、小把柄。他用這些檔案資料威脅

涉事官員服從自己。這兩個司的郎中，是核心崗位，吏部尚書都沒有權力任免，必須請旨、由皇帝聖裁。

吏部第三個司叫作「稽勳司」，管理官員的資歷、守制、終養等情況。簡單地說，就是記錄官員的履歷，在什麼地方當過什麼官、當了幾年等等；還有就是負責搞清楚官員的家庭情況是怎麼樣的，是不是身家清白，有幾個老婆孩子。現代人可能覺得這些事情並不複雜，但在古時候，稽勳司的工作很繁複。古代官員的家庭，和現在不一樣，不是一夫一妻、一對父母，往往妻妾多人、正庶有別，加上還可能過繼、兼祧，親屬情況就相當複雜了。而古代政治又尊崇家族，講究禮法，許多行政制度是和官員的家庭情況密切相關的。所以，稽勳司必須把天下官員的家庭情況盡可能摸清楚。你說，此項工作能不繁複嗎？官員有涉及行政法的家庭情況變動，要及時報告該司。

第四個司是「驗封司」，管理官員的封爵、獎勵、撫卹和土官的世襲等。

封爵和獎勵，比較好理解。撫卹指的是，官員死後，朝廷給予多少撫卹銀、致祭銀，死者可以以什麼規格下葬，能否立石碑，立什麼樣的石碑，都是有嚴格而詳細的規定的。官員死後的哀榮，和生前的級別、當時的形勢緊密相關。這就是驗封司負責的撫卹事務。比如，清朝嘉慶年間，江蘇候補知縣李毓昌剛正清廉，不和貪官同流合汙，結果被貪官害死。嘉慶有意樹立李毓昌為榜樣，所以下令李毓昌按照知府級別「賜卹」，修墓、致祭、立碑。嘉慶還賜〈憫忠詩〉一首，並白掏一兩千銀子撫卹李家人。這在當時被官員看作是「曠古未有之恩典」。此外，驗封司還管天底下的土官。土官是什麼人呢？清代西南少數民族地區，雖然隸屬諸省，但是基本上是自治的，由當地的土司或者酋長也就是土官自治，並不執行州縣制度。這些少數民族治理者的任免也有別於正常的文

官，歸驗封司監管。土官大多數是世襲的，老人死後，繼任者的手續由該司辦理。

　　吏部四司，清朝人以喜、怒、哀、樂四字視之，謂選缺補缺，喜也；議處分，怒也；丁憂，哀也；得封典，樂也。

　　四司之外，還有其他行政和後勤部門，比如司務廳、清檔房、本房、飯銀處、督催所等等。它們具體幹什麼的？四司從事主體業務，那麼日常行政、書吏差役的管理，誰來負責？這就需要一個專門的行政部門，所以設立了「司務廳」，負責吏部的行政事務，兼及接收地方公文。清檔房、本房負責公文流轉，保存檔案文書，兼及滿漢翻譯。飯銀處負責行政開支的銀兩 —— 不光管飯。督催所負責監督大家的行政效率，類似今日的「績效辦公室」。今天，大家找工作都想去行政和後勤崗位。當月處（監印處），接收中央衙署的公文，向內閣送題本，領同公文，保管印信等。當月處工作最磨人，需要日夜有人值守，一般委派分發部院實習的新人「當月」，帶著隨身行李住在辦公室。

　　行政部門的工作人員，升遷比業務部門的老師或者辦事員要順暢得多、快得多。清代中央部院也有行政後勤部門，但是各部、各院的侍郎、尚書，優先在業務部門產生。吏部要提拔侍郎，優先考慮文選司、考功司的郎中，接著是驗封司、稽勳司的郎中，不會考慮司務廳、飯銀處的負責人。因此，清朝人希望進去的還是四大清吏司。

　　僅次於吏部、第二重要的部門是戶部。戶部管理全國的財政、民政、人口戶籍、國土資源、地下礦藏、海關、稅收、審計等等。現在我們為了科學管理和精細化管理，將收錢的、用錢的、審計的都分開，國內稅收和海關關稅要分開，國土資源和能源礦藏也要分開，甚至有些省份把煤炭之類的都單獨分出來，成立專門的部門。但是古代沒有那麼多概念，只要和人有關、和錢有關的，全歸戶部管，因此，戶部也是個要

害部門。

吏部的官吏有兩百多，戶部的官吏翻一翻，有四百人。吏部有四個司，戶部有十四個司，在規模上完勝了吏部。戶部的十四個司不是按照具體業務劃分，而是按照地域來分的，比如浙江司、江西司、福建司、湖廣司、山東司、廣東司等。每個司管理一個或者兩個省的事務，同時兼管一項全國性的專門事務。比如，浙江司除了掌管浙江的民政錢糧外，還負責統計全國人口和穀物，相當於國家統計局；雲南司兼管漕運糧食；貴州司兼管全國的海關和關稅，相當於海關總局；江西司管理全國各地的協餉，什麼叫作「協餉」？各個省份的財政收支情況不同，有的省份盈餘，有的省份虧空，江西司就負責調劑盈餘省份的錢糧去支援虧空的省份，這叫作協餉；廣西司兼管採礦、鑄幣和內倉出納，相當於國土資源部、造幣總公司等；福建司兼管抗震救災，哪個地方決堤了、發大水了或者地震了，由哪個部門負責賑濟？戶部福建司。只有一個司沒有兼管事務，那就是山西司。山西司只負責山西錢糧，不兼管其他。

戶部機構比較龐雜，除了主體業務司，第二部分就是一系列行政後勤部門。

戶部下設「八旗俸餉處」，清朝八旗子弟是有「鐵桿子莊稼」的，按時領取口糧，由戶部八旗俸餉處管理。戶部「現審處」，負責審核八旗子弟的民政和財務訴訟，至於刑事案件，還是由刑部來審。戶部還有一個特別的部門，叫作「捐納處」，其實是在國家賣官鬻爵的時候，負責收錢的。歷朝歷代都在買官賣官，但不能直白地說。清朝就說是老百姓報效朝廷，主動捐錢納物，所以叫作捐納。捐納朝廷一萬兩銀子，朝廷封個官。這種事情不能大張旗鼓地干，更不能成立太大的部門負責，所以就在戶部下面設捐納處，主管全國的買官賣官的收入。買官者，到此處交錢。當然了，戶部也有檔房、督催所、司務廳、飯銀處之類的部門。戶

部的飯銀處，除了管理本部門的飯銀和行政開支外，兼管向其他部門的飯銀處撥款。等於說是，吏部飯銀處需要到戶部飯銀處拿錢，再給吏部的官員發伙食津貼、行政費用等。

　　以上這兩部分機構組成了戶部的本部，戶部還有一些附屬機構在相對獨立運轉。第一個是「錢法堂」，相當於造幣總公司。鑄幣不算是行政事務，但又不能市場化，不可能讓民間私鑄貨幣，所以就在戶部下設錢法堂，管理全國貨幣事務。錢法堂下面又設立了「寶泉局」，負責造幣，寶泉局就相當於現在的印鈔廠。古代交通運輸和通訊不發達，全國不可能只有一個造幣廠，那樣的話貨幣的運輸、調劑壓力極大，會出大亂子的。而且，像雲南、黑龍江這些邊遠省份，從首都千里迢迢運銅板過去，成本太高了。所以，清朝允許各個省自己造幣。全國就有很多的造幣廠。各省的造幣廠一般叫作「鑄幣局」，由布政使主管，冠以省份的簡稱，比如浙江省鑄幣局叫作「寶浙局」、山西省鑄幣局叫作「寶晉局」。各局嚴格按照錢法堂的標準來鑄幣。工部就有意見了。工部有很多工程，用錢量很大，大老遠的運輸貨幣很麻煩，也要自己造幣！朝廷也允許工部擁有造幣廠，就地造錢，叫作「寶源局」（與戶部的「寶泉局」並為「源泉」）。

　　戶部還負責管理京畿地區的糧倉。南方的漕糧運到北京來後，集中儲存於京畿地區的各大糧倉，由戶部管轄。戶部委派一名侍郎主管此事，叫作倉場侍郎。

　　倉場侍郎負責漕糧的到達、驗收、運輸、保管和發放等全流程，駐紮在通州新城，下設有郎中、員外郎和各倉庫監督等。倉場職位是很肥的，而且比較獨立，幾乎自成一個系統。以前的時候，現在的北京通州區到朝陽區，尤其是通惠河兩岸，就是倉場系統的天下。現在朝陽門附近的「南新倉」，就是清代的一個國家糧倉，主要給北京城八旗子弟發放口糧。

戶部管理朝廷「三庫」，一個叫銀庫，一個叫緞帶庫，一個叫顏料庫。其中最主要的是銀庫，其實就是國庫。戶部的銀庫可不就是國庫嗎？朝廷所有的錢都存在銀庫，要用錢，都透過銀庫來盤轉。它和緞匹庫、顏料庫，合稱「三庫」。

清朝往往會派一個大臣專管三庫，叫作「管理三庫大臣」。這個人選極為重要，當年和珅就幹過這事。可見，三庫雖然歸戶部管轄，但獨立性很強，皇帝的眼睛一直盯著呢。各庫又分別有郎中、員外郎、司庫等等。清朝管理三庫的所有官員都南滿族人擔任。

國庫很重要，所以戶部銀庫有一套非常嚴格的管理制度。銀庫有很多庫丁，庫丁就是碼放搬運官銀的人。這個活很累。大家可以想像一下，天天把官銀搬來搬去，沒有上千斤也有幾百斤，得需要多大體力！而且，這個活本質上是徭役，是沒有俸祿的。但是，幾千個人在銀庫門口爭著要當庫丁，為什麼？因為稍微藏一點官銀，出去就抵得上別人工作一個月的了。官府自然也要防止這一點，就要求庫丁必須赤身裸體、高舉雙手進出。為了防止把銀子塞在嘴裡，還要學鴨子叫之類的；為了防止把銀子藏在肛門裡，庫丁還要跳躍進出。但是，防不勝防，庫丁發明了不少很噁心的作弊手段。具體手段不方便說，這裡提示一下：庫丁會喜歡一些特定省份的官銀，這些省上交的官銀不僅成色足而且光滑。遇到庫丁輪換或者病逝，外面的人得花幾千兩銀子行賄官員來爭奪職位；同時還得趕緊請保鏢，為什麼？防止別人綁架。萬一不能按時上班，曠工了，職位就會被革，所以庫丁得請保鏢。

以上就是戶部的情況，接著談第三個部 —— 禮部。禮部為什麼重要？有兩個原因：

第一，禮部負責全國的禮法和思想觀念工作。朝廷需要有一個部門來證明自己的統治是合法的、正確的，自己推行的法律法規是合理的、

先進的。這個重擔，主要落在了禮部。晚清四大奇案中，有一個「楊月樓案」。上海京劇演員楊月樓，和一位出身良好的忠實狂熱粉絲小姐訂婚成親，結果被女方親屬告了。這事放現在，也就是個娛樂界的八卦，但是在清末卻演變成大案，最後由慈禧出面解決。因為楊月樓是戲子，是賤民，怎麼能和大家閨秀成親呢？傳統中國是個禮法社會、身分社會，楊月樓案涉及禮法，關係到社會和政治運轉的意識形態基礎，所以能夠釀成一場大案。

第二，禮部負責全國文教事業。朝廷重視文教，倒不是重視臣民文化知識水準的提升，而是與科舉有關。隋唐以後的官員，主要是由科舉考試選拔的。禮部管文教，順帶管了科舉。文教事業就關係到後備幹部隊伍的資質，也分割了部分官員選拔的實權。

禮部總管國家禮制慶典、文教科舉和外交工作。禮部官吏不多，不到兩百人，內部分四個清吏司。第一個司是「儀制司」（典制司），負責禮儀制度的制定實施，同時管理全國的官學和科舉。第二個司是「祠祭司」，管理祠堂祭祀，同時管理全天下的和尚、尼姑和道士，相當於國家宗教事務局。第三個司是「主客司」，近似於外交部，負責中國與周邊國家的雙邊關係，同時掌管朝貢、冊封事務。朝貢和冊封是古代中國和外國交往的主要內容。禮部的第四個司是「精膳司」，負責元旦慶典、皇帝萬壽、皇帝大婚和其他的慶典。準備慶典不僅要準備歌舞飯菜，更重要的是準備慶典上的節日，排定百官的班次，誰走在前面，誰走在後面，大家行什麼禮。慶典不是娛樂活動，而是政治活動。

禮部下轄還有附屬機構，主要的是「會同四譯局」，類似於外交學院，專門培養翻譯和外事人才。「神樂署」，神樂署歷史悠久，漢朝的時候叫「樂府」。

後來名字改了，但是文人騷客還習慣稱呼它「樂部」。它雖然是戶部

的下屬機構，但老把它升級為一個部，這就好像文人騷客也總喜歡把工部下面的「都水司」叫作「水部」一樣。神樂署雅稱「樂部」。禮部下轄還有管理外圍使團居住逗留的賓館，如「朝鮮館」、「琉球館」。哪國朝貢的人來了，入住相應的賓館。

各館裡通常都有「通事」或「大使」。現在看到有某國駐某國大使，其實在明清時就有大使。當時的大使是賓館管理員的意思，朝鮮館大使、琉球館大使、越南館大使不是這些國家駐華的大使，而是各國住所裡面的中方管理人員，負責安排使團的居留、協調他們和中方其他衙門的關係。

禮部最重要的附屬機構，可能要算「鑄印局」了。鑄印局負責鑄刻全國官府的印信。刻印暗含著另外一層意思 —— 編制。只有承認了你這個部門的編制，鑄印局才給你刻官印。這就相當於朝廷編制辦公室。這是很要命的。官印雖小，但是它能夠承認一個衙門的合法性。清朝印信管理制度非常嚴格，官印必須有專人保管。我們在電視劇或者電影當中經常會看到一些很不尊重歷史的現象，比如說上任的時候拿著一個官印。這肯定是假的。為什麼？官印是在衙門裡由專人看管，官員本身並不攜帶官印。新官上任，絕對不可能攜帶本部門的印信。官印是不動的，動的是人。另外，丟失官印，是要革職的。官員將官印丟了，就不能證明本部門的合法存在了。另外，萬一偷竊官印的人去蓋了很多空白的文件怎麼辦？所以，丟印是很嚴重的事件，立即革職。蓋印也有很多講究。蓋印模糊，罰俸一個月；印信倒蓋，罰俸三個月；漏蓋官印，比如官員給皇上上奏，忘記在封面蓋官印了，罰俸一年。官印如果有汙損，罰俸六個月。各衙門必須定期清洗官印，如果有必要更換，要及時上報，申請換印。

第四個部是刑部。刑部負責全國司法事務、審核天下刑名案件，並

131

管理獄政。

　　表面來看，刑部的權力很大，集所有司法權於一身，既是警察，又是檢察官，還是法官，同時管著監獄，等於把所有的案件從頭到尾都管了。實際上，刑部和吏部一樣，有很多事情管不了。比如，重大惡性案件，皇帝常常親自插手，刑部就管不了；所有的死刑判決都需要皇帝御批，刑部只管終審。對於很多案件，皇帝常常下令由刑部、大理寺和都察院進行「三法司會審」。三法司，就是中央的這三大司法部門。此外，特定案件刑部不能專斷。比如遇到宗室成員犯法，刑部需會同宗人府一起審理；涉及八旗子弟的民事和財政糾紛，刑部必須和戶部的相關部門會同審理；涉及少數民族案件，刑部要會同理藩院一起審理。因此，刑部雖然能夠插手司法的整個過程，但它的實權是受到分割、牽制的。

　　即便如此，刑部的司法實權依然很大，事務繁重。刑部的官吏人數在六部中是最多的，超過了四百人。跟戶部一樣，刑部也按照地域下設十七個司，也是一個司主管一個或者幾個省的司法刑獄，同時兼管全國性專項事務。比如，刑部直隸司除了管理河北司法刑獄，兼管察哈爾左翼刑名案件；浙江司兼管刑部的題本、奏摺的定稿呈堂；江蘇司兼管恩赦，赦免的事由江蘇司負責；山西司負責統計年終時全國各地案子的執行和彙總情況；四川司負責「秋審」的行文。古代死刑犯被判處「緩決」的（這項判決在所有死刑判決中比例很高），都要經過秋審，也就是俗稱的「秋後問斬」。秋審，類似於對死緩罪犯的最後一輪覆核。除了秋審，公卿會審的重大案子的行文，也由四川司負責。四川司還負責刑具的製造，並監督各級司法機關不能濫用刑具 —— 在嚴刑酷罰氾濫的明清時期，四川司的這項職責頗為扎眼。刑部的奉天司管理盛京（遼寧）、吉林、黑龍江的刑名案件，陝西司管陝西、甘肅和新疆的案件，沒有兼管的全國性事項。

　　刑部下設的行政和輔助機構，主要有：「督捕司」，追捕逃犯的；「秋審處」，負責秋審的事務性工作；「減等處」，負責審核犯人減刑的事務；「牢廳」，相當於國家監獄局，主管全國監獄，負責管理全國的獄卒和監獄裡犯人的衣食住行、藥品醫療等。刑部還有兩個處，一個是「贓罰處」，案件罰沒的贓銀、抄家的家產由該處彙集，轉交戶部；一個是「贖罪處」，負責官員的罰銀事務。清朝對官員行政處罰有一項是罰銀，由贖罪處負責。清朝官員可以交納罰銀來減輕罪責。

　　古代刑部隱含著一項巨大權力，就是立法權。古代中國並沒有明確的立法來源。皇權是最高權威，皇帝的話就是法律。可皇帝老說不一樣的話，那麼法律就得跟著變。如果一定要找一部明確的基本法的話，明朝有《大明律》、清朝有《大清律》，都是開國之初皇帝下令編撰的。這些律令只是法律原則，很多時候不具備操作性。這樣，判例就成了律令的補充，可以被援引，變為新的法律。此外，各個部門的則例，也就是工作流程和部門規定，也具有法律效力。在這樣的環境中，刑部的判例可以成為新的法律；刑部選擇哪個來源的法律，這個行為本身就類似於立法。為了規範多源頭的法令，清朝設置了「修訂律例館」，整理聖旨、律、例、則例等等，編撰類似「法律大全」之類的文件。修訂律例館負責人由皇帝委任，但幹事人員主要是刑部官員。刑部在實踐中主導了律例館，進一步擴張了立法權。

　　第五個部是兵部。可能有人有疑問，兵部為什麼只能名列第五，軍權難道不是核心權力嗎？軍權是核心權力，在政治鬥爭中很重要。但是，軍權從一誕生就從來沒有集中在某個部門或某個人手裡。軍權可以進一步細分，負責軍隊調遣、參謀作戰的，可以視為軍令權；軍隊的後勤保障，官兵的職銜撫卹，軍隊的訓練軍需等，可以視為軍政權；至於臨陣打仗，衝鋒陷陣，又是第三項權力，可以稱為軍隊指揮權。中國古

代，這三項軍權從來就沒有完整統一在一個部門。現在，世界各國也沒有把軍權統一到一個部門。美國有總統、有五角大廈、有各大兵種和各大戰區司令部，總統做出戰和決策、調兵遣將，參謀長聯席會議參謀作戰，具體的司令部負責軍事行動的指揮。五角大廈管不了很多事情，中國兵部的情況也類似。兵部表面上看是負責全國軍務，但一個兵也調不動，只管軍政。明清的兵部其實是軍政部。

兵部的官吏有兩百多人，下設四個清吏司。第一個司是「武選司」。武選司和吏部的文選司相對應，負責全國中低級軍官的任免，高級軍官它管不了，武選司還負責全國的營房建設，土司武官的世襲。第二個司是「車駕司」，管理全國的軍馬、驛站，就是軍事運輸和通訊。第三個司是「職方司」，管理軍官的考核、獎懲、撫卹和閱兵。職方司還兼管明清時期的海禁。明清海禁比較嚴格，除了特定口岸和特定對象，寸板不得出海。第四個司是「武庫司」。武庫司是出了名的肥缺。它管理三軍糧草、器械、軍備，還負責管理軍籍和全國的武舉。武舉和文舉相對應。大家對文舉比較了解，那麼，武舉考什麼呢？武舉第一是考射箭，就是所謂的「百步穿楊」，走一百步，要求考生射中靶心。考完之後再考力氣，看考生能舉起兩百斤還是三百斤。第三是考武藝，其實類似於耍大刀，拿著大刀耍一回。當然了，武舉也考基本的文化知識，但是文化知識是點綴，考生能把姓名、籍貫、家世寫對就行。這就是武舉，由武庫司負責。

極少有武官出任兵部官職，這是從隋唐到明清的一大趨勢。到了清朝，我們會看到兵部的官員都是文弱書生。兵部尚書年邁體弱，走路可能都需要人攙扶，而且一天兵都沒有帶過，但是他負責全國的軍政。武選司的主事，也許是二十出頭的新科進士，那些四五十歲、虎背熊腰的軍官的升遷禍福都操在這小子的手裡。這個現象的背後，體現了中國古

代政治「重文輕武」的原則。武人掌兵弄權，是皇權的一大禍患。因此，皇帝一方面要分割軍權，一方面讓文官集團凌駕在武將集團之上。兵部的存在，就是這個原則的表現。當然了，過度重文輕武難免要犧牲軍隊的戰鬥力，犧牲國家的軍事實力。

六部中最末的部門是工部。工部負責天下工程，掌管全國的水利、土木、機械製造等事務，並負責度量衡的統一。這麼重要的部門怎麼會在六部當中排末尾呢？現代社會，工程建設是國民經濟的支柱產業，但在古代，重農抑商。農業才是根本，工商業是細枝末節、是奇技淫巧。工匠的地位是很低的，一般人家除非是過不下去了，否則是不會讓兒子去學泥瓦匠、木匠，去走街串巷的。在這種大環境下，工部整天和泥瓦匠、木匠打交道，它在古代政治格局中能占多大份量？一個讀書人，二十年寒窗，考中了進士，結果分配工部任職，很可能哭喪著臉不願意去。

六部當中，其他五個部門都帶有政治統治的職能，只有工部是單純的社會管理機關，純技術活，不涉及政治核心，自然在古代政治格局中被邊緣化了。

其次，工部雖然負責工程建設，但是它沒有完整的財權。清朝對官辦工程的監察和審計非常嚴格，工程的工價超過五十兩白銀，料價超過二百兩白銀，都要奏報皇帝御批。工料銀在一千兩以上的，要奏請皇帝派大臣督造。工部官員騰挪的空間，不像人們想像的那麼大。當然了，工部官員還是可以從官辦工程中謀取一些灰色收入的。民間有「金工部、銀戶部」的說法，談的是工部官員的收入還是要比其他部門優厚一些。可以說，工部官員權力不大，但各種收入比較多。

清代工部官吏編制超過了三百名，有四個清吏司。第一個是「營繕司」，負責工程的修繕、估價、籌措和核銷工程款。下轄有琉璃窯、木

廠、木倉等。這些工廠，相當於只供應官府訂單的國營企業。工部和其他中央機構，下轄不少類似的工廠。秦漢以來，就有這樣的國營企業，供應宮廷器物、承接國家工程或者建造制式工具。第二個司叫作虞衡司，虞衡司負責全國的度量衡的統一，負責工程修繕，估價、籌措和核銷工程款，還負責製造、收發各種官用器物，下轄有軍需庫、硫黃庫、炮子庫、鉛子庫、官車處、措薪廠等。第三個司叫作都水司，負責全國的水利、河道、海塘、溝渠、江防、橋梁、道路工程，並且負責修造戰船、渡船和其他船隻，而且還鑄造樂器、祭器，徵收船稅和部分貨稅。都水司雅稱水部，大家想想歷史上最有名的水部的官員是誰？唐朝詩人張籍。朱慶餘寫了一首詩〈近試上張水部〉，「洞房昨夜停紅燭，待曉堂前拜舅姑。妝罷低聲問夫婿，畫眉深淺入時無？」以女子的口氣問他化妝化得行不行之類，其實是科舉考試之前暗通消息，張籍其實是都水司的員外郎，雅稱「張水部」。第四個司是屯田司。屯田司和屯田關係不大，清朝中央控制的屯田土地沒有多少，屯田事務被地方和軍隊控制著。屯田司就變為主管皇帝陵墓的修繕及其費用，同時主管全國的煤礦開採和官府所用的煤炭、柴火，而且也負責工部所有工匠的定額和錢糧。

以上就是朝廷六部的編制和職權概況。

輔助行政部門

我把清朝的中央機構總結了「六五四三二一」來概括。這六個數可以概括明清時期的中央衙門，分別是：六部五寺四院三府兩監一司。六部是行政主體，接下來就是五寺。

從先秦一直到隋唐時期，六部是不存在的。六部的職權由五寺來執行。當時五寺才是行政主體（不管是實質上的還是名義上的）。隨著形勢

的變化，政治不斷發展，各個寺已經不能夠滿足政務運行的需求了。皇帝設立了新的專權機構。所以，各個寺開始退居其次，到了後來越來越可有可無。但是，帝王對於各寺，就是不廢除，而是擺在那裡，供在那裡，一直到清末。

說到這裡，中國古代政治制度就是這樣——習慣於創建，不會廢除，最後機構疊床架屋。各寺如此，「三公九卿」現象也是如此。先秦時代的太師、太傅、太保是三公；到了秦漢，丞相、御史大夫和太尉，變成了新的三公，原來的太師、太傅、太保變成了三師。三公九卿合稱公卿。中國人說一個人位列公卿，說的是他當官當到了很高的級別。公卿其實是先秦、秦漢時期行政高官的稱謂，到了後來，無論是公也好卿也好，都已經沒有實權了，但是稱謂保留。那麼，三公九卿具體指哪些人呢？清朝因為沒有丞相、御史大大和太尉，三公是太師、太傅、太保。清代三公是莫大的光耀，輕易不授予大臣。九卿有很多種說法。清代諭旨常以「六部九卿」並稱，可以被理解為六部尚書不在九卿之內。一般認為是五寺當中除去鴻臚寺卿，其他四個寺的卿，再加上都察院的左都御史、通政使、理藩院尚書、順天府尹和宗人府丞，這九個人合起來就是清朝的九卿。凡是全國性的重要案件，特別是每年判決的斬監候、絞監候案件，需要由九卿組成最高一級的會審機構會同審理，以示重視。

五寺的官吏總數分別從二三十人到七八十人不等。各寺設有卿與少卿，為正副長官。清代卿的地位大為降低（一般是三品官），但還受到諸多優待。

我們接下來講四院：都察院、翰林院、理藩院，還有一個太醫院。

我們先說都察院。都察院是古代官府的自我監察機構，監察百官的言行和衙門的績效。任何一套政治體制都不能沒有監察機構，必須進行自我監察、自我糾正，不然機構的運轉是會出問題的。都察院就是這樣一個機構。

第六講　天下衙門：中央政務和朝堂官制

　　清朝都察院的前身可追溯到御史臺和門下給事中。古代有一個說法叫作「臺諫」。臺指的是御史臺，裡面的工作人員是御史；諫，指的是諫官。御史不是諫官，御史是監察官，諫官是勸諫皇帝的，主要是納言、拾遺、補缺、給事中等。「詩史」杜甫短暫出任過左拾遺，就是一名諫官。杜甫當左拾遺的時候，是在安史之亂當中，他總想幫皇帝出謀劃策，規勸唐肅宗要怎麼怎麼做，結果沒當幾天就被皇帝趕走了。臺諫的區別是，前者對下，御史等人是監察文武百官的；後者對上，給事中的眼睛是向上盯著皇帝的。臺諫是兩個機構、兩套團隊。

　　從皇帝角度來說，他只希望有臺官，不希望有諫官。為什麼？誰願意有人老在耳邊批評自己？明清時候，瞄準皇帝的給事中基本上只是造成上傳下達的作用，很少有給事中真的批評皇帝了。到了雍正時期，雍正皇帝乾脆把給事中併入了都察院，史稱「臺諫合一」。之後的都察院既包括御史，又包括給事中。給事中混同於御史，變成了監察百官言行、督促衙門效率的監察官。臺諫合一，使皇帝脫離了行政機構的勸諫，是君主專制加強的一個表現。

　　御史按照監察範圍劃分為各道。御史臺發展到清代就是都察院，都察院有十五道監察御史。給事中分為六科，分別對應中央六部的業務，稱為六科給事中。所以，臺諫官員義稱「科道之官」，科道之官義統稱為「言官」。意思是，他們是靠動動嘴皮子工作的，是靠動動嘴皮子獲得聲望和歷史地位的。大家可不要小看了動嘴皮子的工作，威風得很、力量大得很。都察院的言官可以「風聞奏事」。刑部的官員判案需要有真憑實據，不能只動動嘴皮子，但是言官可以毫無證據地上奏，聽到什麼消息或者揣摩到什麼訊息，都可以上奏。最後證明是子虛烏有的事情，言官也不需要承擔誣告、亂說的責任。這就極大地降低了言官上奏的成本，提高了他們工作的效力。他懷疑誰有問題、哪個部門有問題，就可以上

奏彈劾。你說說，文官百官和天下衙門，能不忌憚言官嗎？

有人就擔心了，這要是遇到了品德不良的言官，以權謀私，誣陷他人，那可怎麼辦？古代制度設計的時候，也想到了這個情況。所以，首先言官的人選要非常慎重。言官是監察其他人的，有關官場風俗和朝堂綱紀，是「風紀之官」，所以自身必須資質過硬，品行優良。只有那些身家清白、品學兼優的年輕人才能成為都察院的候選人。在明清時期，一般是從進士出身的、在中央部院（主要是翰林院）工作過三五年的文官中「考取」御史。其他出身的官員，沒有資格進入都察院。進士官員，如果曾受降級、革職處分，也不能選取。這是人選的一個限制。其次，言官違規、犯法，要罪加二等，從嚴從重處理。其他部門官員受罰降級或者革職後，因為各種原因可以官復原職（清朝稱「開復」）。言官一旦罷職就不能開復，即便符合復職條件，也只能安排到其他衙門任職。同時，限制言官的級別，一般不讓其超過五品。好處不能都讓言官占了去。清朝還規定，三品以上京官以及外官巡撫以上的子弟不能考選科道官，為的是防止高官插手監察、權力勾結。可以說，言官雖然職權大，但是受到的限制也比較多。

從歷史實際來看，言官在有些時候成了權臣的利刃，用來鎮壓他人；或者淪為黨爭的工具，參奏彈劾偏離事實。但是在多數時候，言官們還是潔身白好，較為自律。兩宋以來，入選言官的幾乎都是讀書人，品性相對較好。這些讀書人難免書生意氣，有意識或無意識地以澄清朝政、表率士林為己任，做出了不少冒死直諫、固執強項、為了原則不顧個人榮辱安危的事情來。史書上有不少的記載。

清代的都察院主要是兩部分機構。第一部分機構是十五道御史。這十五道御史分為京畿道、河南道、江南道、雲南道、貴州道等，每道除了監察所冠名的地區以外，還對口監察一個或者幾個中央機構。比如，

第六講 天下衙門：中央政務和朝堂官制

京畿道御史負責監察內閣，同時負責監察官員的考核；河南道御史負責檢查吏部、詹事府、步兵統領衙門和五城都察院。吏部在選官的時候河南道御史可以在場，監察選官過程是否公平公正；浙江道御史監察禮部和都察院本身，都察院內部有不恰當的或貪汙腐敗的現象，浙江道御史可以糾察；陝西道御史監察兵部、六科和倉場系統；山東道御史監察刑部和太醫院；山西道御史監察工部、寶源局，以及所有工部負責的工程。十五道御史一共有五十多人。

第二部分機構是六科。每科監察行政主體六部中的一個部，對應吏部的給事中就是吏科給事中，同樣還有戶科給事中、禮科給事中等。每科給事中有若干人，為首者稱都給事中。六科具有封還上諭和駁正高官的特權：凡是聖旨有「未便施行之處」，六科可以原封交還，或者內閣票擬錯誤、堂官督撫又沒有辦理的聖意，六科可以駁正。此外，六科稽查政務，考核有關衙門的行政效率。中央公開的政令，六科都會先登記，然後發往相關部門處理，到達期限之時，六科還要追蹤政務有無按期辦妥。六科的第一大塊職能，從唐代門下省的駁議職能演變而來；六科的第二大塊職能，類似於現在的行政績效辦公室。

明清都察院還直接參與首都北京的管理。比如，清代的北京城分成東西南北中五個區，都察院分派御史巡城，承接訴訟、緝捕盜賊、糾察官吏，設立了巡城御史公署，也稱五城都察院。這些御史專門負責京城的治安和監察工作，民間俗稱巡城御史。公署下設一個兵馬司，兵馬司裡面有兵馬司指揮和副指揮。同時，巡城御史公署還開設了粥廠、棲流所、育嬰堂，北京城裡無家可歸的棄嬰、乞丐可以尋求救濟。

都察院的監察範圍還追求「無死角覆蓋」，另設有：宗室御史處，負責監督宗人府對王公大臣和宗室成員的賞罰，並稽查宗人府的錢糧冊籍；稽查內務府御史處，內務府各部門的錢糧帳冊，稽查紫禁城宿衛情況。

現在北京北海公園的東門門口，就有晚清的稽查內務府御史處遺址，處在北海和景山之間，方便監察內務府和紫禁城。至於監察的實效如何，就另當別論了。

說完都察院，我們來說翰林院。翰林院始設於唐朝，脫胎於唐高宗時期的「北門學士」，後來專門成立了翰林院安置這些文學才俊。這個機構從成立伊始，就不承擔具體的行政管理工作，而是務虛的。後代加以繼承。清朝的皇帝對翰林院有很清楚的了解，雖說，翰林院這個機構無裨行政，但必須存在。因為這個部門「培養幹部」，古文說是「儲才之所」。比如，皇帝覺得一個新科進士，學問不錯、人品上佳，想要栽培他，那把他放在哪裡呢？如果讓他到地方上當個知縣，瑣碎的工作會消耗大量的精力時間，不利於他的成長。那就把他留在身邊，放到翰林院裡一邊精研學問、一邊觀察政治。這樣有助於他盡快熟悉政治運作，增加閱歷，三五年後再看是否是可造之才。還有另外一方面的考慮，天下官職是有限的，每一次新科進士兩三百人，難以盡數安排。怎麼辦？挑選其中的優秀者進入到翰林院，緩解官員分配安置的壓力。基於這兩點考慮，翰林院一直存續到清末，而且官員人數還不少。儲才之所，把人才儲蓄在那裡備用。

翰林院的特點，決定了翰林官員們能接近皇帝、工作輕鬆、升遷較快、地位清要，讓其他人羨慕得不得了。唐宋開始，宰輔重臣多出自翰林，皇帝也往往從翰林中選拔欽差，處理要事。翰林學士雖然品級不高，但往往見官高一級，備受追捧。北宋的蘇東坡，曾經當過翰林，之後雖然官職多變，但始終以「翰林學士」的名號行走江湖。明朝開始明確規定，非進士不能入翰林，非翰林不得入內閣。

翰林就成了位極人臣的一個必要的臺階。要想衝擊宰輔高位，得先考中進士，再入翰林，才有資格入內閣。因此，人們又尊稱翰林們為「儲相」。

第六講　天下衙門：中央政務和朝堂官制

　　那麼，翰林學士在翰林院中三五年，只是看書做學問，不做其他事情嗎？當然不是。翰林院也有一些日常工作。除了看書，翰林還要編書、寫書。皇帝成立很多編書處或者修書的團隊，抽調翰林編輯出版文史圖書，比如《四庫全書》主要就是翰林在編。同時，翰林學士隨時準備入值隨扈，充當皇帝的侍從。乾隆皇帝一輩子寫了四萬多首詩，估計其中大部分是翰林學士捉刀代筆的。每逢科舉考試，翰林學士還要充當考官和閱卷官——不然，各地、各級科舉考試的那麼多考官哪裡來？

　　此外，翰林院還得承辦經筵日講。經筵日講，就是給皇帝上課，皇帝也得加強學習。從順治朝開始，翰林院都要遴選四名官員充當日講官，每天都給皇帝講解經書，同時在春秋兩季舉行經筵大講，就是公開大課堂，目的是提高皇帝的學問和素養。翰林學士最想做的就是給皇帝授課，擔任經筵日講官。為什麼？且不說給皇帝授課，有「帝師」的名頭可以炫耀（傳統讀書人很看重這個身分），更重要的是，此舉能夠招皇帝待見。皇帝覺得這個人講得不錯，不用在翰林院待著了，直接安排要職。那這個人不就要扶搖直上了嗎？要知道，翰林院是很清貧的，沒有什麼額外收入，只靠那一點點俸祿。

　　經筵日講也是因人而異。順治皇帝和康熙皇帝執行得不錯。為什麼？因為他倆都是小皇帝，剛開始當皇帝，的確得加強學習。雍正皇帝就執行得不好。雍正登基時年紀很大了，還需要別人天天替他上課嗎？而且雍正很忙，所以日講慢慢就流於形式了，走一下過場。到了乾隆時，乾隆剛愎自用。他認為自己的學識比那些翰林學士高得多了。他不僅不需要別人教，還拿本書來，問別人：「你知道這句話什麼意思嗎？」翰林學士只能說：「臣不知道。」乾隆就說：「來，我給你講解。」古代不少皇帝都是這樣的性格，覺得自己文武全才，不需要學習了，還「忍不住」要時時處處教導別人。總之，經筵日講執行好壞，和皇帝大有關係。

　　翰林院的長官叫作掌院大學士，滿漢各一人，下面還有侍讀學士、侍講學士、侍讀、侍講，接下來是修撰、編修、檢討等官。翰林院的官員變動大，因為它是儲才之所，官員不會常待，快的三五年即升遷調轉。翰林院下設機構有：國史館，負責編輯出版本朝歷史；起居注館，起居注就是記載皇帝的日常起居言行，其實就是給皇帝修年譜。皇帝什麼時候起床、當天說了什麼話、去了什麼地方、做些什麼，由起居注館負責記錄；第三個是庶常館。

　　庶常館是幹什麼的呢？是新科進士深造的場所。每次殿試後，挑選優秀的新科進士，進入庶常館深造。這些新科進士就是「庶吉士」，也稱「庶常」。翰林院委派翰林學士給庶吉士授課，優中選優，正式擔任翰林，淘汰的庶吉士就分流到其他崗位。庶吉士一般在庶常館學習三年，期滿以後進行大考，叫作散館。散館考得比較好就直接成為翰林，不好的分流到部院或州縣。庶吉士並不是官，只是一個過渡，按照七品官發放俸祿。魯迅的爺爺就當過庶吉士，散館考得不好，發往江西出任知縣，又因為脾氣不好，跟上司拍著桌子對罵，被上司參了一本，革職罷官。可見，新科進士並不是進了翰林院就能入閣當大學士的，也有像魯迅的爺爺那樣，在中途被淘汰掉。

　　但總體而言，古代朝野視翰林院和都察院的官職是「清要之職」。清要什麼意思？有的政務比較混雜，又複雜又累，而且做這些工作的人長期得不到升遷，在中下級別沉淪；有的比較簡單、輕鬆，還容易得到升遷，不斷往上走。這就好像是一杯水，混濁的東西沉到下面，清澈的東西浮到上面。都察院和翰林院的官員，執行的就是簡單的政務，而且不斷往上走。以新科進士為例子。如果一開始就分配到地方擔任知縣，辛辛苦苦二三十年，很可能還是知縣；如果一開始入選翰林院，五六年說不定就是知府，八九年成道臺，二三十年後出將入相的都有可能。

　　四院中的都察院和翰林院，朝野豔羨，而另外兩個院，情況就不一樣了。

　　第三個院是理藩院。理藩院是清朝特有的。清軍入關前，蒙古等部落紛紛歸順，清朝設立理藩院，處理歸順藩屬事務。清代「藩屬」是一個比較混亂的概念，既包括現在的國內少數民族地區，也包括了現在的一些外國。蒙古各部、新疆各族、青海、西藏都歸理藩院管理，俄羅斯事務也屬於理藩院管。這是因為，俄羅斯與清朝產生關聯較早、較密切，中俄關係也被歸入理藩院管理。其他外交事務則歸禮部負責。

　　清朝把天下分成不同的層次，最核心的是京師和十八行省，外圈是南方土官土司，次外圈是各個藩屬，再外面是朝貢國，就是定期朝貢、接受冊封，承認清朝老大地位的國家。朝貢國再外面就是蠻荒之地，化外之外，清朝人認為他們都是野蠻人，自棄王化，沒法和他們交流。這個觀念和現在的國際體系觀念不一樣。英國使團第一次到中國來，清朝官員給他們插上一面「貢使」的旗子。英國人覺得很沒有面子。其實大清已經給你很大面子了，把你從化外的野蠻人一下子拉到朝貢國那層。清朝把俄羅斯歸入理藩院管理，也是給俄羅斯很大面子了，把它看作跟新疆、西藏一樣地位。清朝沒有把俄羅斯劃到禮部管，已經算作是天大的恩賜了。

　　理藩院的官制其實和六部是相同的，長官也是尚書，副長官也是侍郎，分左右侍郎。下面的各個司也是郎中、員外郎、主事。官吏的總數在一百五十人左右，除了極少數翻譯和文字官員使用漢族人以外，理藩院絕大多數官員是滿族人和蒙古人。理藩院下面設六個司，分別是旗籍、王會、典屬、柔遠、徠遠、理刑六個清吏司。旗籍司管理內蒙古各部落；王會司管理內蒙古王公的俸祿，辦理朝貢和賞賜等事；典屬司管理外蒙古各部落，同時主管喇嘛事務，負責與俄羅斯的貿易；柔遠司管

理外蒙古各部落王公的俸祿，辦理朝貢和賞賜等事；徠遠司負責管理新疆等西北地區少數民族部落和西南少數民族土司；理刑司負責審理涉及以上藩屬部落的案件。理藩院下轄一個俄羅斯館，負責招待俄羅斯使團、商團，還設有蒙古官學、唐古特學等翻譯學校。

　　第四個院是太醫院。太醫院，自古有之，《甄嬛傳》裡的溫實初就是太醫。

　　太醫院是皇帝及其家族的專有保健醫院，不給外人看病。皇帝如果讓太醫院給大臣去看病，那是天大的恩賜。康熙時期的大臣張廷玉，是一個工作狂，一天到晚都在康熙皇帝身邊待著。張廷玉的兒子快要死了，他都沒有時間回去照料。康熙皇帝很感動，決定給他天大的恩賜，這個恩賜不是讓他回家照顧兒子，而是讓太醫院去治他的兒子。張廷玉算是清朝的一個奇葩大臣，基本上沒有私人生活。他的一輩子經歷了康熙、雍正、乾隆三個朝代，先是在南書房做事，接著是在軍機處做事，一年四季基本上都在工作，很少回家。他跟皇帝在一起的時間比跟家人在一起的時間都長。康熙皇帝讓太醫院去給張廷玉的兒子看病。雍正皇帝更絕，覺得張廷玉太忠君報國了，說張廷玉死後牌位不要放在張家家廟裡了，入祀太廟。張廷玉感激涕零，因為自己的牌位能夠放入太廟。清朝的歷代皇帝在祭列祖列宗時，前面有一個牌位是張廷玉。他是清朝從建朝到滅亡以來，唯一一個人祀太廟的漢族人。

　　嚴格來講，太醫院是一個專業機構，進入門檻比較高，職責單一，跟其他政府機關往來並不密切，所以在中央行政系統當中比較邊緣化。太醫院的官員有太醫院使、御醫、醫士和醫生等等。太醫院在紫禁城神武門內有一個值班室，每天有太醫值守，隨時準備給皇室看病。太醫院還承擔著另外一項功能，就是給全國各地官辦醫院培養醫生。電視劇《大長今》裡面的朝鮮的太醫院，就是照搬中國的，它也承擔了給全國各

地培養醫生的功能。長今的醫術，就是在太醫院學的。

所以，太醫院兼具皇家醫院和對地方官辦醫院進行工作指導兩項功能。

古代中國從上到下都有官辦醫院的系統，最高的自然是太醫院，最低的基層州縣也有醫學官，是基層的官方醫生，主持基層的官辦醫院。官員的身體健康，可以找同級的官辦醫生診治。奇怪的是，官員們生病了，喜歡找社會上的醫生診治，去同級官辦醫院的不多。根本原因是官辦醫院的醫治能力差。就連皇帝生病了，還常常面向全社會招募名醫入宮診治呢！

說完了四院說三府。三府分別是內務府、宗人府和詹事府，都和宗室事務有關。

內務府管理皇家事務，皇帝的衣、食、住、行和一切家產等都由內務府承辦。貴族政治下，國家機構主要是負責君王事務的機構，行政管理機關是次要的。貴族政治褪色後，行政機關日益膨脹，負責君王內政的機構逐漸萎縮、分散。清朝將負責宮廷事務的所有機構統一為內務府，雖然導致內務府成為一個「巨無霸」，可也算是制度上的一個進步。

內務府是清朝最肥的部門，因為它不接受正常的財務審計和監察，自立一套系統，獨立於行政系統之外。六部有很多規定對內務府不起作用。它自己收錢，自己開支，替營私舞弊提供了很大的便利。北京城裡有民謠：「房新樹小畫不古，此人必是內務府。」房子是新的，院子裡種的是小樹苗，家裡掛的是當代人的畫，這就是暴發戶，此人必是內務府的官吏。

宗人府在皇帝制度部分也講過了。清朝宗人府管理皇帝家系，是古代宗正官的延續，位居六部之上。皇族犯了罪，其他衙門無權管轄，只能交給宗人府按照「家法」處置。宗人府下轄的空房，就是專門圈禁愛

新覺羅皇室犯人的。

詹事府是幹什麼的？詹事一職自古有之，而詹事府創於明代洪武年間，是輔導太子、主持東宮事務的部門。現在就有一個大問題，清朝除了康熙皇帝立過一個太子以外，沒有立過太子，雍正朝改為「祕密立儲」，就在實質上取消了太子制度。那詹事府幹什麼去？詹事府就成了一個沒有任何實質工作、空閒的清水衙門。

詹事府編制極少，詹事和少詹事為正副長官，以下只有左右庶子、洗馬、左右中允、左右贊善、主簿和若干筆帖式，就沒有其他官員了。

朝廷原本習慣從翰林院中選拔青年才俊輔佐太子。詹事府和翰林院關係密切。後來詹事府無事可做，基本上就被翰林院吞併了，成為翰林院安排官員或者升遷調轉的一個臺階。比如，翰林院侍講學士是有定額的，侍讀想升侍講學士，名額滿了，沒法升上去，那怎麼安置呢？就把他安排到詹事府去，讓他去當少詹事或者左右庶子。詹事府就變成了翰林院安排自己官員的後院。朝野習慣於「翰詹」並稱。清朝幾乎把詹事府視為翰林院的組成部門。

雖說詹事府冷清，但翰詹官員和科道官員一樣，都是清要之職，形象比較好，升遷比其他部門還是要快。同樣，翰詹官員也要接受科道官員類似的限制。

兩監分別是國子監、欽天監。隋唐就有諸監衙門，比如都水監等，負責專項事務。隨著六部和其他行政部門的增加，諸監越來越邊緣化。先說國子監。現在的北京大學，在一八九八年戊戌變法的時候就已經成立了，是中國第一所大學。

如果那麼在意建校時間長短的話，我倒建議北大把歷史直接追溯到漢武帝時期的國子監。漢武帝建立的國子監，相當於國立最高等學府，同時西漢在全國各地普及官學。從那時起，中國就建立了官辦學校系

統，官學傳統就沒斷過。大家有沒有這個印象，一般家鄉都有一所以地名冠名的中學？比如，我是浙江臺州人，臺州有臺州中學，旁邊有古代府學的遺蹟。臺州中學前身就是古代臺州府的府學，是官學傳統的遺產。現在很多地方上最好的中學，都脫胎於古代的官學。所以，各地的中學如果要辦校慶的話，都可以追溯到漢武帝時期，都可以說：「我們即將迎來兩千兩百年校慶了！」

　　國子監是中國歷代的最高學府，同時兼有部分教育行政權。它相當於國立唯一大學兼高等教育部。中間曾經改名叫作太學。兩宋時期的太學生，是非常厲害的，鬧學潮能夠左右朝政，湧現了一批慷慨激昂的人物。到了明清，朝廷加強了管理，但國子監的學生還是比較活躍。清代國子監設管事大臣，管事大臣一般是從內閣大學士當中挑選，以示莊嚴鄭重。下面有祭酒、司業、監丞、博士、助教、學正、學錄等等。國子監的官吏總數大概有一百五十名，相當於六部中一個較小部門的官吏總數。

　　國子監的教學是分門別類教的，不是一個老師對著所有學生講課。國子監下設六個堂，各個堂的教學有所側重，有不同的老師在教。國子監只招收秀才，當然並不是所有的秀才都能進去，還要各地的官學來選送。選送有期限和人數限制。這就等於是不斷挑選各地最優秀讀書人集中到國子監深造。

　　清代國子監系統特殊之處，在於它設有八旗官學。八旗官學是什麼？清朝人關後，隨軍八旗都安置在北京內城。子弟需要讀書，就在每個旗設立一所八旗官學。很多八旗官學的遺址現在還存在。如今北京後海和南鑼鼓巷地區是著名的文青、小資集散地。後海有一條胡同通往南鑼鼓巷，叫作黑芝麻胡同。胡同裡有個「黑芝麻胡同小學」，它是清朝入關以後建立的第一所八旗官學 —— 鑲黃旗八旗官學。八旗官學的老

師從國子監六堂當中選派，學生稱為官學生，他們定期要到國子監接受考試。漢族人要想去國子監讀書，必須要有秀才功名；同時，漢族人要想參加順天府鄉試，也得有秀才功名。但是八旗官學生可以自動參加這兩項考試，這就是默認官學生等同於秀才了。官學生通過考試，可以轉入國子監學習；考不中的，學滿十年，可以去參加吏部的考試，選拔當官。清代的官員出身中，專門有「官學生」一項。即使吏部考試也沒通過，還能安排官學生到各個衙門去當筆帖式。筆帖式是基層的文書、翻譯人員，是給滿族人特設的。清朝有不少滿族重臣就是抄抄寫寫的筆帖式出身。八旗官學的存在，更多的是照顧八旗子弟的讀書、當官。

第二監是欽天監，掌管天象，推算曆法。跟太醫院一樣，欽天監在整個政治系統當中被邊緣化。太醫院就為皇帝服務，欽天監服務的範圍更廣一些。古代人的天文、氣象知識匱乏，很多自然現象解釋不了，就習慣和政治連繫起來。天文、氣象就不是簡單的天文、氣象了，附著上了濃厚的政治色彩。欽天監也不是單純的國家氣象局，常常淪為政治鬥爭的工具。大家看看《甄嬛傳》，皇后和甄嬛雙方都利用天象為自己服務。此外，欽天監擔負推算天下曆法的職能。每年一次，地方州縣都要購買欽天監編輯出版的曆書。欽天監的工作也是門技術，不是想幹就能幹的。明清時期，一些西方傳教士來華，憑著他們帶來的西方天文技術，在中國的欽天監任職，比如湯若望。

最後一個獨立的中央部門是通政使司，簡稱通政司。清朝地方上報過來的題本和奏本由通政司彙總，叫作「通本」。在京各部院衙門的本子直送內閣，稱作部本。雖然通政司管不了部本，但官員上奏題本時，必須附上多份副本，稱「呈文揭帖」，簡稱「揭帖」。其中一份揭帖要送通政司保存，另外一份送有關部院，一份送六科。

通政司的長官是「通政使」，副長官是「通政副使」，下面有參議、

經歷、知事等。通政司是一個小官衙，一共才二十左右個官員。通政司裡有個「登聞鼓廳」。敲登聞鼓，就是直接向皇帝申訴。敲這個大鼓就表示出大事了。告御狀去哪裡告？官員敲鼓驚朝，去哪裡敲？去登聞鼓廳。任何人都可以去敲鼓，這是法定權力，至於能不能進去敲那個鼓，這是另外一回事。法定權力是一同事，能不能行使這項權力是另外一同事。

筆者補充一下內閣和軍機處的內部設置情況。

清朝的內閣大學士一共六位，分別是「三殿三閣」：保和殿大學士、文華殿大學士、武英殿大學士、文淵閣大學士、體仁閣大學士和東閣大學士。尊卑先後順序也是如此。這六位是正式的大學士，另外還有兩個資歷比較淺的、新進內閣的協辦大學士。下面有內閣學士、侍讀學士、侍讀、典籍和內閣中書等官。

內閣沒有大印，它發文用內閣典籍廳的官印。這就好像現在國務院發文，用的是國務院辦公廳的印章。國務院辦公廳發的文件代表的就是國務院的意思。

清代，內閣典籍廳發的公文，就代表內閣的意思。典籍廳負責處理內閣的行政事務、公文往來和登記、內部工作的分配；草擬奏章、奏表；籌辦重大慶典。國家重大慶典的公文、定期頒發的隆重諭旨等，需要蓋國家寶璽。皇帝會允許內閣暫時保管、蓋上寶璽，這也由典籍廳負責。每年動用寶璽的時候，內閣特別重視，每次至少委派兩名中級官員監印。內閣還有滿本房和漢本房，漢本房的主要任務是把漢語奏章翻譯成滿文，滿本房則是滿譯漢。此外還有蒙古房，翻譯蒙古文的。此外還有滿票簽處和漢票簽處，就是用不同語言進行票簽；還有紅本處、稽察房、副本庫、飯銀處等。

最後說軍機處。嚴格意義上來說，軍機處始終不存在。它是一個臨

時機構，在故宮隆宗門外那五間小平房辦公，辦公場所屬於違章建築，是在宮牆外臨時搭的，叫作「軍機直廬」。軍機大臣們都是花甲老人了，還擠在小房間裡，頭也不能抬直，腳也伸不開，還要冥思苦想，回憶皇帝的訓示、批閱往來的公文，實在是值得同情！軍機處所有的官員都是臨時「借調」的，隨時都可能退同原衙門，他們沒有委任狀，軍機處沒有大印。這算是一個政府部門嗎？但就是這個臨時機構，在清朝政治運作中造成了最高的和核心的作用。

軍機處處理軍國重務，要做好保密工作。軍機大臣議事，太監、宮女不得在場，也不許靠近。軍機大臣只准在軍機處撰寫當日所奉的上諭。因為軍機大臣的本職是各個部院的尚書或總管大臣，皇帝不准他們在軍機處辦理本部門公事，自然也不准各部官員到軍機處向本衙門大臣請示工作。除借調軍機處的官員外，其他官員不准踏入軍機處，否則嚴懲不赦。為了嚴肅紀律，都察院每天派一名御史在軍機處旁的小屋裡監督。為了保密，軍機處灑掃、整理的差役，都是用二十歲以下、不識字的內務府童子，用的就是他們年幼無知，不會泄露政務。

大臣之下就是軍機章京，從內閣中書、郎中、員外郎、主事和筆帖式等官員中抽調字體端楷、文思敏捷者擔任。滿漢軍機章京各兩班，每班八人，一共三十二人。各班中有「領班章京」和「幫領班章京」。軍機章京的品級依本職而定。光緒末期定領班秩視從三品，幫領班為從四品，其餘照舊。軍機章京不用參加正常的官員考核，賞罰升調都由軍機大臣酌情處理。平均每三年，軍機處就保舉一批軍機章京升遷調轉，或者遇到重大事項或者立有功勞都可以特保，因此軍機章京升遷較快。志在升官者，莫不視章京為捷徑。

軍機章京接近皇帝，容易得到皇恩眷顧，常得到越級遷升。同治初年的八大「顧命大臣」中，穆蔭、焦瀛二人就是由章京超擢的。辛酉政

變之後，軍機章京曹毓英超擢為軍機大臣，就是因為他在軍機章京任上給奕訢一黨傳遞消息，助力後者在政變中勝利。

軍機章京俗稱「小軍機」。相較於軍機大臣，軍機章京人數多、品級低，容易結交；他們負責具體事務，消息靈通，穩操權柄，請託辦事可能更方便。中高級官員，尤其是地方藩臬、道府，都要結識一兩位軍機章京，引為奧援。儘管有規定，軍機章京不許與地方官員往來，但在實踐中，章京們不僅偷偷接受外官的饋贈，還接受地方官員的到訪、宴請。

軍機處下轄同為臨時機構的方略館。方略館設於紫禁城內隆宗門外，負責編纂君臣決策方略和其他官修圖書，同時保存軍機處全部檔案，以備隨時取用。方略館官員全部是兼職，除個別纂修從翰林院抽調外，其他官員都由軍機章京再次兼任。

第七講
天下衙門：地方變遷和州縣官制

第七講　天下衙門：地方變遷和州縣官制

　　中國的基層情況和地方政治是一個很大的話題。任何地區，其實都在「地方」行政之下；任何人，都可以歸為某個「地方」的人。從官制的規模來看，朝廷衙門設置再多再複雜，永遠是少數。朝廷是腦袋，地方是四肢，腦袋指揮四肢。有再好的思想，沒有健全的四肢去落實，也是白搭。所以，地方搞好了，全局才能搞好 —— 而且，地方治理的難度更大。這就好像是一個人，首先他要四肢健全了，才能是一個正常人，然後才能談聰明與否。同時，如果四肢強壯，但是腦子指揮不了四肢，也是一個大問題。帝王如何杜絕出現地方強權、軍閥割據，是個難題；中央集權體制下如何實現中央對地方的牢固控制，也是一個難題。總之，不論是從管理角度還是從統治角度，地方政制都關係重大。

　　從君王的視角來看，地方政制是如何管控地方的問題。貴族時代分邦建國，君王和諸侯的關係是權利與義務的關係，君王治理的地區很小，不過問廣大的諸侯封地，所以談不上有什麼地方行政。中央與地方的關係，具體稱為「內外服制」，類似以國都為核心的同心圓結構。國都周圍方圓五百里的地區為甸服，為天子服田役、納谷稅，是天子直轄的領土。甸服以外方圓五百里為侯服，為天子偵查順逆和服侍王命，與天子關係密切，是卿大夫的采邑和諸侯的封地。侯服以外方圓五百里為綏服，是接受天子安撫、學習王化的地區，大多是接受三代威懾、服從天子的異族部落。綏服以外五百里為要服，還受天子約束。要服以外五百里的荒服，就是自棄王化的蠻荒之地了。當時，中央和地方的關係比較鬆散，距離越遠關係越鬆散。諸侯國和地方部落有很大的自主權。雖說禮樂征伐自天子出，但地方實體之間戰亂不少，甚至地方實體和天子也發生過戰爭。

　　秦朝建立了郡縣制，開始了中央集權，中國的地方政制開始了另一番景象。

中國行政區劃變遷

中國的行政區劃，是比較固定的。秦朝時，中國就大約有一千縣；清朝中期的時候，全國大概有一千百到一千百個縣級行政單位。在這兩千年當中，中國增加了五六百個縣。這五六百個縣是怎麼增加的呢？主要原因是中國版圖的擴大，清朝的版圖比秦朝的版圖要大很多；其次是原有版圖內的蠻荒地區得到了不斷開發，人煙日漸密集，就增設了行政單位。比如，貴州和廣東在秦漢的時候都不是國家的中心地區。隨著長江以南地區的持續開發，貴州、廣東兩地的行政區劃越劃越密。而秦漢時期的千餘個古縣，相當一部分持續到明清時期沒有廢置，所以，中國的行政區劃比較固定。

筆者是浙江臨海人。筆者的老家「臨海」，秦朝就有，到現在名字沒有變過，還是一個縣。這一點在中原地區可能更明顯。現在的河南、山東和安徽北部，有很多縣早在秦朝就設立了，名字一脈相承，行政區劃變化也不大。大家有興趣的話，可以拿張地圖，一一比對。

我們講地方官制，首先要搞清楚中國是如何劃分地方行政區劃的。貴族政治時代，沒有地方行政區劃。到了春秋戰國，中央集權興起，貴族政治消減，才慢慢有了地方行政區劃。

中國語言中有好幾個詞，是專門指代中國的，比如：華夏、神州、赤縣等等。最常用的，可能就是九州。「死去元知萬事空，但悲不見九州同」，「九州生氣恃風雷，萬馬齊暗究可哀」，這九州指的就是當時中國人認知的世界，指的是中國。

九州是傳說中的行政區劃。它到底是哪幾個州呢？任何學術概念可能都有爭議。《尚書·禹貢》的說法，是現在主流的看法。《尚書》記載，現在河南所在的州叫「豫州」。豫州是中華民族的主要發源地。河南有很

第七講　天下衙門：地方變遷和州縣官制

多古人類遺址。黃帝和炎帝的戰爭，主要就是在豫州打的。夏商周三代的戰爭，也主要是在豫州打的。豫州的大致範圍，包括現在河南省的黃河以南的大部分地區和安徽省的北部。豫州的首府在「譙」，譙是現在的安徽亳州。此地出了一個很有名的人——曹操。我們按照順時針方向轉，豫州東邊的州是「兗州」。兗州和現在的山東省兗州是兩回事。古兗州相當於古黃河和濟水之間的地區。濟水現在已經沒了，留下一個著名遺蹟濟南，這座城市在古濟水之南，所以得名濟南。古濟水是我們現在看到的黃河下游，古黃河則橫穿現在的河北中部，注入渤海中部。古黃河與古濟水之間地區就是兗州，大致是山東省的東北部和河北省的東南部。兗州順時針下來是「青州」，大致是現在山東省的大部，從山東半島的尖角一直到兗州。兗州、青州都是狹長的形狀。接下來是「徐州」。徐州不大，相當於山東省的最南部和江蘇省的蘇北地區。古徐州的核心地區，就是現在的江蘇省徐州市。再順時針下來是「揚州」。《尚書》分九州時，視野局限在以黃河為中心的地方，最南也就到長江流域為止，所以像廣東潮州、貴州銅仁之類地區，還不在寫書人的視野範圍內。因此，古九州是不包括長江以南地區的。先秦很少有人能夠在惡劣的條件下橫渡長江，到了西漢，司馬遷到各地遊歷，也是九死一生才到達長江以南地區。古揚州包括現在的江蘇省中部、安徽省中部地區，和現在的揚州是兩個概念。揚州再順時針過來是「荊州」。荊州大致是現在的湖北省。核心地區則在現在的河南南陽、湖北襄樊一帶，而不是現在的湖北荊州。托《三國演義》的福，荊州的名氣不小。之後是「梁州」。梁州大致包括四川省除川南以外的大部分地區、重慶市、陝西的秦嶺山脈以南部分。這塊地區大致是巴蜀大地。梁州再上去是「雍州」。雍州包括現在甘肅省的東南部、陝西省秦嶺以北一直到黃河大拐角的大部地區。雍州東去是最後一個州，叫「冀州」。冀州的主體部分是山西全部、河北省的

西部和北部、北京天津一帶，還包括內蒙古南部的小塊地方。

大禹治完了水，在浙江紹興的會稽山彙集天下諸侯，鑄了九口鼎，每個州鑄一口鼎，所以九鼎也就代稱天下。九鼎的重量只有天子才知道，所以鼎之輕重一般人是不能問的，問了就是「僭越之罪」，說明你有不臣之心。「問鼎中原」，指稱追逐做天下共主的意思。

需要說明的是，九州並不是真實存在的行政區劃。它只是寫入《尚書》的理想化的地方行政區劃，表達了作者所處的列國紛爭、貴族政治分崩離析的時代，人們希望對國家進行一種有效的、精細化的劃分和管理。這就好比一個空想理論家設計出了一套制度，但這套制度從來沒有實行過。雖然沒有實行過，但他提出了非常重要的一個字，成為中國地方行政區劃中很重要的一個概念。這個字是「州」。

春秋時期，地方行政區劃是不存在的。貴族在封地的核心築一座城鎮，叫作「邑」。隨著戰爭和兼併越來越激烈，諸侯新占領的領土，不再分封給貴族，自己直接管理；或者，君王開疆拓土，在荒原上開發了新的領土。隨著直轄於君王的領土越來越多，地方行政制度呼之欲出。比如，楚國原來主體部分是在長江沿岸，後來不斷向長江南岸拓展，占領了湖南、江西等地。楚國就在這些邊遠地區設置了「縣」。在古文中，「縣」字即「懸」，意思是遠離諸侯國都、諸侯統治中心之外的新地區。北方諸侯國，比如，燕國、趙國、秦國，他們大量的領土是在和少數民族的鬥爭中占領的北方荒漠和草原，面積很大，地廣人稀，一般由軍隊占領，直屬於國君。國君在這些地區設置「郡」。春秋戰國時期，中國地方行政區劃就有三個類型：「邑」、「縣」、「郡」。

後來，貴族政治越來越衰弱，很多貴族被消滅了，土地被兼併了，國君把郡和縣推廣到新占領的領土。比如，楚國滅了蔡國，在蔡國設了「上蔡縣」；晉國滅了曹國，在曹國設了「曹縣」。邑逐漸消亡。秦

第七講　天下衙門：地方變遷和州縣官制

朝統一全國後，將國家直接劃分成兩級行政區劃，「郡」和「縣」。郡和縣本是平級的，後來因為郡地廣人稀，郡下往往設縣，秦朝就變成了郡縣制。全國有四十多個郡。郡的長官叫太守，萬戶以上的縣的長官叫縣令，萬戶以下的縣的長官叫縣長。

西漢也是郡縣二級制，在郡縣之外，還有一個國。比如，河南有梁國，梁國由梁王來統治。國是分封給貴族的地方行政區，分封給王的是王國，相當於郡；分封給侯的是侯國，相當於縣。它是貴族政治的遺蹟。貴族政治不是說到了哪個時間點就不存在了，而是一直存在，它的遺蹟多多少少顯露出來。兩漢的時候就顯露出這個「國」。國的長官是國相。經過漢武帝強力削藩，各國基本上分崩離析，不復存在了。

到了東漢末年，地方不穩，中央為了強化地方控制，同時也為了監察地方官吏，東漢朝廷在郡縣之上又加了一級「州」。州一開始是監察區劃，長官刺史是監察官，因為刺史掌握了地方官員的進退禍福，又因為刺史常有其他兼職，刺史逐漸參與地方行政，指揮郡縣，州也漸漸成了帶有實質意義的行政區劃。從東漢末年開始，中國的地方行政區劃就變成了「州」、「郡」、「縣」三級，州下轄郡，郡下轄縣。到現在為止，中國地方行政區劃也是三級。

東漢末年把全天下分為十三個州。這是「州」的概念在中國真正施行。我們來看看東漢分成哪十三個州。以豫州為中心來講，豫州還是豫州，基本情況不變，但是稍微有一點變動，河南西部不歸豫州了。豫州順時針過去還是兗州。

東漢的兗州和《尚書》記載的兗州不一樣，已經向南擴展了。先秦的兗州在黃河和濟水之間，只相當於現在河南省的東北部、河北省的東南部和山東省的西北部，就在現代三省交界的地方。兗州首府是「昌邑」（地址在今山東省巨野縣一帶）。兗州的旁邊是青州。青州的區劃也有

變化，整個轄區向北、向東移。兗州向南挪，青州把原轄西部的幾個郡縣劃給了兗州，自身向北把兗州空出來的地方占領了。於是，青州就直接跟冀州接壤了。山東半島的尖部，依然是青州的。青州的首府是「臨淄」，就是現在山東省的淄博。青州所領地方是齊國和魯國的故地。豫、兗、青三州所在的中原地區，在唐宋之前都是中國的經濟和人口中心，所劃得州縣最多。雖然所占土地比例不大，但估計集中了當時一半左右的郡縣。

　　青州往南是「徐州」。徐州的領土土地擴張，從山東省南部一直擴張到了現在長江的北岸，包括安徽省的東部。徐州的首府經歷過三次變化，開始在「滕」，後來遷到了「下邳」，再後來遷到了「彭城」，彭城就是現在的江蘇徐州市。

　　徐州順時針下去是「揚州」。東漢的揚州，包括安徽省中南部和全部的江西省、浙江省、福建省、廣東省、廣西壯族自治區，還有海南省。可見，揚州是一個巨無霸。揚州首府開始在「和縣」，後來搬到「壽春」（今安徽壽縣）。中國古地名也是傳統文化的一分子，揚州便是一個地名飽含傳統文化深意的上佳例子。「天下三分明月夜，二分無賴是揚州。」、「故人西辭黃鶴樓，煙花三月下揚州。」、「十年一覺揚州夢，贏得青樓薄倖名。」說的都是揚州這個地界的味道。

　　但是，詩歌中的揚州，指的都是現在的江蘇揚州，並非東漢的揚州。江蘇揚州在長江北岸，在東漢叫作廣陵，屬於徐州地界。廣陵後來改名為江都，直到唐朝才正式定名揚州。

　　揚州再往西還是「荊州」。東漢荊州也有大面積的擴展，從湖北拓展到了湖南省、貴州省。荊州的首府在「襄陽」，現在還叫襄陽。

　　荊州再過去是「益州」。益州相當於現在四川省大部、重慶市的幾乎全部和現在秦嶺以南的陝西省部分，還有青海省的東南部、雲南省大部

和貴州省的西部。益州也是一個巨無霸。益州首府原本在「廣漢」，後來搬到了「成都」。

「王浚樓船下益州，金陵王氣黯然收」，說的就是益州的地理優勢。一是地理封閉，易守難攻；二是居高臨下，對長江中下游的荊州、揚州構成策略威脅。

益州北上，就到了「涼州」。東漢的涼州也有變化，包括現在甘肅省的中西部、青海省的一部分和內蒙古的西部。涼州的首府在「隴縣」。涼州總是和異域風情、金戈鐵馬連繫在一起，涼州詞、出塞詩裡的涼州總是「黃河遠上白雲間，一片孤城萬仞山。羌笛何須怨楊柳，春風不度玉門關」，或者「葡萄美酒夜光杯，欲飲琵琶馬上催。醉臥沙場君莫笑，古來征戰幾人回」這般模樣。

涼州往東是相當於州一級的「司隸校尉部」。司隸校尉是主管兩京地區的行政長官，他所轄地區獨立出來管理，就是司隸校尉部。兩京指的是什麼地方？

長安和洛陽。野心家都想占領兩京，如果占領這兩個地方，就覺得自己可以稱帝了。想當年，黃巢占領了長安就急著去當皇帝，李自成也一樣，占領了長安就急著當皇帝。長安和洛陽政治意義非常重大，所以把兩京及其周邊獨立成立了一個「司隸校尉部」，魏晉時改為「司州」。它所管轄的地方是以長安和洛陽為中心，現在的河南省西部、陝西省中北部。首府在洛陽。司州再往東是一個新成立的州，叫「並州」。並州基本上就是山西省，只不過現在晉南的河東地區屬於司州。並州的首府在「晉陽」，就是現在的太原。司州和並州，也是和少數民族征戰的前線。「秋日並州路，黃榆落故關。孤城吹角罷，數騎射鵰還。」從匈奴，到鮮卑、突厥，再到蒙古，總是把並州當南侵主戰場。

並州再往東是「冀州」。冀州原來是一個大州，並州劃走了山西，並

州北部義成立了一個新州，所以東漢的冀州就變成一個小州，只相當於現在河北省的中部和西南部。冀州首府是「鄴」。西門豹治鄴，就是在這個地方。南京的古稱叫建鄴，意思是希望能夠把它建設成像冀州首府鄴一樣的大都市，所以取名「建鄴」。由此可見，漢末的鄴是一個多麼繁華的地方，當時的南京多落後。

冀州再往北是「幽州」。幽州的首府是「薊縣」，在現在北京城區西南部一帶。當時幽州管轄的地區很大，不僅包括北京、天津和河北的北部、內蒙古的一部分，還包括遼寧，遠至朝鮮半島。東漢在朝鮮半島設了三個郡：帶方、樂浪、玄菟。三郡也屬幽州管轄。幽州在古代人眼裡，就是邊疆，就是塞北。「念天地之悠悠，獨愴然而涕下」，這樣的感慨就是在幽州城裡發下的。

東漢末期，朝廷又劃了兩個新州。一個是把陝西省北部劃出了一個「雍州」；一個是從揚州的南部，將廣東省、廣西壯族自治區、海南省劃為「交州」。交州首府原來在「蒼梧」（今廣西壯族自治區梧州市），後來搬到了「廣州」。實際上漢末不止十三個州，但是各州建制並非同時，所以一般叫作東漢十三州。

這十三個州在三國魏晉時頻繁變動。有些割據政權總喜歡另立新州。比如，占領一個縣的軍閥，總是不好意思自命太守，怎麼也想多占領幾個縣或者把一個縣分成好幾個縣，然後成立一個新郡。占領幾個郡的軍閥，總喜歡另立新州。軍閥公孫度占領了幽州東部。公孫度以遼東郡為根據地，占領了朝鮮三郡，又占領了呂黎郡，政治訴求膨脹，不局限於當遼東太守，先從遼東郡分出了遼西郡，再把上述郡縣拼湊成了「營州」。公孫度知道在陸地和曹操硬碰硬，自己沒有勝算，所以他發展海軍，跨渤海占領了青州在山東半島尖上的幾個縣。以上就是營州大概範圍。割據四川的軍閥，也覺得天府之圍，沃野下里，就把益州劃分了

第七講　天下衙門：地方變遷和州縣官制

好幾個州：陝西省南部，也就是秦嶺以南和大巴山以北地區，自然條件相對獨立，就成立了「梁州」，首府在漢中；四川省的東部，也就是重慶市和四川內江等地，也在亂世中成立「巴州」。

揚州面積最大，拆分得也很厲害。江西省分出了一個新州，叫作「江州」。

大家在古典文學中經常讀到這個詞。江州的主體是江西省靠近長江的地方，首府在九江。九江一開始叫「柴桑」，就是劉備娶孫尚香的地方，後來又改名「潯陽」。陶淵明就隱居在這個地方，廬山也在此地。交州原本就是從揚州分出來的，後來義一分為二，東邊屬於「廣州」，西邊屬於「交州」。荊州的南部分出了「湘州」。

州是越分越多。尤其是在南北朝，割據政權安置官員的壓力很大，但是官職是固定的，怎麼辦？設置更多的州。多劃行政區劃，就能多安排人。同時，南北朝發展了「僑州」制度。很多北方人流亡到南方，老百姓思念故土，舊官僚謀求職位，南方政權於是就地僑治州郡。比如，青州原本在山東省，現在在長江邊上另成立一個「南青州」。以此類推，南方就有「南豫州」、「南並州」、「東弘農郡」等等。州郡越設越多，很可能一州之下只有兩個郡，或者一個州就管一個郡，一個郡只管幾個縣，甚至是州下面連一個郡都沒有，就只管一兩個縣。隸屬關係也很極為混亂。南北朝時期，天下合計多達二百五十三個州，可見地方行政之混亂。

隋文帝統一全國，乾脆把郡給取消了，實行州、縣兩級制。從此，郡就徹底走下了歷史舞臺。雖然之後人們習慣上還稱某地是什麼郡，或者把州的長官叫「郡守」，那都是附庸風雅。隋朝把全國分為上百個州，一州下轄近十個縣。到了唐朝，朝廷覺得這樣的管理比較混亂。因為中央直接管理上百個州，事務繁雜，隨著各地人口增加、經濟發展，

每個州的事務都直接向皇帝匯報，朝廷要處理的公文像海水一樣湧來。所以，人們傾向於恢復三級地方行政，減輕行政壓力，提高行政效率。唐朝中期開始施行道、州、縣三級制，把全國分成了三十七道，比如，四川大部屬於「劍閣南道」，簡稱「劍南」，貢酒「劍南春」就是這麼來的；長江中下游分為「浙江東道」、「浙江西道」，簡稱「江東道」、「江西道」，江西省的名稱也可以追溯到這裡。朝廷根據需求在各道設置行軍大總管、觀察處置使、團練使、防禦使等官員。

到了宋朝，地方行政還是三級制，只是「道」變成了「路」，宋朝是路、州、縣三級。全國分三十幾個路。路的長官是經略安撫使。另外，朝廷將特別重要的州或者皇帝的「龍興之地」提升為府。比如，北宋首都所在的「汴州」，提升為「開封府」。宋高宗趙構逃難的時候，顛沛流離，後來在「越州」安頓了下來，並且改年號為紹興。為了紀念，宋高宗把歷史悠久的越州提升為「紹興府」。同樣，南宋臨時首都「杭州」也提升為「臨安府」。此外還有「大名府」、「應天府」、「濟南府」等。「府」的概念出現了，行政區劃變成了路、州、縣或路、府、縣三級。

元朝在大一統王朝當中算是時間短的，不到一百年，但它在地方行政上有一個很大的貢獻，那就是確立了行省制。中央有中書省，是元朝的中樞行政主體。

元朝地方上的一級政區，就叫作「行中書省」，簡稱「行省」，再後來直接叫作「省」了。省，一開始是中央官衙的名字，元朝正式把它定為地方行政區劃的名稱。日本至今還把中央部門叫作省，比如防衛省、外務省、大藏省、厚生省等等。元朝在漢族地區的各省劃分，奠定了現在中國省級行政劃分的基礎。多數省份的情況都和現在的省份相同。

元代實行省、路、府（州）、縣四級制。到元英宗至治時期，天下共十一個行省，長官是平章政事、參知政事等，統領一省軍政事務。二級

政區為路，三級政區為府（州），四級政區是縣，路領府，府轄縣（少數重要地區，不隸屬於路，而直隸於省，稱為直隸府、直隸州）。路的長官是總管，府的長官是知府或府尹，州的長官是知州或州尹，縣裡則是縣尹。但是，從路至縣，各級官府都由蒙古官員掌握實權，稱「達魯花赤」，其蒙古語意思是鎮壓者、掌印者。達魯花赤既是地方行政長官，又是監督同級官員的欽差大臣，這體現了蒙古人的不自信。

明清時期，中國行政區劃基本還是省、府、縣三級。中國現有的行政區劃，在這個時期慢慢清晰、定型。比如，甘肅省有一個甘州、一個肅州，這兩個主要的州合在一起就叫作甘肅；江蘇最重要的兩個地方，一個是江寧府、一個是蘇州府，合起來就是江蘇；安徽省也是如此，最重要的兩個地方安慶、徽州，合稱就是安徽。江西省、山東省等則是沿用古稱；而陝西省則是因為在陝縣以西。就好像宋朝把一些重要的州提升為府一樣，明清也把一些重要的縣提升為州。比如，北京昌平區在清朝不叫昌平縣，叫「昌平州」。現在有很多上了年紀的昌平農村老百姓到昌平去辦事，叫作「去州裡」，到北京市稱作「去京裡」，而不是叫作「去區裡」、「去市裡」。再比如，河北省易縣，在清朝不叫易縣，叫「易州」，因為清西陵在易縣，所以把縣升為州。

清朝有一個特殊情況，那就是它直接治理許多少數民族地區，尤其是西南多民族混居的地區。在這些地區推行州縣制度，有點困難。所以義有一個新的行政區劃，叫作「廳」。清朝在一些尚不具備條件設立州縣的地區，設廳，主要是一些交通要道，或少數民族聚居區。廳如果直轄於省，那就類似於府的級別，稱為直隸廳；如果屬於府，那就類似於縣的級別，稱為散廳。清代雲南省的蒙化廳、景東廳、永北廳，就是直屬於省的直隸廳；浙江省的玉環廳，則受臺州府管轄，是散廳。州也一樣，如果屬於府，就類似於縣，稱為散州；如果直轄於省，就相當於

府，稱謂直隸州。直隸州往往有下轄縣。比如，易州是直隸州，除了易州本身，還下轄淶水縣、廣昌縣。而同省的磁州，就隸屬於廣平府；開州隸屬於大名府；蔚州、延慶州、保安州隸屬於宣化府，它們就都是散州。

戰國時期，各國開始在城市之下設立鄉和裡，演化至今「鄉里」成為故土、鄉居的代名詞。秦漢時期，最基層的社區組織是鄉和亭，官府挑選「強且謹」的居民擔任鄉長、亭長。歷史上最有名的亭長可能就是劉邦了。唐宋開始，城鎮開始普及廂、坊制度，現在一些古城還保存著規矩、嚴整的廂、坊結構。這些城鄉組織的作用，一是替官府征發稅役；二是監視地方動靜，維持治安，帶有居民自治組織的味道。北宋王安石變法，有一項「保甲法」，強力在城鎮、鄉村推行保甲制度，名稱雖有變化，可實質延續到民國。若干家編作一甲，若干甲編作一保。保設保長，甲設甲長，雖然還是協助征發稅役、維持地方治安，但強制性更高，對基層社會的攪動更厲害。比如，保甲內百姓有司法連帶責任，一人犯罪可能株連鄉親。王安石設計制度之初還想寓兵於民，可見官府想對村鎮控制之深、之強，後來保甲的軍事功能因為各種原因才沒有保留。

鄉里、保甲，都是官府設計的基層組織，中國老百姓更熟悉的可能還是「鎮」、「市」、「鄉」、「村」。人們自然而然地聚居在一起，形成一個村落。「村」，就成了最小的人類居民點。周圍幾個村落合在一起，形成一個「鄉」。

鄉、村大家都可以理解，那鎮和市是什麼？為什麼有的地方叫鄉，有的地方叫鎮？鎮不一定就比鄉要大。「鎮」起初不是一個行政區劃，而是軍隊駐紮的堡壘。比如，北魏為了抵禦北方蠻族的入侵，屯兵六地，建立北方六鎮。這些官兵世世代代當兵，把家屬、子女也安置在軍事重鎮裡。慢慢地，鎮子就發展出了商業、娛樂業、教育業，不再是一座單

第七講　天下衙門：地方變遷和州縣官制

純的軍事堡壘，變成了一個功能比較齊全的、多種多樣的聚居區。鎮和鄉的區別在於，鄉裡面可能沒有詳細的社會分工。

不知道大家有沒有印象，小時候周邊好幾個鄉的鄉親們，去同一個鎮上趕集？鄉里不一定有集市，集市往往在鎮上。到了明清，商業比較發達、社會分工完備的鄉，成了一個地區的核心居民點，稱為「鎮」。如果把鎮和鄉的區別理解為社會分工的完備、商業的發達與否，那麼「市」（集市）則更多的是從商業角度衡量。古代人男耕女織，商業貿易的機會不會太多。需要進行商業交往的時候，大家就到一個定點的地方去，這個地方就變成了一個市場，形成了「市」。

以上就是中國地方行政區劃的演變。在古代這麼多行政區劃中，存在時間最長的是縣，從春秋末期一直到現在都存在，都是作為設置政府機構的、最基層的行政區劃（現在已經把行政區劃建設到鄉和鎮了）。最低級的官府是縣衙門，縣以下是沒有官員的。古代很多讀書人考中了進士，不願意去當縣令，因為這是最低級的地方官。還有就是中國歷史上的多數時間，都是實行三級行政區劃。

縱觀古代行政區劃的發展變化，行政區劃的劃定，主要是由地理條件和政治考量兩方面塑造的。首先是地理條件，尤其是大江大河、大山大溝的存在，天然造成了劃分地界的作用。比如，許多地方志的《地理志》都要談到本地的形勢，都說本地地勢如何重要。江河的中間線、山脈的山脊，天然就是各行政區的界線。很多地方的名字，就以山河為名。但是，大一統帝國不希望這種「依憑險固」、「四塞鞏固」的地方出現。朝廷怕有野心家利用地理優勢，搞獨立、割據，最後分裂國家。比如，歷朝歷代對四川省都盯得緊，就是因為四川省具有獨立的地理優勢。統治是第一位的，這是統治者在劃分地方行政區劃時優先考慮的問題。地理因素要讓位於統治需求。所以我們就會看到，地方政區並不是

和地理界線完全一致，存在犬牙交錯、七扭八拐的情況。比如，山西省在黃河南岸有飛地，河北省也在黃河南岸有凸出的州縣。

地方官

關於地方官員的設置，我們先來說兩個概念。第一，地方官的設置分兩個系統。第一個系統是條狀的，第二個系統是塊狀的。條、塊是什麼概念呢？條是指垂直的，比如說州、郡、縣這一條線下來，一級對一級負責，就像一條縱線。塊又是什麼呢？有一些負責專門事務的官府，比如漕運系統，自成體系。漕運系統裡的漕運總督、漕標官兵，都屬於地方官，但不屬於縱向線上的官員，這就可以歸屬於塊狀系統。塊，就是自成體系的專項事務部門。此外，官員也分主要官員和輔助官員，還有一些雜職。套用現在的說法就是，領導團隊成員有很多，排名第一和排名第九是有大區別的。他們的職權不一樣，發揮的作用更不一樣。在講地方官制之前，我們在頭腦當中要有概念，地方官設置是非常複雜的、交錯的。

我們先從省一級開始說，主要講中國古代政治制度成熟時期的明清時期的地方官制。

在清朝，省一級的官員大概有六七個人：總督、巡撫、布政使、按察使、學政、將軍、提督。這是最理想的狀況。有的省既有總督，又有巡撫，但多數省份只有總督或者巡撫中的一位。他們兩位，都是全面負責軍政事務的主官。總督、巡撫的官制，都開始於明朝。朝廷派遣某個官員去某個地方巡視，解決特定的問題，叫作巡撫；派遣某個官員督察好幾個地方的軍政事務，就叫作總督。總督也好，巡撫也好，一開始都類似於欽差大臣，是中央政府官員的一個臨時差使。慢慢地，因為總

第七講　天下衙門：地方變遷和州縣官制

督、巡撫在地方上的實際權力太大，而朝廷又覺得這種直接派人插手地方事務的管理方式更直接，更有效，就把總督、巡撫給普遍化、常態化了。幾乎每個地方都有朝廷派下來的總督、巡撫。結果，總督、巡撫就成了最高地方長官。這是一個「差使」異化為「職務」的典型例子。

清朝一共設立了八大總督：直隸總督、兩江總督、兩廣總督、陝甘總督、湖廣總督、雲貴總督、閩浙總督、四川總督。其中地位最重要的是直隸總督，因為他管轄的是京畿重地。直隸總督管轄現在的河北、北京、天津。其次是兩江總督，管轄江蘇、安徽、江西三個省，是中國經濟最繁榮、人口最密集的地方。當時，上海市是江蘇省松江府上海縣，後來才扶搖直上，跨越了好幾個等級，變成直轄市的。所以，兩江總督其實是管轄三省一市。有三個省沒有總督只有巡撫，分別是山西、河南和山東。還有三個省沒有巡撫只有總督，直隸、四川、甘肅。

有幾個省是總督、巡撫同城，比如，武漢既有湖北巡撫，又有湖廣總督；昆明既有雲南巡撫，又有雲貴總督；廣州既有廣東巡撫又有兩廣總督；福建既有閩浙總督，又有福建巡撫。那麼，督撫同城，到底誰說了算？中國古代很多政治制度的貫徹執行，關鍵看人事。督撫同城，行政效率的高低，關鍵就看兩人的個性。誰比較有手腕，誰比較強硬，就能指揮全局。從理論上來說，總督和巡撫都直接向皇帝負責，都有權管轄地方事務，並不存在誰是誰下級的問題。只不過，總督的級別比巡撫要高。巡撫是正二品，總督是從一品。就一般情況而言，總督要壓過巡撫。除了總督級別要高一些外，總督一般都是元老重臣，資歷、威望各方面都要蓋過巡撫。當然也發生過一些督撫不和，把對方逼死或者擠走的情況。

江蘇省比較特殊。按理來說，兩江總督和江蘇巡撫都駐紮省會江寧。江蘇巡撫藉口蘇州府非常重要，要加強管理，就移駐蘇州去了。因

此，江蘇巡撫不駐紮在省會江寧，而在蘇州。辛亥革命的時候，江蘇巡撫陳德全拿了一根竹竿，把屋簷上的瓦片挑落了一塊，宣布起義，搖身一變就成了江蘇都督。但是有一個問題，占據江寧的兩江總督張人駿不願意起義。這就變成了江蘇宣布起義，但是省會江寧還效忠宣統小皇帝。最後辛亥革命打了一場硬仗，也是唯一一場攻堅戰，就是江浙聯軍會攻江寧，根源就在於江蘇省督撫不同城。

清朝的總督也好，巡撫也好，都加兼職。比如，兩江總督一般加兵部尚書、都察院右都御史、總督兩江等處地方兼管提督糧餉、監理鹽務，操江閱兵等事。

巡撫一般加兵部侍郎、都察院右副都御史、巡撫某某地方、兼理糧餉、提督軍務之類。這些兼職是為了工作方便，客觀上極大地擴張了總督、巡撫的實權。總督一般是由中央各部的尚書或者是資深侍郎或者是地方上資深巡撫來升任；巡撫一般由他省的布政使或者是中央各部的侍郎，或者是中央各寺資深的卿、內閣學士升任。總督上升空間不大，再往上升就只能是入閣了。巡撫上升的空間是擔任尚書，或者晉升總督。

次於總督、巡撫的行政長官是布政使。布政使全稱「承宣布政使」，它才是嚴格意義上的地方行政首長。宋朝在地方上分設三大行政長官：轉運使、提點刑獄公事、提舉常平使，分別負責財政、司法、賑災或鹽鐵專賣。三使之上，由經略安撫使統其責。明朝去掉了安撫使之類的負責人，在地方分設承宣布政使、提刑按察使、都指揮使，分別掌管民政財稅、司法刑獄和軍事，以布政使為首。

清朝的布政使就延續明制而來，職權有所擴張，主管地方上的民政、財政和人事。因為總督、巡撫的存在，布政使在實踐中淪為了督撫的下級，職權受到嚴重侵蝕。

總督和巡撫沒有直屬官（首領官），布政使有直屬官。這一點也是二

者的本質區別，督撫源於使職，布政使是正式職官。督撫衙門沒有下設部門，布政使司則下設三個部門：「經歷司」、「照磨所」、「理問所」。經歷司負責公文往來、處理行政事務，相當於現在的辦公室；照磨所負責監督公文的處理，負責行政效率和監察地方官員，相當於監察局、人事局；理問所負責審核司法刑獄案件，相當於司法廳、監獄管理局等。三個衙門分別有經歷、照磨和理問等官。從秦漢到南北朝，官員都有自辟僚屬的慣例，這些人既是官員的幕僚，又是他們的屬官，朝廷承認他們的職務，授予相應的級別。當時不少政治人物的仕途，就是從給他人做僚屬起步的。徵辟僚屬的權力，是朝廷和官員博弈的一大熱點。從隋唐開始，官員只能僱傭幕僚，不能徵辟屬官了。地方官員的直屬官，都歸朝廷任免。

　　布政使的直屬官，經歷、照磨、理問都是六品官，比知縣級別要高。此外，布政使的下屬還有倉大使、稅大使。布政使管理省裡的官庫、儲運錢糧稅收，就需要一個管理倉庫和財務出納的官員，這就是倉大使。稅大使更多的是催科徵稅。按察使、知府等人，也有類似的這麼一套團隊。只不過按察使、知府衙門沒有照磨所，而是叫作「司獄司」。

　　按察使負責司法刑獄，例由鹽運使、道臺升任，自身的上升空間為布政使和中央的大理寺少卿、通政副使。總督和巡撫合稱督撫；布政使和按察使則合稱兩司，前者是藩司、後者是臬司。

　　布政使有輔佐官員：參政、參議；按察使有輔佐官員：副使、僉事。他倆分派這些官員監督一個或者多個府的政務。布政使派遣的稱分守道，按察使派遣的稱分巡道。分守道側重錢糧事務，分巡道側重刑名司法，二者往往兼兵備道之名，有調兵用兵的權力。在實踐中，分守道與分巡道職權並無細分、交叉融合，都負責全面政務，從派遣官員逐漸化為地方實職，俗稱道員、道臺。這樣一來，府和省之間，就多了一級

「道」。地方文書申報程式是縣申府、府申道、道申兩司、兩司申督撫。但是，道並沒有成為一級實實在在的地方行政區劃，清朝還是省、府、縣三級。道員並不專責地方行政。各省常有四五位道臺，此外還有負責特定事務的道員，比如海關道、驛傳道、鹽法道、糧道等。

省級官員中的最後一個文官是學政。古代的學校和科舉事務，由專人負責，叫「學官」，也稱「教職」。學官自成一個系統，一省最高的學官就是學政。學政從嚴格意義上來說並不是官職，而是一份差使。朝廷委派具有科舉功名的京官到省裡擔任學政，學政的級別根據他在京城原有官職的級別而定。學政沒有屬官，他的主要工作有這麼幾項：第一項是管理讀書人的功名。在傳統社會裡，功名是很重要的。有了功名就有各種政治、經濟、司法等方面的特權；有了功名就可以是「老爺」，不然再有錢也只是個土財主。地方官看一個秀才或舉人再不順眼，也不能把他怎麼樣，因為讀書人有功名在身，可以不受刑訊。只有學政才能夠剝奪讀書人的學籍。學政的第二項工作是負責當地的科舉考試。比如說，一個讀書人要考秀才，由學政最終確定；秀才到省會參加舉人考試，之間的程式問題和組織工作，學政也得負責。學政負責地方上低級別的科舉考試。學政的第三項工作是管理地方官學。官學就是官辦的學校，官學由官府建造、出資維持，學生享受國家發放的津貼。

學政負責全省的官學，各地學官負責當地的官學。比如，府裡面有「府學」，杭州府有杭州府學；杭州府下轄的錢塘縣有錢塘縣學。負責府學的學官是「教授」，是七品官。負責縣學的學官是「教諭」。每個州有州學，由「學正」負責。同時，州縣學官都有輔官，叫「訓導」。明代的州縣教職沒有品級，是未入流；清代提高教職的地位，學正和教諭都是正八品，訓導是從八品。即便如此，學官品級還是低於同級行政長官。明清常以州縣官「才力不及」而改調學官，學官們的地位更顯得低下。

學官受雙重領導，既受上級學官的領導，又受同級行政長官的指揮。

學官在清水衙門，負責事務沒有實實在在的物質收入。一般情況下，新科進士不太願擔任學官。客觀上，學官升遷也比較難，很多人當了一輩子官還是教授。朝廷把科舉考試當中名次末尾的或者是年紀大的進士，分配去當學官。

說完文官，就說說省裡的武將。省級官員中的武將主要是將軍和提督。

將軍自古有之。漢朝的將軍，級別很高。漢朝軍銜自下而上分校尉、中郎將、將軍。將軍是最高等級的將領。三國兩晉時，將軍越設越氾濫，出了很多雜號將軍，將軍就越來越不值錢，到最後差不多碰到一個軍閥都稱他為大將軍。但是清朝的將軍不能亂稱。將軍是八旗將領的專稱，在清朝，奴才和臣是不能亂稱的。清朝只有滿族人才能在皇帝面前自稱奴才，漢族人只能稱臣。這是親疏有別，奴才所對應的是主子，主僕相稱說明是一家人，君臣相稱說明是兩家人。滿族人和漢族人聯名上書，要統一稱臣。滿族人帶著漢族人一起稱奴才也是不行的。同樣，在清朝，將軍特指一個省內八旗駐軍的最高軍事統帥。

清朝八旗軍隊有二十多萬人。滿族人用二十多萬的軍隊，統治了整個中國，統治了四億漢族人。如果清朝把八旗軍隊平均鋪到全國，每一個縣才百來個兵，早就被漢族人給幹掉了。它必須盡可能地把八旗軍隊的威力發揮到極致，把軍隊駐紮在交通要道和重要城鎮，才能以小博大。比如，八旗軍隊駐紮在江寧和杭州，於是就有了杭州將軍、江寧將軍。湖北省的八旗軍隊駐紮在荊州，湖北的八旗駐軍長官就是荊州將軍。但是湖南沒有駐紮八旗軍隊，因此湖南省就沒有將軍。和學政一樣，將軍也不是一個官職，而是一個差使。將軍是中央官員，是帶領一支軍隊駐紮地方的中央官員。地方上的八旗駐軍，包括將軍在內，旗籍

都在北京。從戶籍上來說，他始終是北京人。

提督則是綠營的最高統帥。綠營是什麼？清朝在統一全國的時候，改編了許多明朝的降軍，同時招募漢人當兵。這些漢族人不編入八旗軍隊，單獨編成綠營。因為清朝規定漢族軍隊打綠旗，所以叫作綠營。指揮綠營的提督是正兒八經的地方官，又分水路提督和陸路提督。比如，河南綠營是陸軍，指揮他們是陸路提督。浙江有水師，駐紮寧波，由水師提督指揮。後來，近代中國編練海軍，海軍的最高官員叫什麼呢？叫將軍不合適，因為不是八旗軍隊，還是沿用水師提督的官稱。總督、巡撫、將軍和提督都有直轄部隊。其中，總督統轄的軍隊叫作督標，巡撫所轄軍隊叫作撫標。

綠營主要有三種建制：標、營和汛。在很多影視劇裡，演員常常自稱「標下」，這裡的「標」就是綠營的最高建制。標下面設營，營下面設汛。提督之下有總兵、副將、參將、游擊、都司、守備、千總、把總。這些都是綠營軍銜。清朝在一些策略要地設置總兵，負責某個區域的軍事。總兵雖然不是提督也不是將軍，但常常獨當一面，直接向朝廷負責，獨立性很強，足可以和將軍、提督分庭抗禮。副將及以下的軍官都不能自立門戶。副將，顧名思義就是高級將領的副手。比如，督標的負責人就是副將；撫標因為低於督標，指揮官不可能是副將，就降一級，是參將。軍官的級別很高，比如游擊是從三品、守備是正五品。但是社會重文輕武，清朝官場上普遍輕視軍官。大抵上，正七品的知縣和正五品的守備平起平坐，心理上還大有優勢。最低級的把總，更為文官群體所輕視。

上述是條狀的地方行政長官。清朝地方上還有漕、河、鹽三個自成系統的行政機構。漕、河、鹽三個都是肥缺。漕指的是漕運。從唐宋開始，中國的經濟中心就已經轉移到東南地區。南方的稅賦和糧食支撐著

第七講　天下衙門：地方變遷和州縣官制

中央王朝的運轉。那就有一個問題，把物資從南方經濟中心運到北方政治中心的問題。這個運輸問題，在清朝就表現為漕運。漕運就是把江南的漕糧運到京畿地區。為了管理這項事務，成立了漕運系統，長官是漕運總督。漕運總督跟八大地方總督一樣，都是平級的，從一品。漕運總督駐紮江蘇淮安清江浦。淮安是淮河和京杭大運河交匯處。清朝，黃河奪淮入海。黃河、淮河和京杭大運河交匯的那個鎮就叫作「清江浦」，清江浦不僅駐有漕運總督，還駐有河道總督。河道總督就是上述的「河」，河其實指的是水利。

中國古代經濟以農業為主，最大的災害是水災。古代治水，重點和難點在於治河。大江大河一發洪水，幾十個縣就淹掉了，人是幾萬、幾十萬地犧牲。朝廷把修理河道、防治水災看得很重，專門成立了河道系統。河道系統有三個總督，一個是北河總督，由直隸總督兼任；一個是東河總督，駐紮在開封，後來由河南巡撫兼任；第三個是南河總督，本來駐紮在山東，黃河奪淮入海後改駐清江浦。

他們負責海河、黃河、淮河、京杭大運河及其周邊地區的水運、防洪，重點是黃河和運河。駐守清江浦就扼住了河道工作的關鍵點。

漕、河之下有鹽務系統。在古代，鹽務是椿大事。古代食鹽是國家壟斷專營的。誰有資格生產食鹽，誰能夠賣食鹽，怎麼個賣法，都由國家說了算。清朝的食鹽壟斷設計得很精細，規定甲地的特定居民可以生產食鹽，但必須透過特定鹽商運到乙地銷售。甲地的其他居民也生產食鹽，是非法的；非官府認可的鹽商來甲地採購食鹽，也是非法的；即便是官府認可的鹽商，把甲地的食鹽販賣到丙地，還是非法的！要想實現這麼死板的規定，必須要設計一套龐雜的制度。它就歸鹽務系統管。各省最高鹽務長官就是鹽運使。

天底下漕運總督只有一位，河道總督有兩位，鹽運使則有好多位。

其中最肥的就是兩淮鹽運使。兩淮鹽運使管轄蘇南、上海一帶的鹽務。兩淮轄區是中國的經濟中心和人口最密集的地區之一。鹽商最聚集的地方是哪裡？揚州。兩淮鹽運使就駐在揚州。鹽商富可敵國，但兩淮鹽運使說明天不讓他賣鹽了，他明天就得失業。所以，鹽商會定期或不定期地孝敬鹽運使真金白銀。《紅樓夢》裡林黛玉的父親生前就是兩淮鹽運使，可惜命不長，沒當幾年就死了。為什麼賈府收養了林黛玉？因為林黛玉的父親留下了巨額財產，這對正走向沒落的賈府來說是一劑強心劑。雖然林黛玉這個人的脾氣不是很好，一般人不太會喜歡她，但你不收養她，有的是人願意收養她。另一位是長蘆鹽運使，掌管京畿地區和河北北部的鹽務。他的轄區內，達官顯貴和吃官飯的人多。鹽運使官不大，從三品，長蘆鹽運使在京畿地區也就是個中等官員，但是不吃鹽不行，朝野都高看他幾分。

漕、河、鹽三個系統，事關民生，職責很重，但是弊病百出、腐敗嚴重。

漕糧等級的糧食在杭州售價一兩銀子，運到北京就要四五兩了。當中的錢被誰拿走了？消耗在了漕運系統之中。而且，運到北京的漕糧摻假、摻水、加藥，帳實不符等等。又比如，河道衙門每年撥款數以百萬計，但是黃河依然年年決堤年年修。銀子有沒有花到實處呢？這個問題太複雜了，人們看到的是河道總督衙門長年累月有戲團隊唱戲。河道系統官員懂戲多過懂治水。不僅是上演一臺戲，有時是三四臺戲同時在唱，為什麼？撥款太多，用不完，要趕在撥款使用期限之前突擊花錢。鹽運系統的弊端也不少。清朝落馬的鹽運使，都有「巨額財產來源不明」一項罪。漕運、河道和鹽運三個系統為什麼腐敗，為什麼效率低下？因為它們自成系統，是獨立的一塊。這印證了那條政治鐵律：沒有監管，必然腐敗。

第七講　天下衙門：地方變遷和州縣官制

　　說完省一級的官制，接下來講府縣官員設置。

　　隋唐以前，州縣官府大多有行政和軍事兩套團隊，統轄於刺史、縣令等長官。比如，漢朝的大縣，主官是縣令，其下分別有縣丞、縣尉負責行政、軍事。

　　《三國演義》裡的劉備，鎮壓了黃巾起義後，擔任的就是縣尉。魏晉南北朝時期，一州的最高長官自然是刺史或者州牧，其下分行政、軍事兩套人馬。行政團隊按輔政、政務、文書三條線來分工，分別有別駕、治中、主簿等；軍事團隊有長史、司馬等。除了兩套團隊裡的負責人由中央任命外，刺史自己決定團隊的分曹設置，自辟僚佐，決定掾史小吏。這些僚屬、掾吏一般任命當地人擔任。部門的多寡、書吏的多少，視轄區大小和事務繁簡而定。隋唐之後，地方官的人事權全部收歸中央，也不再有行政、軍事之分。軍事指揮權只有省一級的督撫才有，相對還比較強力，其他地方官的軍事權幾乎喪失殆盡。地方官只剩行政職權了。

　　明清一府的行政長官是知府，從四品官。知府有兩個副職：同知和通判。

　　縣的行政長官是知縣，七品官，副職是縣丞、主簿等。州的行政長官是知州，從五品官，副職是州同（州同知）、州判（州通判）。還有比較特殊的政區廳的長官，一般由通判擔任，也有極少數南同知主政的廳。

　　明清政治制度當中有一個概念是「正印官」。什麼叫正印官？一個衙門裡承擔責任的、領銜的（往往級別最高）官員就是正印官。一府的正印官是知府，一縣的正印官是知縣。他們掌握著所在部門的大印，是最終的決策人。與正印官相關的概念還有：佐貳官，就是輔佐正印官的官員，他們比正印官的級別要低，但並非下屬，比如，縣丞、主簿等人就是知縣的佐貳官；直屬官，就是組成本衙門的直接下屬。比如，知府衙

門內設機構有經歷司、照磨所、司獄司等，有經歷（正八品）、知事、照磨、司獄等直屬官。知縣的直屬官有典史，本是治安官，後來也幹些雜事；雜職官，處理特定事務的、邊緣的官員，往往級別很低（大多數沒有品級）。雜職官有巡檢、閘官、驛官、河泊所大使、倉大使、稅大使等。

稅大使是管課稅的，倉大使是管官倉的，閘官管水閘、水庫。巡檢負責特定地域的治安，比如錢塘江有個渡口，很重要，為了稽查行人、貨物，防止發生踩踏事件，就在這個渡口設了錢塘江巡檢。廣東沿海的很多船戶，漂泊海洋，以船為家，河泊所大使管理這些船戶。

府、州、縣還設有一些不給俸祿的雜職官。比如醫官，屬於府裡的稱醫學正科、屬於州裡的稱典科，縣級的稱訓科，各一人；管理陰陽學的風水官，府級稱正術，州級稱典術，縣級稱訓術，各一人；管理僧侶的僧官，府級稱都綱、副都綱，州級稱僧正，縣級稱僧會，各一人；管理道教事務的道官，府級稱都紀、副都紀，州級稱道正，縣級稱道會，各一人。他們都是未入流的小官，其實更像是有官員身分的專業技術人員。這些雜職官的任命與其他官員不同，不經考試，由相關部門挑選熟悉業務的人擔任，報朝廷備案就行。國家不發給他們俸祿，他們得靠自己的工作能力賺錢謀生。

不同類別的官員，身分不同，任職要求和升遷順序也不同。正印官的要求比較高，升遷也比較迅速。擔任高一級的正印官，往往要求有下一級的正印官任職履歷。清朝把地方官分為兩類：正印官和「佐雜官」，後者包括了其他類別的官員。佐雜官要滿足不少條件，才能轉為正印官。在實踐中，多數佐雜官辛苦幾十年還是佐雜官，難以轉正。經歷轉為知縣的，那就是不小的進步了。至於地方醫官等最底層、最細微的雜職官，終生的調轉升遷幾乎都局限在特定領域，徹底邊緣化了。

第七講　天下衙門：地方變遷和州縣官制

　　明清官制中有「獨任制」，正印官職權畸重、大包大攬，幾乎負責所有事情。一個縣大到鎮壓造反，小到造橋鋪路，都是知縣一個人負責。縣丞或者主簿，想替知縣分擔某一方面或者某一項職責，即使知縣同意了，在程式上也是違法的。最後出了問題，知縣不僅要替縣丞、主簿承擔責任，還要從重受罰。

　　所以，知縣事必躬親。佐貳官只能給正印官提意見，給正印官出謀劃策，把自己降成了幕僚，而不是副職。由此也可見，正印官優於佐雜官很多。新科進士優先出任正印官，被分配出任佐雜官的是少數。分配上的，往往垂頭喪氣、如喪考妣。佐雜官一般安排科舉失利的舉人、貢生、監生，或者非正途出身的人擔任。

　　地方衙門裡除了正印官、佐雜官，還有吏和役。什麼是官，什麼是吏，什麼是役？

　　現代社會，凡是掌握一定的公共權力，行使社會管理或政治統治職能的人員就是公務員。中國古代沒有公務員這個概念，公共權力和行政職能分散於官、吏、役三個群體手裡，甚至還包括一些師爺、幕僚。他們都算在現代意義上的公務員範疇之內。在古代，官就是有官員身分，列入官員序列，依照人事制度考勤獎懲升遷的人。官員人數是很少的，多數集中在京城和省會城市，其他地方的官員很少。康熙年間，一代廉吏于成龍的第一個職位是知縣，他上任時，縣裡就他一個官員——佐雜官不一定配備。工作主要是由吏完成的。比如，打官司的時候記錄的那個人就是書吏；老百姓交稅的時候，收糧收銀的那個人也是書吏。州縣衙門中，對應朝廷六部，都有吏戶禮刑兵工「六房」，分擔六大塊工作，各房幹事的就是書吏。這是標配，各地往往還有收發房、漕房、捕房、總房（草擬文書）等，在裡面工作的都是書吏。

　　吏和官，是有天壤之別的。官員代君牧民，是一方父母，上承天地

愛民之心，下順百姓生息之情，是何等神聖、金貴？事實上，歷朝歷代大致秉承了這一共識，認為「冗官冗員」和「十羊九牧」等現象是不對的。官員的數量不能隨意增減，保持高度穩定。清朝秉承「增員不擴編，加人不加官」的原則，官缺正式編制三萬至四萬個。除了領土擴張、分府設縣等極少數情況外，清朝不增加衙門與官職數量。那麼，大量的工作誰來做呢？書吏承擔了幾乎全部技術性、事務性工作。吏不是官員，且地位低微，為人所輕。讀書人「讀書不讀法」，法律、判例、行政規章和慣例等在他們看來不是真正經世治國的學問，而是手藝，是刀筆小技。而操習這些的「吏」，就是「匠人」了，自然要低讀聖賢書、濟世救民的官員們一等。

明清對書吏的管理比較嚴格。書吏是有編制的，小縣十幾名，大縣幾十名。

可在實踐中，各州縣普遍存在上百名書吏，個別大縣甚至能有上千名書吏。他們大量聘用「編外書吏」做事。編外書吏分兩種：一種由衙門自行招募充任，名為幫書、散書等；另一種為在編書吏個人聘請的，稱為貼寫、貼書、繕書、清書等。除了個別皇帝或者高官整頓過編外書吏外，大家都睜一隻眼閉一隻眼，默認事實。同時，書吏是有任期的，一般是五年。五年一換，為的是防止書吏坐大。

可在實踐中，書吏逾期比比皆是，更有人更名改姓、呼朋喚友，戀棧不去。加上地方行政的確需要有一定的能力和訓練，門檻比較高，書吏們父子或師徒相傳為業。普通老百姓想當書吏還求之不得。這個行當逐漸被既得利益者壟斷。

書吏沒有俸祿，只有少量「飯食錢」，管飯不管生活。而且書吏幾乎不能調動工作，只能在一個衙門辦公到老被辭退為止。書吏也幾乎不可能升為官。即使有少數幸運兒因為勞績、保舉獲得了官員資格，也是不

入流的小官、雜官，且是雜途出身，升遷無望。因此，書吏群體就把這份職業當作了養家餬口的工具，以權謀私，營私舞弊，乃至敲詐勒索，為害百姓，矇蔽長官。清朝朝野就認為「無吏不貪」。朝廷各部中有「小吏大貪」，地方官府裡有「小吏害民」，都是官員集權太重、過分依賴書吏，同時缺乏監管的後果。

　　書吏從本質上說，是官府徵發來工作的識字百姓，是一種「役」。什麼是役呢？到鄉下催糧食的差役是一種役；在監獄裡，仵作、牢頭、劊子手這些都算是役；看城門的、巡夜的差人，也都是役。役一般分緝捕、青壯勞力和輔助性勞動三個班次，所以稱「三班差役」。而書吏則俗稱「六房書吏」。吏和役從法律上來說是履行義務的老百姓。去官府裡當吏和服役，其實是盡一個老百姓的義務。

　　服役是沒有任何報酬的，而且多數差役受社會歧視。比如，站堂的差役，常常打人板子、掌摑他人，被認為是不道德、不光彩的工作，類似的還有獄卒、劊子手等等。但是，大家都爭著去服徭役，為什麼？因為當書吏、差役有利可圖。他們可以沾染公權力，進而以權謀私。收稅的時候，老百姓交的糧食過不過關是由差役說了算的；拘傳嫌犯的時候，是把嫌犯五花大綁得結結實實還是客客氣氣地請過去，也是差役說了算的。至於把老百姓的事早辦還是晚辦，辦得好還是辦不好，更是書吏們的拿手好戲。這其中可以生財的地方，多了去了。所以很多老百姓爭著去當書吏和差役。最後，書吏和差役惡化成了一個半世襲的職業。

　　在縣衙門裡，管理所有書吏和差役的官員，是典史；在州衙門，則是吏目。

　　他們也被稱為「首領官」。清朝的縣衙門，必有知縣、典史兩位官員（州衙門必有知州、吏目）。其他官員，不一定有。比如，清朝配備縣丞的縣，不到一半；配備主簿的縣，不到三分之一。這是根據州縣的地理

交通、政務繁簡等情況而定的。比如，良鄉縣就有三個縣丞，負責專項政務。同樣，雜職官，諸如巡檢、驛官等也就地而論，不是必備的。這樣一來，清朝的基層官府，最少才兩個官員，最多也就十來個官員。基層的官員數量很少，絕大多數官員集中在上面。

而直接和老百姓打交道、真正落實政策措施的，卻是州縣官員。《清史稿》規定「知縣掌一縣治理，決訟斷辟，勸農賑貧，討猾除奸，興養立教。凡貢士、讀法、養老、祀神，靡所不綜」，層層下達的政令，最後都得由縣官來執行落實。轄區百姓的溫飽哀樂、生死禍福，和州縣官員關係重大。他們是治民的「親民官」、「父母官」。上面的官員，不直接治民，更多的是發號施令，是「治官之官」。遺憾的是，親民之官少，而治官之官多。

國政之基在於縣。天下事莫不起於州縣，州縣理則天下無不理。縣治的好壞關係到國家的興衰、百姓的福祉。州縣官員責任重大。可是，一個縣裡面官員再多也就十多號人，那全縣的老百姓有幾十萬！全縣的面積有方圓百里！用十個人去管理幾十萬人、方圓百里，怎麼辦？康熙年間的于成龍，是山西人，走了幾千里路到廣西去當知縣。到了任所發現只有自己一個光桿司令，連一個差役都沒有，升堂的時候兩旁的差役是用毛筆在牆壁上面的，就他一個人坐在那裡。于成龍怎麼開展工作，怎麼把轄區治理好？這不是他一個人的問題，而是中國古代政治中的一個普遍問題。這就涉及傳統中國「基層官府和社會的關係」。

基層官府與社會

在中國幾千年歷史長河中，「親民之官」永遠是少數，官僚系統中絕大部分官員是「治官之官」。基層親民官擔子重、壓力大。唐代的柳宗元是山西人，跑到廣西柳州當官，第一感覺彷彿是來到了異國他鄉，

第七講　天下衙門：地方變遷和州縣官制

完全聽不懂當地人在說什麼，更不用說開展工作了。為此，他請了兩個翻譯，第一個翻譯是把柳州話翻譯成長安話，第二個翻譯再把長安話翻譯成山西方言。柳宗元怎麼才能深入當地社會，不做浮在水面上的一層油？用一個人數極其有限、由人地兩疏的官員組成的基層官府，怎麼驅動數萬倍於它的老百姓和數以百里計的廣袤地方？而且在正印官獨任制的制度背景下，所有壓力其實都集中在知縣、知州一人身上。難道他們是超人嗎？

中國歷史發展表明，幾千年來中國傳統社會按照一定的邏輯不斷地發展，沒有出現大問題，屈指可數的幾個官吏持續在基層社會徵收賦稅、化解矛盾、收穫忠誠，支撐著龐大的國家機器的運轉。

在中國傳統社會中，官府是很重要的存在。官府的力量不可忽視。但是，傳統社會裡不單單只有政府，有很多力量參與了社會的治理和運轉。大家共同合作，形成一股合力推動社會前進。我們來看看，除了官府還有什麼其他力量？

首先是鄉紳。幾千年的中國傳統社會是一個「鄉紳社會」，鄉紳的力量異常強大。傳統社會是一個等級社會，而且等級森嚴。官和民是涇渭分明的，一個縣官員屈指可數，其他都是老百姓（「民」）。民又分四民，「士農工商」。士為四民之首，就是鄉紳。那麼，什麼是鄉紳呢？鄉紳也叫士紳、縉紳，是有科舉功名在身的當地紳士，包括獲得了秀才及以上功名的讀書人，也包括賦閒在家的在職官員，比如丁憂在家守孝的官員，或者是患病在家休養的官員，還包括罷官、退休在家的官員。這些人組成了一個地方的鄉紳群體。

鄉紳資格必須具備兩個條件：第一是要有科舉功名或官員身分，第二必須是本地人。說實話，古代大部分讀書人是當不了官的，但是只要考取了功名，就可以把自己的社會地位晉升到鄉紳階層。社會階層不僅

僅是身分、地位的問題，也不僅僅是社會分工的問題，不是說鄉紳團體就只能識文斷字，各式各樣的東西會緊隨而來。不同的階層承擔不同的義務，享受不同的權利，包括各種特權。鄉紳就是一個特色鮮明的社會階層，享有很多特權。

我們先說鄉紳的政治權利。只有士紳才是老爺，土財主再有錢也不是老爺；鄉紳階層見到官員可以不用下跪。這一點很重要。跪本身是一個帶有很強的象徵意義的社會行為。見到官員不用下跪，官員還要和你招呼寒暄，這就意味著你們倆具有平等的地位。從理論上講，只要一個人考中秀才功名，哪怕他見到了軍機大臣，只要作揖就行了。軍機大臣遇到一個鄉紳作揖，他可以很傲慢，但是必須回禮，如果不同禮那就是「非禮」；此外，鄉紳可以參與地方政務的討論，可以影響決策。鄉紳雖然沒有官員身分，但享受部分官員的政治待遇。

經濟上，鄉紳也是有特權的。鄉紳不用服徭役。比如，地方上發洪水，官府徵發老百姓去抗洪。鄉紳可以不出力。為什麼？因為他們是讀書人，讓他們去扛沙包有辱斯文。同樣，鄉紳可以不參加很多集體勞動，可以不用當差、當吏和服役。那鄉紳要不要交稅？鄉紳是需要交稅的。鄉紳交稅，地方官府允許他自己封包上交，這裡面就有大學問了。比如，一個鄉紳應該交十兩銀子，卻只在包裡封了一兩銀子，投到官府的稅箱裡，說我交完稅了，我走了。官吏衙役們拿他一點辦法也沒有。為什麼？因為你不能抓他、不能打他、不能罵他，鄉紳有特權。

當然了，絕大部分鄉紳涵養還是很高的，會按時按量交稅。即使鄉紳足額交稅，他也獲得了大利益。為什麼？因為鄉紳可以拒交苛捐雜稅，一般老百姓不敢不交。

能夠享受法定的稅收待遇，在現代人看來沒什麼稀奇的。但在傳統社會裡老百姓看來，這就是天大的優惠了。明清時期超額收稅現象非常普

遍。普通老百姓甚至要繳納法定稅額兩三倍的稅收。這就導致有很多老百姓願意把自己的財產假托到鄉紳的名下，躲避稅負。《儒林外史》裡的范進，家裡赤貧，連殺豬的岳父都看不起他。但是他一旦考中了舉人就不一樣了。范進中舉消息傳出的當天下午，就有人主動來投供。什麼叫投供？就是把自己的地契和房契轉到他名下。為什麼轉給范進呢？政府來收稅時，我可以說「這是范老爺的地，你看著辦」，范進的舉人身分可以制止亂收稅、多收稅和其他各種刁難。此外，還有很多人主動要給范進做奴僕 —— 當時范進住在一間茅草屋裡。因為舉人全家是免徭役的。

事實上，錢糧賦稅是地方官員的首要工作，也是他們的頭等難題，讓他們頭大。很多官府苦於不能按時、足額地收上錢糧來，往往委派鄉紳替官府來收稅。

這類似於「財政大包幹」，你把什麼地方多少戶的稅收繳上來就行，至於你和他怎麼說的，官府不管。承包稅收的俗稱「攬戶」，大多是鄉紳。那鄉紳就分享了政府的稅收大權。比如說，一個貴州人去上海當知縣，到任後人生地不熟，馬上就遇到了收稅。擺在他面前最可行的方法就是把本地著名的舉人、秀才或者賦閒在家的官員叫來幫忙，一個人負責幾個鄉，把稅收了。這是最直接、最快捷完成稅收任務的方法。鄉紳有利可圖自然願意幫忙。老百姓也願意把錢交給鄉里鄉親的舉人秀才，哪怕多交一兩成也願意，因為這大大低於官府的盤剝金額，而且不會有書吏差役們的侮辱刁難。所以，大家就會發現，范進中舉以後，不到一個月家裡就富了起來。

鄉紳階層第三項特權是司法特權。鄉紳有相當大的司法豁免權，官府不能夠傳訊鄉紳。鄉紳殺人了，官府能傳訊他嗎？不能，得把他請到官衙來協助辦案。

鄉紳和其他人發生了爭執，他到衙門來可以不用跪，官員還得給他

看座、上茶。

鄉紳涉案，不跪、不拜、不挨打、不受審訊。如果他確確實實犯了刑事案件，地方官府必須要請省一級的學政剝奪其功名，或者申報朝廷剝奪他的官員身分，才能夠像對待一般老百姓那樣走正常的審判程式。遇到民事案件，比如婚外戀、通姦，或者土地和財產糾紛等，鄉紳可以不到庭。他就是這麼任性，因為人家有司法特權。

鄉紳為什麼有這麼大的特權呢？第一，鄉紳是官員的預備隊。今天他是鄉紳，明年就可能考中狀元。康熙八年（西元一六六九年）冬天，浙江德清的舉人蔡啟傅到北京去趕考，路過江蘇省山陽縣的時候，聽說該縣知縣邵某是同鄉，就前往縣衙門拜訪。他把自己的名片遞進去以後，邵某卻在上面批道：「查明回報。」他以為蔡啟傅是前來打秋風、揩油的人。蔡啟傅受到這種侮辱，當即拂袖而去。第二年朝廷公布了本屆科舉金榜，榜發到山陽縣，邵知縣赫然看到狀元正是去年被自己拒見的蔡啟傅，後悔得直撞牆。撞完牆後，邵知縣趕緊給蔡啟傅寫了一封謝罪信，再附上重金。為什麼？因為蔡啟傅不僅同朝為官，說不定幾年後還會成為自己的上司。所以，鄉紳是官員的預備隊，是官員的儲水池（很多人本身就是在家養病、賦閒或者退休的官員），地方官多有忌憚。

官員面對鄉紳，就好像是在看鏡子裡的自己。他們當官前，極有可能當過長時間的鄉紳，卸任後也會融入鄉紳階層。仕途生涯是有期限的，終生為官的人畢竟少之又少，而鄉紳的角色卻是一輩子的。所以，官員和鄉紳彼此有天然的好感，鄉紳階層和官府勢力也就有了天然的連繫。

第二，從意識形態上來說，鄉紳群體飽讀儒家經典，按照儒家經典來解釋政府的合法性、解釋方針政策的合理性，給政府提供統治的思想基礎。朝廷為什麼把士紳階層列為四民之首？因為這個階層牢固地接受

了統治者的意識形態，接受統治。統治者也需要士紳階層用這套意識形態為自己搖旗吶喊。如此一來，鄉紳階層就是中國歷朝歷代統治的社會基礎。中國幾千年來的傳統社會，統治的社會基礎不是農民、工匠、商人。古代中國不是農民的王朝，也不是工匠的王朝，更不是商人的王朝。中國傳統王朝的統治基礎是鄉紳，是讀書人。中國起碼在隋唐以後，成了一個以讀書人為社會基礎的統治王朝。所以，官府把鄉紳階層列為四民之首，扶持他們，賦予他們榮耀和特權。

　　鄉紳階層也確實在地方事務中發揮了很重要的作用。鄉紳的祖祖輩輩都住在這個地方，知縣、知府在本地當兩三年就走了，治理好壞跟他沒切身利害關係。但是鄉紳不一樣，地方施政的好壞，他是有切身感受的。很多時候，很多事情，他們比地方官更在意地方行政。一般地方上出現了大災大難，比如說老百姓沒吃的了，要辦一個粥廠，知縣知府很願意讓鄉紳去辦。因為鄉紳是在救自己的同鄉，肯定不會在當中剋扣。鄉紳一旦剋扣了同鄉的活命糧，怎麼在家鄉立足？

　　鄉紳對於很多公共事務比官員更上心。一些未雨綢繆的事情、一些缺乏短期收益的事情，官府可能都沒想到，鄉紳自己就組織起來給辦了。我們就會發現，在傳統社會中，橋梁基本上是誰修的，路基本上誰修的，學堂基本上是誰修的？鄉紳。大力推動廣袤的基層社會發展的人，也是鄉紳。區區幾個官員，他們要面對幾十萬老百姓和上百里地，可能還是崇山峻嶺，習俗各異、方言不通，的確需要依靠鄉紳集團。地方官員上任、年節，都會主動拜訪鄉紳；遇到疑難雜事，也會徵詢鄉紳的意見，尋求幫助。鄉紳一隻腳踩在官場，一隻腳扎根鄉土，在官府和當地之間扮演著橋梁和仲介的作用。

　　當然了，鄉紳的作用也不是絕對的。大概是一個地方，官府力量越弱，鄉紳的作用越大；一個地方經濟越繁榮、社會流動越活躍，或者官

府的統治力量越大，鄉紳的作用就越小。北京的鄉紳集團就不成氣候。為什麼？北京的官員數以萬計，而且北京城除了官員以外還有其他勢力，商人可以組成行會，同鄉可以組成同鄉會館。各種力量一中和，北京土著鄉紳的力量就變弱了。在一些省會城市，鄉紳的力量也很弱，因為省會是一省統治力量最強大的地方。比如，一個官員退休了，不一定回老家，可能在杭州造一座宅子，把妻小接過來就在那裡住下了。那杭州城得聚集了多少外地士紳的力量？康有為在民國建立後就住在杭州西湖邊上，這造成省會本地的鄉紳力量變弱。

說完鄉紳，我們來說說宗族。宗族是以血緣宗法為基礎、聚族而居的社會群體。他們定族規、立祠堂、置族田、選族長，和古人的生活關係很密切。如今的生活，宗族的概念已經很淡了。但是大家回憶瓊瑤劇和民國的婚戀劇，裡面經常會出現令人討厭的宗族的族長之類的角色。

隋唐以前有門閥士族。門閥士族是以血緣關係相互標榜、具壟斷政治地位的群體。那時候，只有高門顯貴才能開宗立族，族譜就是地位的證明。唐宋以後，門閥士族的勢力土崩瓦解了，宗法觀念下移，普通人家也開始建宗聚族。比如說我姓張，周邊姓張的人家往往就聚攏而居，一個宗族就產生了。這其實跟小農經濟有關係。小農經濟也是血緣經濟，往往祖父死後，把田產分給子孫，子孫因田產相鄰，導致相鄰而居，並在此基礎上繼續擴展家業，慢慢地人數越來越多，周邊的人家都是同姓親戚，很自然就具備了建立宗族的條件。現在很多地方還以姓氏為名的，比如張家莊、張家港、張家口，又比如北京的岳各莊、龐各莊、馬家堡、王家營、唐家村等等。這很難說就沒有宗族的遺蹟。

關於個人和宗族的關係，我來舉個例子。袁世凱的生母是他父親的妾，袁世凱是小兒子，所以他在宗法上居於弱勢、邊緣地位。袁世凱的胞兄叫袁世敦，是嗣子。等袁家長輩去世了，袁世敦就在家裡說了算。

第七講　天下衙門：地方變遷和州縣官制

袁世凱擔任直隸總督時，生母去世了。袁世凱想把母親的靈柩運同老家項城，跟父親安葬在一起。在現在看起來，這是一件合情合理的事情。但是，胞兄袁世敦說，這事絕對不行！妾怎麼能跟老爺安葬在一起呢？跟丈夫生同床、死同穴的只能是妻。袁世凱是直隸總督、北洋大臣，大權在握，從來都是別人來求他的，如今不得不屈尊懇求胞兄，希望把母親和父親安葬在一起。哥哥袁世敦就是不同意。結果，袁世凱的母親最終沒葬進去。事後，袁世凱發誓，今生今世永不踏進項城。大家就會發現，袁世凱是河南項城人，但是他被削官回籍後住在河南彰德。即使袁世凱死了，他也沒有回項城，而是安葬在彰德，主要的原因是他跟整個宗族的關係很差。袁世凱和族長袁世敦鬧掰了。從這個例子我們可以看出，宗族的力量強大到可以跟政治力量相抗衡。一個族長能跟直隸總督抗衡，而且後者一點辦法都沒有。

袁世凱兄弟反目，現代人可能覺得沒有什麼，在古代這是一件大事。如果一個宗族不承認你，死了以後就進不了宗廟，就無法跟列祖列宗在一起，你就變成了孤魂野鬼。

宗族為什麼會有這麼強大的力量呢？宗族能夠在精神上、物質上給個體強而有力的支持，傳統社會中的個體離不開宗族的支持。

從心理角度來說，每個人都需要有歸屬感。而個人最原始的歸屬就是家族；古代社會分工不明晰，最明確的歸屬也是家族。每個宗族提倡什麼、鄙視什麼，要求族人什麼事情能做、什麼事情不能做，都有族規，全族的人都得同意。很多民事糾紛（甚至包括部分惡性案件），在宗族內部參照族規就能解決。比如一戶人家鬧離婚，丈夫想休妻，現在離婚要到法院去打官司，古時休妻去找知縣，知縣根本就不管，讓他們在族裡自己解決。往往族長在祠堂裡一說誰和誰不是夫妻了，這事就成了。再比如，一個人在外面亂搞男女關係，生了一個私生子。私生子

要認祖歸宗，拿著 DNA 鑑定去找知縣大人，知縣不管這事。只有你所在的宗族認這個人，這個人才能入這個族的族譜。還有土地糾紛、分家繼承、財產官司，每個宗族都有各自的處理規矩，最終總是能得出一個說得過去的結論。族規規範了族人的社會言行，並且有合族之人共同維護。一個人只要遵守族規，族規就會保護他的生活。

有人可能會說，這樣不太合理，宗族可能會干涉家庭生活和財產所有權。

這個問題得這麼看。中國古代是一個相對固定的農業社會，出現家庭糾紛、財產糾紛的情況並不多。而且處理的時候，往往不是族長一個人說了算，都是合族公議。族規背後的深層次意思，其實是希望家庭和睦，夫妻恩愛，大家都安居樂業。族規都洋溢著傳統的仁、義、禮、智、信，沒有哪家的族規是鼓勵作奸作惡的。族長也好，族裡的長老也好，的確在族內的話語權很大，地位很重。我們在影視劇作品裡看著他們多是老奸巨猾、城府很深的樣子。但是，他能當族長，首先自己要當模範遵守族規，這樣才能用這些標準來要求別人。權力這個東西，大家不要老把它理解成享受。跟權力相伴的是責任、擔當和種種束縛。世界上沒有免費的午餐，你必須得盡到這些職責才能享受權力所帶給你的種種好處。族長肯定是遵守族規的模範，他才有資格用族規來要求別人。同時，族長、長老職位都是開放的，每個人都有可能成為族長。宗族能在精神上給人歸屬感、安全感，規範大家的行為方式，這是宗族強大的一方面原因。

另外一方面，宗族之所以能夠凝聚人心，在於它聚少成多、積小為大，發揮了一加一大於二的作用。宗族把鬆散的個人整合成了一個組織，能夠給族人提供組織支持；宗族還掌握了相當的公共財產，能在物質上幫助族人。每個宗族除了族長，往往還有一個祠堂。這個祠堂的產

權不歸任何個人，是整個家族共有。同時還有族田，族田就是整個家族公有的田地，收益用於公益事業。清朝南方一些大家族，經過幾百年的經營，族田能達到幾百畝甚至上千畝。如果宗族裡出現了孤苦無依之人，宗族完全有能力供養這個人。因此古代的祠堂往往收養了很多鰥寡孤獨之人。宗族還有能力興辦公益事業，比如說辦家塾。科舉考試成本好高，一個人聘請老師教學十幾年，準備一系列的考試，沒有相當的家底很難做到。

有人統計，占總人口百分之十左右的富人和相對比較富裕的階層，壟斷了百分之九十九左右的進士；以貧農、貧下中農、手工業者和小商販為主體的其他社會階層，若沒有外部力量的幫助，僅憑自己（一代）的努力，廁身科甲的機率超過百分之一的可能性也不到。那麼，普通農民家的孩子怎麼去參加科舉考試？他依靠的就是家塾。整個宗族用公共財產聘請老師來教書，教很多的學生。教書的地方往往是祠堂，教學、考試的開銷都由族裡出了。對於絕大多數人家來說，這非常有吸引力。

出身農村的人可能都有這個印象，往往有一家的老人去世後，半個村子或者是半個鎮子的人都會參加喪事。這是因為宗族勢力擴展到了很大的範圍，人的婚喪嫁娶離不開宗族關係的撐托。宗族的力量在傳統的基層社會是非常強大的。官府推行的保甲制度，建立在冰冷的數據和生硬的劃分基礎上，一接觸到聚族而居的鄉村，不是建立不起來，就是走樣了、陽奉陰違了。

古代把一個人逐出家門，是非常嚴重的懲罰。逐出家門就意味著他要靠一個人的力量去面對這個社會。你想讀書，得自己承擔所有的費用；你要打官司，官府不理的很多事情找誰去裁判？遇到了任何問題，背後沒有一個家族支撐，死了以後誰來操辦喪事？這是一個很現實的問題，從精神和現實兩方面都說明古代人是很難離開宗族的。

　　宗族這麼強大，官府的態度是什麼呢？官府支持宗族。官府力量有限，覆蓋不到轄區的多數地方。同時，明清的保甲制度，在城鎮還可以推行，遇到聚族而居的村莊，就完全打不進去了。官府就需要宗族的合作，用宗法來凝聚百姓，利用宗族組織來維持社會秩序。宗族也需要官府的支持。宗族訂立族規，往往先呈送給地方官府，地方官府覺得族規可以，再頒布實施。族規還可能以官府和宗族共同的名義頒布。這其實是打著官府旗號的半官方的條例。此外，官府保護族產，維護族長的權威，甚至認可宗族有權處置部分刑事案件。比如，清朝前期允許宗族自行處死胡作非為、民憤極大的族人，這就默認了宗族有刑事司法權。

　　在傳統社會，白髮蒼蒼的老人家，憑藉著輩分、威望，往往成為族長。知縣大人下鄉的時候，遇到老人家都很客氣。因為這個老頭不是一個人，他背後站著整個宗族。後來不一樣了，縣長下鄉，遇到八九十歲的老人，搭理都不搭理，為什麼？因為他就是一個人，已經沒有宗族了。傳統社會的土地是私有的，一家一戶都有一塊地。縣裡要修條路，如果一家一戶去談，這件事情八成是談不成的，即使談成了起碼也得花好多年。縣裡會直接跟整個家族來談，縣長只要跟族長談通了，說這塊地我們徵用了。宗族出面處理，官府什麼都不用管了。

　　宗族有好的一面也有壞的一面，難以清楚地區分開。比如說，宗族對通姦行為，最常見的懲罰是什麼？把男女雙方「浸豬籠」，這是宗族的權力，而且官府在一定程度上是默許這麼做的。在東南沿海地區，宗族勢力表現為家族械鬥。為了爭奪水源、田地，兩個家族招呼幾百個青壯年拿著鋤頭、砍刀互相械鬥。官府遇到這種事情，派出官兵、差役遠遠地觀戰，沒打死人最好，打死了人就由宗族雙方商量好怎麼解決，跟官府報告一聲就行。在很多地區、很多情況下，主持基層社會運轉的其實是宗族。中華人民共和國成立以後，宗族勢力全都被打垮了。政府解散

了宗族，把每個人都還原為個體，再組織到其他組織裡去，把宗族好的壞的都剔除了，這就好像倒洗澡水的時候，把水裡的嬰孩也一併倒掉了。

除了鄉紳、宗族，基層社會的第三大力量是宗教。

中國社會也好，中國政治也好，很早就走出了宗教的羈絆。和其他國家歷史一樣，中國原始社會的政治是和宗教、和神靈糾纏在一起的。神裁是常見的政治形式。很多制度，依據宗教而建，帶有濃厚的「神彩」。但是，到了春秋戰國，政治中的宗教色彩急遽淡化。我們從當時「禮崩樂壞」、「道德淪喪」等描述中，就能看到這種趨勢。宗教官主要發揮禮儀性的作用，很少參與實質決策。到秦朝立政，政治和宗教在形式上已經徹底分離了。彼時的中國，已經是政教分離的體制。之後兩千多年，兩者漸行漸遠。然而，只要皇權還要從神靈和迷信中尋求合法性，只要宗教繼續影響人們的心靈和生活，政治就不可能和宗教、和鬼神徹底地一刀兩斷。皇帝說自己是真龍天子。有人就說自己見過真正的龍，皇帝能說他是胡說八道，說龍根本不存在嗎？不能。既然皇帝標榜自己是龍，他怎麼能否認龍的存在呢？這是政治不能否定宗教的一個重要原因。宗教對古代政治的影響始終存在。

幾千年來，宗教在中國社會的痕跡無所不在。現在的城市，有很多地名是以什麼寺、什麼廟或者什麼庵、什麼觀之類來命名的，比如北京有白雲觀、白雲路、隆福寺街，杭州有香積寺街。古代宗教建築散落在社會各個角落，宗教力量在基層社會扮演了很重要的角色。北方的胡同街巷、江南的枕河人家，房屋院落之間可能就散布著各式廟宇、道館、祭祠、修庵道等。宗教在古代人們的生活中發揮了很重要的作用。

以西門豹治水的故事為例，西門豹治水過程中有兩股力量在鬥爭。西門豹代表的官府要治水，以巫婆為代表的宗教界不同意治水。為什麼？因為這樣會惹怒河神。老百姓更相信巫婆，寧願獻少女、把很多財

富扔到河裡去，讓河神息怒，也不願意治理河道。西門豹治水最大的困難，就是讓老百姓相信並不存在什麼河神。在這裡，有一股力量跟官府是並行的，能跟官府展開博弈，這股力量，就是宗教。

縣城也好、府城也好，一般都有一座廟，叫作「城隍廟」，顧名思義就是保護這個城市的神明所在的廟。城隍廟在傳統社會中有特殊意義。官府和老百姓都默認城隍廟是不受官府權力的制約的，是中立的。城市裡面出了一些難事、疑事或者是一些惡劣大案，官民都可以聚集在城隍廟裡商量著解決。這個問題沒有預定的立場，沒有說必須怎麼辦，在城隍廟裡一切可以商量；或者，一個人覺得自已有什麼冤屈，也可以跑到城隍廟去，衙役輕易不能在城隍廟抓人、打人；你要告狀，可以去城隍廟告狀，為什麼呢？因為大家潛意識裡就有這麼一個觀念：神靈超然於官府和社會之上。這就好像西方有一些宗教色彩比較濃重的地區，教堂是上帝所在，教堂裡禁止暴力和殺戮。所以，軍警不能進入教堂執法。中國的城隍廟類似於西方教堂的角色。在清朝的筆記小說裡面，就有死囚鳴冤城隍廟、城隍夜審疑案等傳奇情節。現在上海著名景點「城隍廟」，以城隍廟為核心發展出了很多社會景象，儼然就是一個民間社會的集合。

官民的思維、言行都有宗教的印記，信鬼神、重報應、盼神佑；官員們還在支持宗教場所的運轉，利用宗教的力量來教化百姓、安定地方。地方官往往立碑，保護寺廟道觀財產；地方上要舉辦一些宗教活動，地方官也願意拋頭露面，表示支持。北京城和各省大一些的宗教場所，往往標明「敕建」二字，不見得就是皇帝掏的錢，這麼寫更多的是表明立場，拉近和官府的關係。官府意識到，宗教可以用來維持統治，穩定人心。這是官府和宗教相安無事的根本原因。宗教勢力也樂意與官府合作，借助世俗的權威來安定神明的地位。

第七講　天下衙門：地方變遷和州縣官制

　　同時，官府也意識到，宗教有著造反滋事的潛在威脅。歷史上有很多的起義、騷亂，就是披著宗教外衣的。明太祖朱元璋早年參加白蓮教策動的紅巾軍起義，他真真切切看到了民間宗教的巨大力量，這股力量強大到足以威脅朝廷的生命。所以，官府對正常宗教勢力、合法宗教場所是支持的，還禮遇有加，但是對民間宗教力量、地下宗教場所警惕性很強，一概嚴禁，一露頭生事就嚴厲鎮壓。

　　朱元璋就嚴禁旁門左道。他把禁令列入《大明律》，嚴厲制裁「巫師假降邪神」等「一應左道亂正之術」。《大明律》設置了「禁止師巫邪術」條款：「凡師巫假降邪神、書符咒水、扶鸞禱聖、白號端公、太保、師婆，及妄稱彌勒佛、白蓮社、明尊教、白雲宗等會，一應左道亂正之術，或隱藏圖相、燒香集眾，夜聚曉散，佯修善事，煽惑人民，為首者絞；為從者各杖一百、流三千里。」清朝繼承了這條法律，嚴禁旁門左道。同時，雍正皇帝懷疑正常的宗教派別中也隱藏著反叛的力量：「僧道、醫卜、星相之類，往往為奸宄之所潛藏，不可不慎也。」鑑於謠言讖語蠱惑人心、煽動造反，《大清律》刑律還有「造妖書妖言」一條：「凡造讖緯，妖書妖言及傳用惑眾者，皆斬（監候，被惑人不坐。不及眾者，流三千里，合依量情分坐）。若私有妖書，隱藏不送官者，杖一百，徒三年。」官府對待平行的其他力量，利用他們有利於統治的一面，對威脅統治的潛在可能性，都要嚴厲扼殺。

　　還有一股與官府平行的大力量是流民。顧名思義，流民就是背土離鄉的流動人口。現在大家都覺得人口流動是一件很正常的事情，在古代人口流動卻是不正常的。許多人追求的是安居樂業。在一處地方安定下來，有一個固定的住所，有一份固定的職業，這是許多中國人的理想狀態。你和他說「最好的風景永遠在路上」，他會覺得不可思議。很少有人把自己的一輩子都放在旅遊當中，所以徐霞客在古代只有一個。人們重

視安居樂業。但是理想狀態不可能永遠存在，社會不可能是死水一潭，都會有人口在流動。

流民對於官府來說是最頭疼的事情。黃巾起義是誰發動的？黃巢之亂是誰發動的？都是流民。每一次大的造反的主要力量都是流民，劉邦造反的時候是流民，隋唐好漢多數是流民，朱元璋的身分也是流民。朱元璋當皇帝以後，明朝對他多有美化，說他出過家、修行佛法，其實就是沒有東西吃了，把自己頭髮一剃、託了一個飯盤去討飯而已，本質上是流民。明史說他遊歷於江淮之間，那不叫遊歷，應該叫盲流，盲目的流動。哪裡有飯吃他就去哪裡，這樣的人是社會的不穩定因素，只要有一丁點的星星之火，就能把他們對這個社會的怨恨、不滿全都燃燒起來，就會變成大規模的農民起義。之前說的鄉紳也好、宗族也好、宗教也好，官方基本上是支持，起碼是不反對的。但對於流民，官方明確反對、堅決取締。歷史證明，哪個王朝的流民到達了一定的規模，哪個王朝離末日就不遠了。所以，招攬流民是基層官府的職責之一，安撫不過來了就要想方設法鎮壓。

為什麼流民危險呢？第一，一個無所依託的人無所畏懼。流民沒有田地、沒有家產、沒有妻兒家小，他就一條性命，什麼都不怕失去。萬一出現一個領袖人物，對流民說：「造反吧，你失去的只是一條命，但是一旦改朝換代，你就是開國元勳了！」他願不願意賭一把呢？不賭，現實問題就擺在這，明天就可能餓死，與其餓死還不如轟轟烈烈賭一把，劉邦、朱元璋是這樣崛起的。

第二，流民的能力比一般老百姓要高，在政治上很危險。一般老百姓成天在田裡種地、在作坊裡做工，視野受到局限。一個人沒有走出過方圓五十里，他就難以想像五十里外的世界，他可能覺得這五十里以內發生的事情都是合情合理的。但是，當他一旦走出去，就會發現風景是

第七講　天下衙門：地方變遷和州縣官制

不一樣的。大家說不一樣的話，吃不一樣的東西，這個地方的官比老家的官要賢明或昏庸。流民的思想就有了比較，視野就開闊了，自然而然地開始思考。一個流民，從甲地流動到乙地，他有閱歷，有思想。乙地的地方官員去管他。他首先就可能發問，你憑什麼管我？這就說明他有了獨立的意識，管不了了。所以，流民會成為不穩定因素，是因為人口流動引起了人的視野、觀念、思想的變化。

第三，流民在流動過程中形成了組織。組織的重要性，是政治研究的一大課題。沒有組織，一個群體就是一盤散沙；組織能夠讓個體造成一加一大於二的作用。比如，一班有六十位同學，一個同學跑上來跟老師說，你要給我打九十分。老師會說，憑什麼給你打九十分？萬一六十位同學全都跑上來要求老師給打九十分，那麼，老師就要掂量一下這是怎麼回事了。這就是組織的力量。流民也是這樣的，他們在流動過程當中沒有任何保障，就會去尋找組織來保障自己，逐漸形成了各種流民的組織。地下宗教、黑社會幫會，就是典型的流民組織。安居樂業的人是不會參加這種組織的，只有流民才會參加。在傳統社會裡，四川流民興盛，所以地方幫會也多，比如清朝的袍哥，就在四川影響最大。在四川的一些地方，外人可以不去找官府，得先去袍哥據點「拜碼頭」。如果不拜碼頭，在這個地方就幹不下去。

流民組織的力量是很可怕的。明朝把國號定為明，是因為它最初是依靠明教的勢力興起的。張角醞釀黃巾起義時，為了把隊伍組織起來，號召流民說「蒼天已死，黃天當立」，黃巾軍很快就組成了。這股力量是非常強大的。

以上講了有四股力量是和官府平行的，鄉紳、宗族、宗教還有流民，都跟官府一起推動基層社會的運轉。而高高在上的皇帝和基層社會距離很遠，很隔閡，所謂「天高皇帝遠」。一方面，皇帝身為個體，能

力精力有限，時間更有限，他不可能顧及很細的事務，所謂「朕身居九重，雖周慮萬下，然力有不逮，恩威不能遍施」是也。因此，皇帝和基層政務是很隔閡的（當然了，皇帝願意的話，可以直接插手任何基層的事務）。另外一方面，下級官衙和官員，也不願意皇帝事無巨細地插手。他們總是把需要皇帝決策的事情，把希望皇帝處理的問題，把希望皇帝知道的資訊，傳遞給皇帝。皇帝根據這些「篩選」過的有限資訊，即使有心插手基層，也很難做出全面、準確的決策。規模和實力都有限的地方官府，對這些基層力量分化利用，權衡各方，大家共同塑造了中國傳統社會和基層政治。

需要強調的是，傳統社會不單單只有官府，還有讀書人、族長、黑社會以及和尚、道士、尼姑等人。社會的權威不僅只有政府，還有其他。它們共同推動傳統社會的運轉。當然，官府的力量始終是很關鍵的，甚至是最強大的。但是僅僅只有政府，這個社會是不可能運轉起來的。身為一個基層主政者，在各股力量之間權衡是很困難的事，大家的關係都就很複雜。

第一，各方力量錯綜複雜，難以截然分開。你中有我，我中有你，傳統社會中個人的角色也是複雜難辨的。一個人既可能是鄉紳，同時又是宗族長老，還可能是當地的幫會老大。組織犬牙交錯，角色也就擰在了一起。通常情況下，宗族和宗教的結合比較緊密。中國的農村往往是一村一廟，或者是周邊幾個村子供養一座廟。村民們遇到難題，會找宗族，也會去廟裡求神拜佛。同樣，鄉紳和宗族的關係也走得比較近，鄉紳往往在宗族裡地位很高。族人都尊敬讀書人。從鄉紳角度來說，當初整個宗族供他讀書、考試，後來才發達富貴起來的，他是不是有責任回饋宗族，造福鄉親？鄉紳有地位有人脈，熟悉政治，很自然就變成了整個家族的核心骨幹。當然，鄉紳也可能是幫會老大。這種情況當然是不

合法的，幫會始終處於被打壓的狀態。但是還是有很多人黑白兩道通吃，既是族長又是黑社會老大，既是鄉紳又是幫會領袖，甚至可能集更多身分於一身。比如，民國時期，中國社會還沒有褪去傳統社會的特色。四川軍閥就把各種身分集於一身，亦官亦匪、亦白亦黑，腳踩多條船。他們利用袍哥組織組建部隊，又利用部隊壓服地方官府和宗族。

伴隨千百年的博弈共存，傳統社會的各個因素已經相互滲透，幾乎融為一體了。比如，朝廷保障科舉制度，保證了權力在各個家族之間平滑流動，杜絕了魏晉時期壟斷門閥的復辟，社會階層不會同化，對宗族組織的普及、宗法勢力的強化，是有幫助的；而宗族、宗教等因素的動員能力、財力，則彌補了官府的人力、財力不足，大家可以一起「集中力量辦大事」；流民群體的存在，時刻提醒著官府檢討執政情況，遏制橫徵暴斂、竭澤而漁的衝動。一旦官府胡作非為，就會導致流民勢力壯大，導致宗族和正常宗教組織對民眾的凝聚能力變弱。宗族裡的人可能流離失所，可能被地下教會、邪教、黑社會吸引走，最終導致其他社會力量對官府離心離德。到那時候，原有的社會力量平衡就加速瓦解，大家在尋找新的平衡過程中，犧牲品只能是舊政權。

第二，中國傳統社會是一個身分社會，決定一個人社會地位的不是財富，而是具備什麼身分。一旦具備了相應的身分，財富、名譽等都會接踵而來。范進中舉前有財富嗎？沒有。中舉以後，范進成了鄉紳，財富立刻滾滾而來。相反，一個地主，即便特別有錢，他也不能稱為鄉紳，不能成為族長。當然了，地主可以組織幫會，但是流民不一定會聽他的，因為在身分社會，身分決定財富、名譽、聲望，而不是反過來。

每個人都生活在社會中，是社會人。大家都有相對穩定的社會角色，各種資源按照一定的規律在人群之間流動。人人都受到社會中各種因素的制約，言行舉止有大致可以預期的標準。中國古代政治比較強

勢，不僅和社會對峙，還屢次想改造、壓制甚至吞併社會，但一直沒有成功。這一點，從那些新官上任的異鄉人那裡就可以看出，從朝廷律法在地方的改造與妥協的情況也可以看出來。社會和政治，兩者勢力此消彼長。（當然了，古代中國還有市場、文化和精神等領域，但這些領域或者說勢力，沒有強大到可以與政治、社會相提並論的地步。市場、文化、精神等，都依附於社會或者政治。）

這裡就有中國古代社會是政治主導還是社會主導的問題，古人是被社會塑造的還是政治塑造的問題。近年來，這個問題日漸成為「顯學」，論者紛紜。筆者的感覺是，古代政治和社會都很強勢，誰都沒有完全壓倒對方。政治陸續侵蝕，持續改造著古代社會。但政治體制中的官員們，不可能一輩子是「政治人」或者當權者。他們總有退休、離開的時候。那時候，他們就回歸了社會。政治標準對他們的影響迅速減弱，他們身分上的政治痕跡迅速消退，而社會的影響迅速擴大。古代社會還是按照自己的標準，在持續發展著。宗族的崛起、商業的發展、技術的進步、人口的膨脹和流通，這些都不是古代政治主導或者能夠遏制的。事實上，古代的盛世，都是政治和社會相處和諧的時期。雙方關係緊張，往往兩敗俱傷。

第八講
掄才大典：科舉是一項好制度

中國古代政治制度中的衙門和官員設置，屬於靜態的內容。此後開始講動態的內容。動態的內容指的是制度性的操作及其實踐運轉。首要的內容就是「官員是怎麼選拔的」。

任何一項制度的設立都是非常艱難的，不可能做到絕對的公平公正，不可能讓各方面都滿意。比如選拔官員，按照任何標準來選拔，都不可能讓所有人滿意。所以，考察制度不能追求十全十美，任何制度都是有瑕疵的。那我們評判制度好壞的標準是什麼？是這項制度在設計的時候是不是盡可能地做到公平公正，它在日後有沒有自我調節的能力。如果我們判斷一項制度做到了這兩點，就可以認定這項制度是在當時條件下最好的制度 —— 當然，它還要能解決問題。

科舉的來由與利弊

什麼樣的人能夠當官，也就是把權力交到什麼人手裡？這是一個重要問題。

在貴族政治下面不存在這個問題，因為當官的標準很簡單，就是血緣。貴族的兒子永遠是貴族，貴族永遠當官；平民的兒子再能幹，最多也就給貴族做家臣。春秋後期有一個有知識、有抱負的平民百里奚，演繹了一場「百里奚五羊皮」的傳奇。

百里奚出身貧寒，想當官只能自己找機會，他決定遊歷列國求官。妻子杜氏很支持丈夫，把家裡唯一的一隻老母雞殺了給丈夫送行，但是沒有燒雞的柴火，怎麼辦？杜氏把家裡的門板卸下來，劈了當柴燒，讓百里奚飽餐一頓後去闖蕩天下。百里奚歷經宋國、齊國，三十年時間裡碌碌無為，最好的時候是做家臣，比如他給周王子當過家臣，因為他能夠養馬，王子和他談論怎麼養馬，最後好不容易在一個小國 —— 虞國做

了大夫。很快，晉國滅掉虞國。晉國把百里奚充作媵人（陪嫁的奴隸），隨公主送往秦國。百里奚中途逃到楚國牧牛。秦穆公聽說百里奚有大才幹，計劃派使臣去楚國把百里奚迎回來。別人說，這樣大張旗鼓，肯定迎不回百里奚，楚國把他留下來自己用了；應該派一個低級官員，用五張羊皮（當時一個奴隸的售價）把百里奚換回來就行了。楚國果然用囚車載著百里奚，送往秦國去了。跟百里奚關係不錯的楚國當地百姓哭哭啼啼，給百里奚送別。百里奚安慰大家說：別怕，逃亡的奴隸多了，人家為什麼要千里迢迢來抓我啊？這是人家是要重用我。果然，到了秦國，秦穆公對白里奚的才能大加讚賞，任命他為上大夫。當時百里奚快七十歲了。百里奚輔佐秦穆公稱霸西戎，奠定了秦國日後崛起的根基。

與百里奚經歷相似的，還有興周七百年的姜子牙、挽救鄭國的燭之武。姜子牙據說是貴族後裔，但多半是假托的，起碼在他七十歲前，顛沛流離，沒有長期的官職。周文王想重用他，最大的問題是他年紀太大了，姜子牙趕緊自我推銷說：「我不老，我才七十歲而已！」燭之武則連姓氏都沒有，「燭」是地名，他的名字直譯就是「燭那個地方一個叫作『武』的人」，和「王府井張三」有得一拼。鄭國在秦晉聯軍猛攻下要亡國了，鄭伯才想起破格起用他。燭之武先抱怨了一通：「臣之壯也，猶不如人；今老矣，無能為也已。」害得鄭伯趕緊道歉：「吾不能早用子，是寡人之過也。」那一年，燭之武也是七十歲。可見在貴族政治下，普通人家的子弟想當官是非常困難的，姜子牙、百里奚這樣的例子實屬鳳毛麟角。

到了秦漢，貴族政治慢慢向賢能政治過渡，兩種政治體系並駕齊驅。一方面，貴族子孫還是能夠直接當官；但另外一方面，普通人家的孩子也能夠當官。

秦漢透過兩種管道公開選拔官員：徵辟和察舉。

第八講　掄才大典：科舉是一項好制度

　　徵辟是朝廷知道某人的能力、品行之後，自上而下地徵召他當官。比如，漢武帝聽說董仲舒很有才華，派一輛車將他接到長安來，經過一番考核後量才錄用。這個過程叫作徵辟，派出去的車叫「公車」。公車的本又是朝廷派下去徵辟人才的車輛。晚清時期的「公車上書」，用公車指代那些來北京參加會試的舉人，取的就是秦漢徵辟人才的意思。察舉是地方官府把本地的人才推薦給朝廷，透過考核後量才錄用，這是秦漢選拔官員的主要途徑。透過這兩個途徑當上官的有貴族子弟，但是絕大部分是普通人家的子弟，而且透過這個形式當上官的人越來越多，比例越來越大。察舉也好，徵辟也好，都是需要經過一定的考核的，不管是筆試還是面試，總之不是誰一句話說了就算的。這兩種選拔形式大的問題，可能一是選拔的標準不夠明確，存在較大的人為操作空間。當時的茂才、孝廉等名目，出現「舉茂才，不識字」、「子孝廉，父別居」的鬧劇；另一個問題是選拔不固定，徵辟取決於朝廷，尤其是皇帝的心意，察舉取決於地方官的熱情。一旦有一方不積極，普通人出仕的道路就受阻。

　　徵辟和察舉，體現了中國式的「選舉人才」、「選材舉賢」的特點。「選舉」兩個字，在現代政治中是自下而上、民主投票的意思，在傳統中國卻恰恰相反。

　　「選」是自上而下的挑選的意思，選賢用能；「舉」是自下而上的推舉，在一定的範圍內推舉人才，兩種方式最後的決定權都在最高層手中。選和舉的結合，就是中國傳統中好的選拔制度。人們都擁護選舉這種方法，爭論的是標準問題。

　　到了曹魏，徵辟察舉變成了九品中正制。東漢末年，徵辟和察舉已經變味了。達官顯貴操縱了人才的選拔和任用，父舉子、兄選弟，最後上臺的都是官宦人家的子弟，當時就出現了袁紹這樣「四世三公」的政治世家。權力已經半公開地在權貴家族流傳了。魏文帝曹丕為了爭取政

治大家的支持，接受建議，創立了九品中正制，其實是默認了當時的政治現實，用九品中正制來換取篡漢建魏的支持，因為，九品中正制可以讓權力的半公開世襲合法化、規範化。

九品中正制的本意並不是不要選舉，而是把選舉權交給了官員。這項制度的核心內容是設立大小中正官，分別負責一州、一郡的人才評定。一般是現任官員擔任原籍地的中正官。他們把轄區人才定為上中下三等，每一等又分上中下三個級。最高級是上上，最低的是下下，一共是九品。朝廷再根據人才品級授予官職，上品（品級高的）授予起點高、升遷快的官職；下品授予起點低、升遷慢的官職。人才的命運，關鍵在於中正官的評定。在實際操作中，中正官自然把自己的親戚、子孫評為上品，其他人家的子弟再優秀，也得讓道。有權有勢者變相地世襲權力，無權無勢者想升遷比登天還難，所以最後就變成「上品無寒門，下品無世族」的情況。世族，也就是世世代代壟斷官職的家族開始出現了。選拔人才異化成了查家譜，誰家的祖上榮耀，誰就當大官。家譜和政治權力密切相關，竟然演化出了名為「譜學」的專門學問。各個世族大家，都有嚴密的家譜制度，目的是防止其他人冒姓，混入自家譜系。自然，當時的中正官、吏部官員都是譜學的高手。

世族們又為了保證血統純正，子弟的婚姻嫁娶都固定在門當戶對的少數幾個家族，形成相對固定的聯姻網。南齊時期，世族王源把女兒嫁入富陽滿氏。當時的世族領袖沈約就彈劾王源，說怎麼能把世族女子嫁給寒門子弟呢？王源辯解說，富陽滿氏是曹魏太尉滿寵、西晉司隸校尉滿奮的後代，況且親家滿璋之擔任侍郎，女婿滿鸞擔任主簿，他們家不算是寒門。沈約認為，滿璋之的世族門第沒有明確根據。況且滿奮早在西晉就死了，後代默默無聞，滿璋之突然冒出來，譜系是偽造的。最後，沈約成功彈劾王源「人品庸陋」，與寒門聯姻「蔑祖辱親」。王源被

第八講　掄才大典：科舉是一項好制度

逐出世族行列，禁錮終身。發展到後來，世族人家不和非世族交往，甚至想方設法地侮辱主動示好的寒門人士。宋武帝時，寒門出身的國舅路瓊之，錦衣繡服、鄭重其事地拜訪門第最高的琅琊王氏的王僧達。王僧達冷淡地客套了幾句，突然問路瓊之：「過去我家有一個馬伕叫路慶之，不知是你的什麼人啊？」路瓊之大為尷尬，起身告辭。王僧達也不挽留，當即命令僕人將路瓊之剛剛坐過的床榻拿去燒掉。可見，世族和寒門之間的界線涇渭分明。也可見，九品中正制的立意不僅談不上光明坦蕩，而且在實施過程中僵化頑同，缺乏變通，談不上是一項好制度。

　　九品中正制到南北朝後期就不行了，問題越來越多。選拔出來的官能力太差。其實都不能算是選拔的，而是世襲的。世襲制下，多數人哪還會學習、奮鬥？南朝那些世族豪門的人，褒衣博帶，大冠高履，塗脂抹粉，出則車輿，人則扶持，根本找不到能騎馬的人。別人送世族周宏正一匹矮得只能在果樹下走的馬做禮物，周宏正學會了騎這匹小馬，常騎出去蹓躂，就被世族圈子評為「放達」。建康令王復有一回聽到一匹馬嘶叫了幾聲，大驚失色，顫顫巍巍地對人說：「這分明是老虎，怎麼叫作馬呢？」大家看看，這麼能靠這樣的人治國理政、領兵打仗呢？南朝在跟北朝的競爭中之所以節節處於下風，很重要的一個原因就是九品中正制導致南朝的官員隊伍素養太低。南梁侯景叛亂，世族子弟們膚脆骨柔，不堪行步，體羸氣弱，不耐寒暑，只能坐著等死。而北方的九品中正制實行得並不嚴密，所以他們還顯得比較有活力。同時，寒門子弟透過戰爭機緣、個人努力等其他手段，逐漸掌握了政治實權。南宋的劉裕、南陳的陳霸先，都是赤貧出身；南齊的蕭道成、南梁的蕭衍，他們的世族門第也不高。

　　到了隋朝，隋文帝楊堅覺得不改革不行了。舊制度有問題了，主政者要有勇氣破舊立新。這是政治人物的責任，也是他的義務。遺憾的

是，勇敢承擔起責任、開創新局面的人並不多。楊堅是其中一個，破九品中正，立科舉取士。當然了，世族豪門自己已經腐朽得不行了，沒有足夠強大的力量來挽救九品中正制。楊堅創辦科舉，沒有遇到什麼正經八百的敵人。

科舉制度，簡單地說，就是按照不同的科目，統一考試，根據成績高低來選拔人才。它最鮮明的一個表現就是考試。科舉考試有進士、明經、明法、明算、三史等多個科目，允許大家自由報考，「懷牒譜自薦於州縣」，不需要第三方推薦認可。這就打通了皇帝和老百姓之間的障礙，任何人不需要原來的所謂評定或者推薦，也不需要皇帝事先知道他的名聲。有志於政治的人都可以直接去考試。

這樣最大的好處就是公開透明。考場和官場連通，官場的大門向所有人打開了。

必須補充說明的是，科舉對參考資格是有一些限制的。朝廷禁止一些群體應試，比如娼妓、優伶、皂隸、乞丐、大逆不道的罪臣之後。也就是說，《新白娘子傳奇》裡的許士林是不能參加科舉考試的，因為他名義上的父親是一個衙役。

這些人是士農工商四個等級之外的「賤民」，賤民的子孫只有脫離祖先行業三代以上才允許參加科舉考試。但是這些人在中國總人口當中占的比例很小，所以絕大部分人可以參加這個公開的考試。

科舉制度的第二個好處是標準統一，程式規範，所以公平。所有人都考同一份試卷。可能有人說，萬一試卷出的題目是自己不擅長的怎麼辦？任何一道題目都不可能是所有人擅長的，你擅長的可能別人就不擅長。只有所有人都用同一份考卷，才可能做到公平。考試後，試題散布出去，優勝者的文章也傳播開來，加上所有環節都在眾人的矚目之下，科舉有可能做到公平。這項制度從隋朝開始，一直到一九〇五年才廢

止，延續了一千三百多年，正是因為它有諸多的好處。

千年科舉的精髓是擴大了政治參與，提高了社會流動性，這是科舉強大生命力之源。一個有才華的人如果不能進入政治體制，就可能站到你的對立面去。

身為統治者，怎麼讓天下人才、為我所用，這一點很重要。現在你給人才一個選擇，是造反然後有可能改朝換代呢，還是去參加考試然後有可能入閣拜相呢？由他選。參加考試對個人來說風險最小、收益最大。造反風險太大，而且收益不見得比參加考試大。所以，理性的人才都會參加科舉考試，自動承認現有體制的合法性。擁護科舉取士的人群，也就成了王朝統治的社會基礎。這擴大了政治參與。接著解釋科舉怎麼提高了社會流動性。沒有任何一個社會是徹底平等的，人人平等只存在於我們的理想當中。如果你覺得這個社會是平等的，那只能說明你的心理年齡還小。社會永遠都不是平等的。但是在不平等的社會不能夠讓不平等持續下去。如果各個社會群體永遠都是這樣，那這個社會就僵化了，就會變成死水一潭。所以要讓各個階層流動起來，增加社會流動性。王侯將相的子孫不一定世世代代享有榮華富貴，最底層的人也能透過努力奮鬥，躍升到社會上層去，科舉就做到了這一點。最典型的例子就是「朝為田舍郎，暮登天子堂」，上午還在農田裡幹活，傍晚就跟皇帝一起指點江山了，這是一個戲劇性的流動，它真正把「賢能政治」落到了實處。有人做過統計，宋朝考中進士的人有一半以上是普通人家出身，明朝考中進士的人有三分之二以上是普通人家出身，清朝考中進士的人也有一半以上是普通的漢族人家出身。一個農民，含辛茹苦培養自己的兒子去讀書，考中了狀元，他整個家族就晉升到鄉紳階層了。雍正年間的探花沈文鎬，就是佃農出身。商人也一樣，雖然傳統社會重農抑商，經商行為被人看不起，但只要他的子孫考中了進士或者秀才，那他

的社會地位就上升了。所以，中國傳統社會是一個流動社會，社會階層不是固化的。理論上，任何人只要肯努力讀書應試，就可能改變命運。同樣，現有的上層，如果不能在科舉場上有所斬獲，就可能「富不過三代」，迅速衰落。筆者認為，《紅樓夢》中的賈府之所以衰敗，和賈家子孫沒有博取科舉功名，進而鞏固家族權勢有關。

　　江南鄉村的田野裡，散落著進士牌坊。牌坊的主人往往在考中進士之前都是本地的農民，這就是社會流動。例如安徽黃山地區，黃山市是古徽州，不客氣地講，徽州是個窮鄉僻壤、窮山惡水的地方，但是它沒有出刁民，而是出了很多進士。明朝的大學士、尚書，清朝的內閣大學士、軍機大臣都有徽州人。筆者曾經在鄉間的一個偏遠農村裡，看到一位農民大伯端著一碗飯，上面蓋著很多菜，拿著一雙筷子蹲在家門口的青石板上吃飯。他頭上有一塊鑲嵌在高牆上的大石匾「尚書第」。筆者指著大石匾，說：「這是你們家的嗎？」大伯說：「是祖上的。」筆者問：「您知道尚書第什麼意思嗎？」他介紹祖上曾當過明朝的工部尚書。可以想像，他的祖上就是從這扇門裡走出去的，走過青石板路，走出山嶺溝壑，走向朝堂的。同樣，一位風光無限的權臣，如果子孫不好好讀書，雖然權臣在世的時候，家族不會有大問題，一旦他走了，這個家族會迅速被原有的社會階層拋棄。中國人碰面寒暄，首先談的是什麼？孩子。古代官員寒暄，也常常談孩子。有官員感慨犬子不孝，不好好讀書。旁邊的人就會說，可憐了你幾十年的奮鬥與家業。意思是，一旦你沒了，孩子會把家給敗了，你的家族會被現在的人際交往圈子拋棄。

　　政治參與的擴大、社會流動的順暢，都有利於社會的穩定。世界歷史上的幾大文明古國，最後延續下來的只有中華文明，其他文明都中斷了。我們之所以能夠保持「超穩定」，原因很多，有地理方面的原因，有氣候方面的原因，有文化方面的原因，但是不能忽視的一個原因就是科

第八講　掄才大典：科舉是一項好制度

舉制度提高了中國傳統社會的穩定性。科舉讓傳統中國的每一個人都有希望。胡同裡某個日夜操勞的寡母，全身心奉獻給了兒子，只要兒子獲得科舉功名，就可以給母親申請誥命，當官後更是提升了他們孤兒寡母的地位。

歷朝歷代都把科舉稱為掄才大典，國之根本，這是有道理的。只要開科取士，就有一大批人支持你。所以亂臣賊子篡位以後，或者是農民叛亂建立王朝以後，第一件事情就是開科取士。洪秀全科舉應試屢次名落孫山，他有心造反，發誓「待明日我也開科取士」。有類似表述的還有黃巢，他落第後〈題菊花〉是這麼寫的：「颯颯西風滿院栽，蕊寒香冷蝶難來。他年我若為青帝，報與桃花一處開。」可見，科舉取士觀念深入人心，是理所當然的「政治標配」。王朝在變，統治者在變，科舉取士的做法雷打不動。

對科舉制度的批評有很多。最主要的批評是說科舉制度禁錮人的思想。強制寫八股文，對讀書人的思想發展是不利的，這個的確是。考試範圍是固定的、參引書目是強制的，文章寫作的格式是強迫的，甚至句段字數都是一定的，這就把人們的思維框進了一個筐子裡，對人的思維造成了一種禁錮。

反過來想，如果參考書隨便看，考試內容不限定，文章體例任意發揮，評判標準不一，那最後怎麼評定文章高下呢？文無第一，武無第二，不限標準的文章是沒辦法評判的。且不說思想觀點本身難以分出高下，就是引用的文獻、書寫的論據過於龐雜，有些甚至是考官都聞所未聞的。科舉早期的唐宋，主考官面臨著一個很嚴重的問題，就是怎麼判試卷都會得罪人。但是他們必須分出名次來，在這種情況下獲益的是哪些人？那些家學深厚、受到精良教育的上層子弟。因為他生在書香世家，衣食無憂，他的祖父、父親都是讀書人，見多識廣、交遊廣泛，會

教他很多知識和經驗。他引經據典，文章華麗。家庭背景和經濟實力多多少少會轉化為文章程度。這是很現實的一個因素。

在標準不統一、自由發揮的情況下，家庭背景對考生的影響很大。到了朱元璋的時候，情況改變了。朱元璋是草根出身，有很濃烈的絕對平等的傾向。他看著科舉考卷，覺得太混亂了，有很多人辭藻華麗，卻不知道他想說什麼，一是評判標準混亂，二是不實用，所以朱元璋規定所有的考生必須按照固定的格式來寫文章。每一篇文章七百個字，分八個部分，每個部分怎麼開頭、怎麼發展、怎麼定論，都必須按照這個格式來寫；體裁必須是政論文，也就是議論文；文章的觀點必須出自程朱理學，不能踰越；而且，朱元璋強制劃定參考書同，就是四書五經、程朱理學等固定的那幾本書 —— 這些書都是社會上流通量很大的圖書。在判卷的時候，考官的工作量大幅減輕。這樣就盡可能做到了公平公正，有利於沒有家庭背景的貧寒子弟。這種形式就是八股文。

所以，任何一項制度都不可能十全十美。如果不採取八股文這種形式，地處窮鄉僻壤中的很多人可能一輩子都走不出去。我們不否認，八股文的形式確實不好，選拔出來很多書呆子；但是同樣的形式裡，也考出來了張居正、林則徐、李鴻章、曾國藩。隋唐之後，大家能提得上來的名臣幹將，多數都是科舉考出來的。真正有才華、有思想的人是不會被形式限制住的，一個人如果把自己的失敗歸結為一種選拔形式，就說明這個人的水準也就如此了。

那麼，科舉制最大的缺點是什麼？是科舉把考試和當官連了起來，助長了整個中國社會的官本位思想和人們的功利心。讀書不應該僅僅是為了做官，讀書應該是為了個人的提升和完善。但是，科舉制擠壓了讀書的其他目的，把讀書簡化為就是為了當官。一個小孩剛啟蒙，長輩就引導他去應試、謀官職。為了考上功名，讀書人用各種功利、現實的手

段，錯誤地把讀書、考試、當官三個詞畫上了等號。現在很多人還覺得「學而優則仕」。現代人還受這種科舉當官思想毒害，這才是科舉的負面遺產。

科舉考試指南

　　科舉考試開始於隋唐，但當時科舉並不固定，時間不固定，程式也隨意，而且科目繁多（現在似乎都沒弄清唐朝到底有多少科目的考試），每次考試錄取的進士不多，少則十來個人，多的也就三四十人，所以影響不是很大。而且時人還有其他入仕當官的途徑，比如從徵辟演變而來的入幕當官的管道還通著。隋唐的科舉考試制度尚未穩固。但即使如此，已經很能振奮隋唐士人了。唐代文壇的活躍，文人精神之進取，與科舉的開創有重大關係。入宋之後，科舉科目收窄，注重進士科，時間固定，每次錄取人數突破三位數，考試制度才規範、穩定下來。

　　發展到明清，科舉考試已經高度成熟，成為傳統社會的有機組成部分。我們還是以明清為例，來講科舉考試制度。

　　古代讀書人啟蒙入學，就獲得一個身分 —— 童生。童生是沒有科舉功名的讀書人的統稱。一個人就算七十歲了，如果沒有考中任何功名，他還是童生。童生考中了最低級的功名，就成了秀才。從秀才開始，就算具有了科舉功名，進入到士紳階層。秀才就算是登上了衙門口的第一級臺階。一個童生要考取秀才，得透過哪幾級考試呢？透過縣試、府試和學政的最終批准，才能獲得秀才功名。

　　秀才接下來參加什麼考試？鄉試。各省每三年舉行一次，在省城舉行，秀才們競爭舉人功名。並不是所有清朝秀才都可以參加鄉試，學政會巡視府縣，舉行科試。只有透過科試的秀才才能參加鄉試。鄉試考中

以後就是舉人了。鄉試是科舉考試當中競爭最激烈的。為什麼？因為秀才人數眾多，到了舉人這一級就強制性地大為收縮人數。一般情況下，人文薈萃的大省，鄉試競爭比例接近於一百比一；一些知識比較落後的省份，鄉試的競爭比例也接近五十比一。鄉試是最難透過的，一旦考中了、獲得了舉人功名，他就邁上了一道很重要的門檻，基本上獲得了直接當官的資格。舉人有資格出任地方上的佐雜職務、教職。清朝對長期考不中進士的舉人還有「大挑」制度：每六年對連續參加三次會試而名落孫山的舉人進行挑選，大概會挑十分之一的落榜舉人直接授予官職，稱為「大挑」。有人做過統計，明清時期，有一半舉人最終當官出仕了，另外一半當幕僚、當師爺，或者是做鄉紳。為什麼范進中舉以後身分得到天翻地覆的改變呢？因為他通過了競爭最激烈的鄉試。

舉人下一級考試是會試。會試在鄉試的下一年，在京城舉行。天下所有舉人都可以參加。省裡的鄉試在秋天舉行，稱為「秋闈」，會試在來年的開春舉行，稱為「春闈」。明朝把會試時間定在二月。後來遷都北京，有人就說，當初定會試在二月，是因為太祖皇帝定鼎南京，地處江南，春天來得早；現在定都在南京三千里外的北京，二月份還天寒地凍的，應該把會試時間改在三月，一來天氣暖和，有利於舉子輕裝上陣，二來也方便雲貴等邊遠地區的舉人趕路，三來謄錄試卷的時候不用擔心墨汁冰凍，四來考完後河冰融化，舉子歸家無閒河運舟之阻。但是，明朝會試沒有改期，直到清朝乾隆甲子科場後才特旨允行。

廣義的會試在實踐中分好幾個等級，第一級叫「會試」，會試考中了還不是進士，是「貢士」。貢士接著參加「殿試」，只有在殿試當中被錄取了才是進士。殿試是不刷人的，只是對貢士的名次進行調整。但在隋唐和北宋早期，殿試還是要刷人的。宋仁宗時，一名在殿試中被淘汰的貢生覺得委屈，進而叛國，投奔西夏。從此以後，殿試就不再刷人。殿

第八講　掄才大典：科舉是一項好制度

試理應由皇帝親臨親試（由此可見進士的確是「天子門生」），很多情況下是王公大臣來主持的，最後結果由皇帝紅筆畫圈就行。皇帝一般不更改主考大臣呈遞的擬錄取的進士名單，最多就根據自己的印象，或者乾脆就看貢生的名字來更改一兩個順序。御批後的名單，就可以「金榜題名」了，分一、二、三甲。一甲三個人，稱狀元、榜眼和探花，賜進士及第。他們三個人如一鼎之三足，又稱「三鼎甲」。狀元居鼎甲之首，又別稱鼎元；明清二甲會有一百人左右，賜進士出身。其中二甲第一人又稱「傳臚」；三甲也會有一百多人，賜同進士出身。

社會上有「連中三元」的說法。三元分別是鄉試的第一名「解元」、會試的第一名「會元」、殿試的第一名「狀元」。古代讀書人連中三元的機率和現代賭徒買樂透中特等獎的機率差不多。這樣的人屈指可數，每個人可都是傳奇。

會試錄取比例相對來說還是比較高的，大概是三十幾比一，比鄉試難度大為降低。各地舉人考中的比例各不相同。清朝也好，明朝也好，為了照顧到地域平衡，不能絕對根據試卷優劣來錄取，而要每個省都要有進士。如果完全不顧地方平衡，那錄取的都是東南文化發達地區的舉人。但是，其他一些省份的知識教育程度確實低，怎麼辦？必須保證東南西北各地都有人被錄取。這就便宜了個別邊遠落後省份的舉人。太平天國起義期間的一年會試，到北京城參加會試的雲南省舉人只有一個，其他考生紛紛向他祝賀。為什麼？他不用考，肯定能被錄取。有的時候真是這樣，千里迢迢，趕考不易。頭年秋闈考中了，在家過完年馬上就要趕北京去參加會試。比如甘肅省最西邊的舉人，他還真不一定能夠按期趕到北京參加考試。萬一他家裡窮，買不起馬，只能騎頭驢，就更有可能誤期了。

鄉試和會試是很辛苦的，連考三天三夜，一共三場。這三場考試每場內容都不一樣。第一場考四書，第二場考五經，第三場考策問。每一

個考生關在狹窄的小隔間，兩邊和身後、上面都是牆，只有前面是敞開的。考生有兩塊活動的木板，可以鑲嵌在左右兩邊牆壁上活動。上面的板子一攔就是桌子，下面的板子一放就是凳子，考生就在上面考三天三夜。所有的生活用品都得自帶。考生進場的時候為什麼要搜身？因為一大幫子人提著食盒，拿著洗漱用品，太容易夾帶資料了。遇到生理問題的，需要報知監考官同意才能離開隔間。每次只能離開一位考生。如果遇到一個七老八十的老書生，平時在家就是藥罐子，進去三天三夜真不一定能出得來。清朝中期，廣東有一個老秀才參加鄉試，讓曾孫子提了一個大燈籠，上寫四個大字「百歲官場」；意思是，我都一百歲了，到這來考試就是「參觀」一下就走，不可能把三場都考完。

考場當中有很多突發情況，比如失火。清代就曾發生考試期間貢院（鄉、會試考場）失火事件，因為撲救不及，而監考的官兵不敢擅自疏散考生，導致成片隔間的考生全都燒死的慘劇。此外，如果考試當天傾盆大雨，而小隔間前面是沒有遮擋的，考生們就苦了。要知道，貢院年久失修是常事。一些考生坐的小隔間還可能漏雨。這你也不能走，你也得坐在那裡三天，把三場都完成了。你還得脫下衣袍把卷子遮蓋好，不然的話試卷打溼了等於白考。還有的人說，我近視，能照顧一下嗎？不能。考官不會走到每個人面前說明每場考題，最多舉著試題衝著每一排隔間讀一遍。有的考生年紀大了，又近視又耳聾，那只能匆匆忙忙看完試題，模模糊糊開始構思寫作。科舉考試是一個很艱苦、很漫長的過程。

科舉考試有很多人作弊。作弊的收益實在是太高，太誘惑人了。作弊有很多手段，一開始是寫在衣服上，後來寫個小紙條放在毛筆裡、硯臺裡。這些都是初級的手段，成功機率很低。因為考生不知道出什麼題目，提前寫好的小抄，萬一文不對題，一點用都沒有。而且被發現的機率最高，必須得想一些高效、安全的作弊手法。

有人想出了「冒籍」的作弊方法，有很多浙江、江蘇的人冒充甘肅、四川、雲南的籍貫應試，還有很多人冒充北京籍貫應試。為什麼？因為這些地方的錄取比例高。這是因為甘肅、四川、雲南等文教落後的地方考生少，而分配的錄取名額並不少；而北京的考生雖然多，但是分配的錄取名額更多。同樣程度的書生，在這些地方容易考中。朝廷此舉的本意是為了扶持邊遠地區的文教事業，兼顧各地的政治平衡，卻給很多人提供了作弊的可能。當然了，官府也不是傻子，嚴查冒籍行為，透過祖先墳墓、居住年限等標準來判斷考生的籍貫。清朝末期狀元張謇就有「冒籍」的嫌疑，還為此遭遇敲詐和質疑。此外，作弊手法還有買通考官、遞條子打招呼、找槍手替考種種。這些手段求的人多、花的錢也多，更重要的是要有人情關係。貧寒子弟，甚至是多數普通人家的子弟，都辦不成這些手段。可見，作弊也是有門檻的。

那麼有什麼防範作弊的手段呢？第一是鎖院，一旦任命了主考、副主考，立刻把他們關進院子裡，在考試結果出來之前不許與他人相見。一開始，這是北宋時期自律清正的官員的自願行為，後來成為考官的慣例，目的是為了防止考生通關係、傳條子、打招呼。第二是糊名。試卷上有考生的姓名、籍貫和直系親屬等資料，這些內容要糊住封存，誰都看不出來。但是糊名作用不大，因為作弊的雙方可以約定暗語、印記。第三個防範作弊的手段是朱墨卷制度。考生的原始試卷是白紙黑字，叫作墨卷。考試完畢，所有的原始考卷都由人用紅筆重抄一份，叫作朱卷。朱墨卷必須一模一樣，錯別字、常識錯誤或者是更改的痕跡，都必須抄得一模一樣。考官評判的是朱卷，判定名次後根據朱捲上的編號去查墨卷，再把糊名拆去，看考生的真實資訊，這個就叫朱墨卷制度。第四項防作弊手段是磨勘，就是校對，把墨卷、朱卷和整個過程檢查一遍，看有沒有紕漏。一切程式都沒有問題了，最後才是放榜。有一些朝

代更絕，放榜後還要把所有錄取的人再關進去複試一場，盡可能把槍手給杜絕了。如果上述所有制度都嚴格遵行，科舉作弊是很難成功的。

萬里長征第一步

一個讀書人歷經千辛萬苦，高中進士後，是不是就安心睡大覺了呢？考中進士僅僅是一個人在政治體制當中邁出了第一步，剛入門而已。科舉考試成功只是萬里長征第一步。新科進士們，恭喜你們終於開始長征了！你們的政治故事才剛剛開始。

新科進士都有什麼出路呢？有人立刻說：「當駙馬！」狀元配公主，很有公主和王子從此過上幸福生活的味道。但事實不是如此。駙馬是不能夠參政的，明清如此，多數朝代也都是這樣。新科進士與其當駙馬，還不如盼望著被高官顯貴招去當女婿，既能當官從政又能娶個白富美。況且，考中進士的人年紀都不小了，有的可能都是爺爺輩的人了，大部分人都拖兒帶女的，很少有適婚年齡的青年才俊。當然，我們不排除有十八九歲或者二十歲出頭的進士，他的學業非常順利，順利到什麼程度？四五歲啟蒙，十歲左右開始考試，接連考中秀才、舉人、進士，中間不能有任何耽擱才可能在十八九歲考中進士。在古代，十八九歲也很可能結婚了，所以把進士招為乘龍快婿都是文學小說裡的情節。

唐朝是一個浪漫的朝代，那個時候每屆進士人數不多，維持在兩位數。但是當時科舉考試沒有那麼多層級，讀書人可以直接考進士，所以出現青年才俊的可能性比較大。進士們會推舉當中一兩位年少俊秀的新科進士騎馬到長安城裡去買花，叫作「探花郎」，一日看盡長安花。京城裡的達官顯貴或者是富豪會在家門口觀察，看中了就讓丫鬟攔馬說，「相公，累了歇歇」。這就是要招他為乘龍快婿的意思。但是，明清時已經不

第八講　掄才大典：科舉是一項好制度

舉行這樣的儀式了，新科進士不像唐朝那麼招搖、那麼浪漫，大部分新科進士是大叔。

清朝進士都可以直接當官，但是誰當什麼官，什麼級別，就又要參加考試了。進士的分流考試，就是朝考。一甲三人不用參加朝考，第一名授翰林院修撰，從六品；第二名、第三名授翰林院編修，正七品。除一甲以外其他進士都要參加考試，再分出一、二、三等來，根據等級授予官職。會試、殿試和朝考過後，進士就有三次等級，相加後得出最後的排名。比如，會試第二等，殿試又得第二等，在朝考當中考了第一等，三次等級相加之和就是五。一般情況下，總和越低，分配的官職就越好。小於等於五，就入選庶吉士。庶吉士不是官職，而是翰林院的進修生。大約有十分之二三的進士能夠入選庶吉士，其餘進士中成績較好的會分配到中央的各部院去擔任相當於主事級別的官員；成績較差的分配到地方上去當知縣或者類似於知縣級別的官員。這樣的分配，大致就能夠決定一個進士日後的政治結局。

朝考一等的人數比較多，有十來個人，這就給了許多之前名次不太理想的進士一次逆襲的機會。比如，晚清名臣曾國藩，殿試後名列第三甲第四十二名，應該說成績不好。但是他在朝考中名列第一等第二名，給道光皇帝留下了深刻印象，鹹魚翻身，入選了庶吉士。還有一種說法是，進士的分流，主要看朝考成績。朝考名列前幾十的進士，直接入選庶吉士，完全不看之前會試、殿試的表現。

對於年紀很大的新科進士，歷朝歷代一般是授予閒散職位，不安排他們在實幹崗位上勞心勞力 —— 客觀上，老頭們也不具備那樣的精力和體力。比如，滿五十五周歲（這在古代就是高齡了）的新科進士，清朝原則上安排出任教職，或者乾脆就是發放中等品級的俸祿而不授予官職。北宋的時候，有一個白眉書生，七十多歲了還來考試，實在是寫不

出來了，就在大白紙上寫了一行話：「臣老矣，不能文矣，俯願陛下萬歲萬歲萬萬歲。」宋仁宗看了以後大為感慨，特旨錄取他為進士。清朝也有類似的做法，乾隆以後規定，年紀七十歲以上的舉人，只要堅持考完三場，一律授予教職或者閒職。

　　各條分流途徑中，要特別說一下庶吉士。庶吉士是在翰林院裡進修的資格，文雅一點的說法是「儲才」，不好聽一點就是「待崗」，平時讀讀書，參加一些集體的寫作和編輯工作。三年以後，庶吉士們還得參加一次考試，叫作「散館」。因為庶吉士們栽培的地方叫作庶常館，這次考試後大家就要散了，各奔東西了，所以叫作散館。散館考試也分出一、二、三等來，第一等的正式成為翰林，第二等的分配到中央各部院擔任主事級別的官員，第三等去地方擔任知縣級別的官員。後兩等看似和沒入選庶吉士的進士們出路一樣，其實裡面是有門道的。畢竟過了三年，這三年庶吉士不會白讀的。在國家承平時期，官場上僧多粥少，不能安排人人都有實職。新科進士資歷最淺，一般都輪不到實職，如果分配到地方上當知縣，且得候補，可能十年都補不上實職。庶吉士散館分配地方擔任知縣，是「帶缺出京」，是帶著實職出京的，直接上任。清朝中期以後，地方實職油水多，所謂「三年清知府，十萬雪花銀」，很多人寧願在庶吉士散館考試中故意考得很差，謀一個地方知縣的實職。魯迅家有一塊牌匾「翰林門第」，因為其祖父周福清考中進士，入選了庶吉士，的確在翰林院待過三年。周福清庶吉士散館時考得不好，直接分配江西出任知縣，這就是帶缺出京。

　　科舉出身的官員，能占文官總數的一半以上。他們是文官的主體，此外還有透過其他管道當上官的。除了科舉之外，第二大當官的途徑是「捐納」，捐納就是買官。先秦就有鼓勵老百姓「報效」的慣例，也就是國家鼓勵老百姓捐錢捐物，為國家排憂解難，相應的，國家授予老百姓

低級的爵位或者其他優惠。正式公開的賣官，可能開始於西漢中期。當時，西漢王朝要治水、要出擊匈奴，要大興土木，財政捉襟見肘。一些愛國的豪強富室，幾乎傾其所有，報效國家。朝廷獎勵給他們官爵。後來，朝廷一到沒錢的時候，就想到拿官爵來吸引富豪報效，就變成了賣官鬻爵。捐納當官，最大的問題是經不起道德推敲。歷朝歷代都知道買官賣官不好，不能保證官員的素質。但是財政實在騰挪不開了，不得不打開捐納之門。越到朝廷有事的時候，捐納的風氣越重；越到王朝傾覆前夕，捐納入仕的官員比例就越高。

　　清朝第一個開捐的皇帝是康熙皇帝。康熙為什麼要開放捐納？他要平定三藩叛亂。清朝財政本來就不寬裕，三藩一作亂，軍費開支就成問題了。康熙不得不允許百姓捐納。這一放開，就收不回來了。之後治河、賑災、平定邊疆，都透過開捐籌錢。幾乎每個皇帝登基之初，都宣布要禁絕捐納，但幾年後又默默地放開了。

　　那麼，買官賣官的行情怎麼樣呢？大體是先貴後賤。清朝前期，買一個知縣大概要花四五千兩銀子，差不多可以購買千畝良田。知府的售價差不多要兩萬兩白銀，價格是很高的。坦率說，買官者如果不貪不占，在任期內是不可能「回收成本」的，這還真有把錢財無償報效國家的意思。隨著買官賣官的規模越來越大，標價逐漸走低。到清朝後期，同治、光緒年間，差不多千兩到一千二百兩銀子，就能買到一個知縣，七八千兩銀子就能買到知府，上萬兩銀子都能買到道臺。再考慮到通貨膨脹的因素，官職售價的下降幅度更大。清朝人能夠買到的最高官職是道臺。江蘇經濟發達，有錢人多。蘇南的鹽商盛行花錢買道臺，因為一兩萬銀子對他們來說不算大錢，不僅給自己買，還給子孫買。大老婆生的兒子過周歲，買個道臺給他當周歲禮；小老婆懷孕了，還不知道是男是女，也先給肚子裡的孩子買一個道臺備著。一般的財主，沒這麼財大

氣粗，如果看子弟資質平庸、前途不明，也咬咬牙，給買個知縣或者縣丞，算是給子弟謀一個養家餬口的飯碗。

第三個當官的途徑是議敘。簡單而言，就是論功行賞、授予有功之人官職。

比如說衝鋒陷陣、抗洪搶險、抗震救災，某人衝在前面、功勞很大；某個小吏任勞任怨幾十年，無私奉獻、兩袖清風，破格提拔，進行議敘。議敘往往和保舉連繫在一起，因為議敘某人得有人保舉、推薦。除了少數最高層明令褒獎的情況外，大多數議敘需要有人保薦給朝廷知道。清朝的議敘對象，一是兢兢業業的老吏，可以有一定的比例議敘為官，二是低級官員。

第四個當官的途徑，筆者稱為「學生」。比如，國子監的監生或者貢生，清朝八旗官學裡的官學生，學習期滿，或者在朝廷需要的時候，可以參加統一考試，選拔為官。還有一些舉人、秀才，有時也可以參加類似的考試。歷朝歷代一般在官員有缺口的時候，從這些學生中挑選官員。一些教職也向舉人、秀才敞開大門，可以考取。舉人大挑，也可以歸入此類。

第五個當官的管道叫蔭生。傳統社會中令人羨慕嫉妒恨的「封妻蔭子」，封妻指的是給妻子封誥，封一個誥命大人；蔭子指的就是兒子可以透過蔭生的管道當官。帝王為了籠絡大臣，給予他們這樣的待遇。秦漢有一個任子制度，一定級別以上官員的兒子可以直接當官。之後的朝代都有類似的制度。比如，北宋司馬光就是官宦人家出身，他把家裡蔭生的資格讓給了弟弟，自己透過努力，科舉入仕，傳為佳話。清朝地方官按察使及以上、中央各部的堂官及以上都可以保舉孩子直接當官。比如，一品內閣大學士，可以蔭護兒子直接出任五品左右的官職。當然，其中也要經過選拔程式，不是說白痴也能當官。中級官員沒有這樣的特

權，他們的兒子也可以免試入官學學習。基本上，清朝官員只要升遷到知府級別，就算是給兒子「贏在了起跑線上」。

中國古代，當官的途徑主要就是以上五種，當中又分正途和雜途。很多人把科舉出身的官員稱作正途出身，也叫「科甲出身」，把其他管道出身的官員叫作雜途出身。

科舉出身的官員在政治制度上有諸多照顧。首先，很多官職只能由科舉官員擔任。吏部、禮部的官員必須是科甲出身；翰林院、國子監、都察院、六科的官員必須是科甲出身，其他一些部門也傾向科甲官員，比如大理寺的理問、行人司的行人等。這些官職都比較清要、帶有文化教育色彩，或者帶有監察司法色彩。

人們潛意識就覺得科甲出身的官員能力和品行都比較好，應該出任這些職務。科舉考試的考官，自然也必須是科甲出身。當年和珅想當科舉考試的主考官，一直不能如願，就因為他不是科甲出身。和珅是宮廷侍衛出身，所以不能主持科舉考試。這樣一來，科甲出身的官員仕途晉升的前景就比其他人廣闊得多了。

其次，科甲出身官員在考核、選拔的時候也占優勢。大家高度信任他們的能力和品行，比如清朝的官員考績有四個方面的內容，其中有一項「才」，就是考核能力。科甲出身的官員幾乎全部通過，其他出身官員就會遇到各種問題，常見的評價是「學識欠缺」，意思是說這個人書讀得不多。同樣的作風，在不同出身的官員身上，竟然會有截然相反的評價。比如同樣是生活散漫，平時比較懶，上司評價科甲官員就會說這個人「為政寬鬆」，而雜途官員則是「荒廢政事」。其實說的是一同事，但是不同的表達對官員前途的影響卻是巨大的。

進士入翰林進內閣的坦途就更不用說了。這麼多好處，讓很多雜途出身的官員，寧可這個官不要，也要去「回爐」參加科舉考試。晚清思

想家嚴復，已經是天津船政學堂的總教習了，也算是一個中級官員了，還在每一次科舉考試的時候跑回福州老家去應試。為什麼？因為他是雜途出身。他雖然有留學英國的文憑，這在今天算是海歸硬文憑，但在清朝英國文憑遠不如科舉功名重要。

這裡說的是文官系統，武官系統也分正途和異途。武官選拔也有武舉，也有議敘、捐納等。在軍隊裡，正途不是科舉出身，行伍出身的軍官才是正途，其他出身都是異途。這裡有一個很奇怪的現象，中國早期是文武不分的。秦漢地方最高行政長官太守，很難說是文官還是武將。平安無事，太守收稅、判案，樣樣都負責；匈奴來了，太守該去打仗還得打仗。西漢北平太守是李廣，我們很難說他是文官還是武將。到了南北朝，各郡的太守、各州的刺史雖然大多帶將軍頭銜，實際上還是文武不分，但形式上有了文武區分的苗頭。科舉一出，文武就截然分開了，而且有一個明顯的趨勢是文官蓋過武將。一個二十幾歲的新科進士，巡視軍營可以對一群軍官頤指氣使，等他當了高官後便可以指揮軍隊。宋朝以後這個趨勢更加明顯，重文抑武，武將聽命於文官，文官凌駕在武將之上。北宋對遼用兵、對西夏用兵，指揮官都是像范仲淹這樣的文官。岳飛遭到宋高宗的猜忌，關鍵原因就是他以武將之身坐擁數萬精兵，威震一方。然而，在軍隊內部，官兵們卻把岳飛這樣從普通士兵成長起來的軍官當作是正途，而科甲出身（哪怕是武舉出身）的軍官看作是異途。

清朝有一位年僅十九歲的新科進士，他要去湖南當知縣，家裡人很擔心。

擔心什麼？這小夥子從小就只會讀書，衣來伸手飯來張口，生活還不能治理呢，怎麼去工作理政？家裡先張羅著給他娶妻。古代官員上任得帶家眷，不帶家眷後衙誰來管，那麼多家務誰來操持？到任之後，小

第八講 掄才大典：科舉是一項好制度

夥子太害羞，不知道怎麼交際應酬，更不知道如何處理政務，躲在後衙不出來辦公。沒多久，縣衙門就停止運轉了。

科舉考試有這麼一個缺陷：所學非所用。行政實踐跟四書五經半毛錢關係都沒有。具體政務怎麼處理，一個十九歲的小夥子怎麼可能知道？他很可能被衙門裡的書吏、差役和幕僚操縱，成為傀儡。明清時期都曾出現過類似的情況：年輕進士對政務茫然無知，師爺跟他說這個地方該簽字、那個地方該畫押，他都照辦。

我們再回到那位十九歲的少年知縣，其妻看到丈夫的樣子，很著急，就和縣裡的書吏、差役商議對策。一天，差役稟告說「上司來訪」，少年知縣在妻子的強推硬拽之下，不得不走出後衙去拜會上司。知縣前腳剛走，妻子後腳就把後衙大門關上了。而前廳的書吏、差役們迅速排衙，高叫升堂，少年知縣趕鴨子上架，硬著頭皮從零開始學習政治，最後深諳政務，一步步升遷到了廣西巡撫。這個例子說明，科舉制度雖然有不好的一面，但如果一個人有能力，又想有所作為，是不會被這些缺點和束縛埋沒掉的，照樣能夠脫穎而出。

第九講
宦海沉浮：古代如何任免官員

第九講　宦海沉浮：古代如何任免官員

　　政治制度的功效、利弊，有賴於官員的貫徹執行。在政治制度中，官員是一個關鍵性的活躍因素。再好的經，遇到壞和尚，都會給唱歪了。因此，如何使用、管理官員，是一個重要的政治課題，其本身也是政治制度的一個組成部分。這就是官員人事制度。

　　官員人事，是一項內容非常繁雜、政策性很強、特別容易出問題的工作。首先就是怎麼安排那麼多的人。進入官場的人，總是多於退出官場的人。每一次科舉考試，兩三百個新官員湧進官場，怎麼讓每個人都有職位？從清朝中期開始，如何安置官員，不讓人失業，就成了各地督撫、部院堂官的頭等大事。其次，怎麼評價誰幹得好、誰幹得不好，並且給予相應的獎懲？其中的標準問題、實際衡量問題，也是個難題。再次，官員和制度之間、官僚機構之間、官員和官員之間產生矛盾糾紛，怎麼去處理？最後，官員如何在物質和廉潔之間保持平衡，這又是一個難題。其中最主要的還是任免問題：任用什麼樣的人、提拔什麼樣的人、懲罰罷黜什麼樣的人。核心難題是：怎麼讓合適的人到合適的崗位上去？所謂各安其位，各司其職，用人得當。如果用人不當，不僅會害了一方百姓，誤了一塊政務，也害了官員本身。總之，官員人事制度是古代政治制度當中最難的、學問最深的領域。

官員人事硬槓槓

　　官員人事制度中有一些基本概念。比如，主事和知縣會見，誰先行禮，誰走在前面，這得有一個標準；巡撫和尚書行文，誰比誰大，使用什麼規格，這也要有一個標準。這個標準就是品級。最開始品級是用糧食來換算的，單位是「石」。這也許是因為糧食是人們最重要的財富，是剛性需求，流通量大。秦漢就以石來標註官員的等級。一般縣長六百

石、縣令八百石、太守二千石，這是他們每一年能拿到的俸祿總額。當時的古文就用「二千石」來指代高官。後來，「品」逐漸取代了「石」，成為官員等級的單位。明清一共有九品，每一品又有正、從兩個等級，最高的是正一品，最低的是從九品。因為九品從高到低像流水一樣縱向下來，因此也叫流品。從九品以下又有「不入流」或者是「未入流」的官員，比如驛丞、倉大使、河泊所大使等，他們有官員身分但沒有品級，在流品之外。所以，明清官員一共有十九個等級，不入流品的都是一些雜官。

跟流品相關的有「爵位」的概念。爵位是貴族政治的遺蹟，公侯伯子男五等爵位，是西周確定的，基本被後世沿用（後世多加了一個「王」爵）。有爵位的人就是貴族。賢能政治取代貴族政治後，貴族繼續存在。比如，晚清曾國藩就獲封一等毅勇侯，是侯爵，算是貴族。其長子曾紀澤在他死後，世襲了侯爵。侯爵是超品的。也就是說，曾紀澤二十多歲襲爵後，即使和一品大學士相見，位置也在後者之上。但是，秦漢後的爵位不裂土分封、不蒞民施政，賢能政治下的貴族如果沒有擔任官職，是沒有實權的，坐享富貴而已。

決定官員實權的是「職事官」。職事官是具體執掌政務的官職。官員的工作和權力，隨著職事官的變動而變動。職事官之外，有「散官」的概念，比如光祿大夫、通政大夫、文林郎等官銜，其實是散官，只有官名、沒有執掌。散官隨著官員品級、資歷的累積而升轉。不同等級的官員例加對應的官銜，比如清朝一品官員例加光祿大夫官銜、正五品官員例加奉政大夫的官銜。

「勳官」類似於現在的勳章，特定勳官對應一定的品級，但無實權，只是代表一種榮譽，它最初是對作戰有功者的表彰。北周為了獎勵有功的將士，設置了勳官，後來漸漸惠及朝官。唐代勳官制度最盛，置

第九講　官海沉浮：古代如何任免官員

上柱國、柱國、上護軍、護軍、上輕車都尉、輕車都尉、上騎都尉、騎都尉、驍騎尉、飛騎尉、雲騎尉、武騎尉等十二階，對應正二品至從七品，皆無職掌。宋元明大體沿襲，清朝廢除。

此外，還有一個「差」的概念。差，就是差使，讓官員出差辦事。比如，欽差大臣就是典型的差使，辦差完畢職權就沒了。同樣，科舉考官、閱兵大臣、修繕陵寢大臣等名稱，都是差使。總督、巡撫、知府、知縣等後來的正式官名，開始都是差使。例如，知府就是「某官知某府事」。古代官員的名片，往往由爵位、職事官、散官、勛官、差使等混合而成，有的再加上兼職或品級。種類越多，官場對官員的控制方式就越多，官員受官員人事制度的束縛就越大。

現在，本書開頭的那串長官銜「開府儀同三司，檢校尚書右僕射，使持節，涇州諸軍事，涇州刺史兼御史大大，上柱國，南川郡王，贈司空劉昌」，我們就可以分析一下了。「開府儀同三司」原本是高官的待遇，可以建立幕府、享有三公的儀仗，後來逐漸演變為給高級官員的待遇，在唐代就成了加給從一品高官的散官，「檢校尚書右僕射」也是唐代慣例授予高官的散官，「使持節，涇州諸軍事」是劉呂的差使，以欽差的身分監督涇州的軍事，「涇州刺史兼御史大夫」才是他的本官，是他實際上的主要工作，「御史大夫」是兼職，極可能也是散官，「上柱國」是勛官，「南川郡王」是爵位，「司空」是追贈的。但凡是高官，待遇高、兼職多，難免官銜一長串。比如三國裡面的劉備，一出場自報家門「漢宜城亭侯、左將軍領豫州牧、皇叔劉備」，分別表示爵位、本官、兼職和皇叔的身分。

官銜最複雜的，可能要數宋朝。宋朝統治者人為地製造官制的複雜性，讓官員交叉任職，所以出現了本官、加官、差使等名同。比如，北宋張大人的官銜可能是「楚國公，崇文院直院，刑部侍郎，知大名府

事，河北經略安撫副使」。其中「楚國公」是爵位，「崇文院直院」是「館職」（宋朝給文官的授職），「刑部侍郎」是「本官」，決定他的職位和待遇的職位，「知大名府事」、「河北經略安撫副使」是「差使」，說明張大人的主要工作是大名知府、河北路的二把手。

那他平時在哪辦公呢？在河北大名府。當然了，宋朝的官制是出了名的複雜，屬於特殊情況。下面，我們以清朝官員的任命制度為例，來解說古代的官員人事制度。

筆者把人事權根據官員任免過程分割成三項相互關聯的權力，分別是：提名權、審核權和決定權。三項權力連貫起來就是一個完整的官員任免過程。

從理論上來說，所有的官員都只能由皇帝來任命。全天下官員理論上都是皇帝的雇員，應該由皇帝來任命。但是在實踐當中，皇帝不可能這麼做，不然他會累死的，所以皇帝必須把權力分割下放。於是，在官職出現空缺的時候，皇帝就讓大臣們先在符合條件的官員中提名幾個人，上報自己決定。提名權和審核權，就這麼從大的人事權中分割了出來。兩者是連在一起的，因為提名的同時要進行審核。皇帝只保留最終的決定權。再考慮到皇帝不可能時時事事親力親為，所以絕大多數人選，皇帝看提名上來的是誰就決定是誰。所以這三項權力當中，提名權反而成為最關鍵的權力。如果擁有提名權的那個人不提名某個官員，這個官員根本就不可能進入到任免流程當中。這就好像是美國大選，兩黨競爭，每黨提名一個候選人來決戰。黨內提名就非常重要，誰獲得了黨內提名，就起碼成功了一半，如果沒有獲得提名，他根本就不可能參加大選。所以，提名權在實踐中就成了要害。

在講解具體制度之前，我們必須明確，官員人事制度只是理論上的，皇帝隨時可以打破。因為皇權至高無上，皇帝也意識到人事權的重

要性，常常打破成規、繞開制度，直接任免官員。乾隆前期，熱河都統出缺，需要任命新官員。吏部提名了幾個候選人，把覺得最合適的人排在第一個。皇帝一般也只看第一個，覺得沒問題了就畫個圈。這樁人事任命就完成了。但是這回，乾隆皇帝沒有圈任何一個提名候選人，而是在旁邊寫了一個新名字「李侍堯」。皇帝的意思很明確，要把熱河都統給這個李侍堯。摺子返回來後，大臣們很吃驚，李侍堯是誰？

這個人根本就不在考察範圍內啊！一查，李侍堯是御前侍衛，不符合熱河都統的任職資格。大臣們就跟乾隆說，第一，李侍堯的資歷太淺。熱河都統掌管整個熱河地區的軍政大權，以封疆大吏來說，李侍堯太年輕，當官沒幾年，資歷不符。乾隆皇帝說，資歷是虛的，能力才重要，資歷這條就免了。大臣們又說，第二，熱河都統是八旗駐軍長官，由滿族人出任，但是李侍堯是個漢人。漢人管理八旗，不合適。乾隆皇帝說，李侍堯是漢人，但是他的祖先在我大清入關之前就已經編入漢軍旗，算是半個滿族人。最後，乾隆皇帝力排眾議，任命李侍堯為熱河都統。李侍堯後來當過兩廣總督、雲貴總督、內閣大學士，是乾隆的親信大臣。這個例子充分說明：一切人事任免制度和規定，在皇權面前脆弱不堪。唐朝的時候，皇帝不顧制度，打破常規任命官員，往往斜封委任狀，多少有點心虛。這些官員由此得名「斜封官」。到了明清，皇帝基本上想任命誰就任命誰。

皇帝干預人事，更多是出於政治方面的考慮。朝廷正常的人事制度，更多的是從管理角度思考，難免陷入瑣碎的技術性泥潭──這也是皇帝繞開正常制度的重要原因。拋去政治考量和權力鬥爭不談，什麼樣的官員能上呢？這個問題就甩給具體的技術性規定來解決了。在清朝官員任命當中，最主要的是兩個方面因素，一是官員的「資歷」，一是官員的「班次」。

　　資歷又包括「資格」和「履歷」。我們先說資格。清朝給官職規定了不同的任職資格。比如，熱河都統南滿族人擔任，奉天府尹由滿族人擔任，順天府尹則由漢族人擔任，這是民族資格。比如，學政必須由科甲官員擔任，內務府官員必須由上三旗的包衣擔任，這是出身的限制。如果一個官員資格不符合，就不能進入任命流程，其他所有東西都免談了。最簡單的例子，敬事房總管必須是太監，正常人根本不可能進入敬事房總管的候選範圍。再比如，內閣大學士空缺，那七品知縣符不符合任職資格呢？不符合。因為各種資格相差得太懸殊了。大體上，官職越往上走，各式各樣的要求就越多。

　　再說履歷。履歷簡單說，就是一個官員的任職經歷。清朝一般是三年准調、五年准升。一個剛任職半年的官員，就想去競爭另一個職位，那在履歷上就不符合。比如，一個人要去競爭巡撫，就要考察他有沒有在地方上擔任過布政使、按察使等，有沒有在部院擔任過侍郎等官職，尤其是有沒有擔任正印官獨當一面的經歷。他說自己給皇上牽過馬，擔任過侍衛，現在要競爭巡撫，可惜他的這段履歷不具有競爭力。清朝有個名詞叫「歷俸」，就是領取了多少時間的俸祿，其實說的是資歷。一些崗位的歷俸有特殊的規定，比如煙瘴缺（任職地是煙瘴之地）、苗疆缺（任職地在西南少數民族地區）、沿海缺（福建、廣東沿海和整個臺灣）、沿江缺。這些任職地條件艱苦，所以有政策傾斜照顧，可以歷俸以少抵多。比如，清朝時的廈門是個危險、艱苦的地區，常常成為前線，在這個地方任職滿兩年，可能抵得上三年的平常歷俸。當然了，歷俸的換算有一套複雜的標準。此外，清朝把地方官缺按照重要難易程度做了分類，分類有四個標準：衝、繁、疲、難。衝，指地當孔道；繁，指政務紛紜；疲，指賦多逋欠；難，指民風刁悍、命盜案多。這個制度萌發於明代。如果一個地方把四個標準全占了，此地官缺就是「最要缺」；占

第九講　宦海沉浮：古代如何任免官員

了三項，就是「要缺」；占了兩項，則是「中缺」；一個地方如果只占了一項或者四項全無，那就是「簡缺」。地方官缺就由此被劃為四個等級，中央及其他衙門的職位也仿照化為不同的等級。以浙江省為例，杭州知府是最要缺，臺州知府是中缺，臺州下轄的溫嶺知縣是簡缺。新科進士分配到地方，都是出任簡缺。擔任最要缺或者要缺，要有中缺或者簡缺任職經歷。

一個人從簡缺調到最要缺。實際上是一種升遷。清朝江蘇省淮安府是最要缺。因為淮安府是京杭大運河和黃河奪淮入海的交匯處，此地長年累月有水患，又是漕運總督和河道總督的駐紮地。淮安府治所所在的山陽縣（現江蘇省淮安市淮安區），知縣也是最要缺。如果鎮江知府調任淮安知府，雖然品級相等，實質上則是升遷。朝廷不可能擱置最要缺官員，把一個簡缺官員升遷到更高級職位。

萬一兩個官員資格相同，履歷也一樣，也就是說資歷相同，那怎麼排出先後呢？這就要看班次了。班次把文武官員分成「六班」：除班、升班、補班、改班、調班、轉班。除班，指的是新錄用的官員，沒有任職經歷，第一次出任官職。升班，升遷的班次，某個官員被歸入升班，遇到合適的上級職位就可候選。

補班，指的是官員因為生病、終養、丁憂或者處分等原因去職，現在要重新回歸，等候職位。改班，指的是官員現有職位不太合適，需要改任他職。比如，他現任知縣，上司覺得他不適合治民理政，申請把他改任教職，或者現任鹽務官員，申請改調州縣實職，這叫改班。調班，指的是平級調動，或者調整部門。轉班，指的是同一個系統裡轉任，比如工部的右侍郎轉為左侍郎，是按照正常的順序轉動。所有的官員都可以根據現有的任職情況和可能的發展方向，劃分到不同的班次裡。資歷完全相同的官員，也可以歸入不同的班次。班次不同，任職順序是不同

的；不同的職位，也有傾向性的班次。比如，某些職位優先任命補班的人，一些簡缺優先任命除班的人，另一些職位則有「先調後補再升」或者「一改一除」等類似規定。不同的時候，空缺出來的職位不同，不同的班次在競爭這些職位時先後順序不同，這就分出了不同的候選隊伍。

班次除了「六班」，還有一項內容是「順次」。順次是在長期的行政管理和政治實踐中摸索出來的一些任免的慣例，進而塑造了不同官職的「發展軌跡」。

比如，大家默認按察使應該升布政使；布政使應升巡撫；副都統應升都統。又比如，都察院御史和翰林院編修外放地方，一般出任知府，如果候選道臺就是高升。而知縣在升遷為知府之前，大家默認應該經過知州、通判進而同知的歷練。

中央各部主事是七品官，地方知縣也是七品官，主事空缺了，為什麼不調外省知縣來填補呢？因為大家默認主事應該在朝廷部院當中調劑。這就是順次。

談到官員任免，可談可議的內容很多，有的人寫得很複雜，其實大同小異，都可以歸納為資歷和班次的問題。根據資格、班次，天下所有官員都能排列出任免順序來。這兩方面規定的條條框框越來越多，官員們的人事順序就排列得越細緻、越有秩序。當然了，資格和班次只是大原則，在現實中還有諸多的強調和注意事項。

古代官員任免當中，資歷（歷俸）是很重要的考察標準。「較俸升轉」是官員人事制度的重要原則。根據官員領取俸祿時間的長短來決定是升遷還是調動。

這類似於論資排輩，到底是好還是不好呢？秦漢時期官員任免並沒有一成不變的硬槓槓。到了北魏時，崔亮擔任吏部尚書，覺得當時官員任免亂象百出。很多官員憑藉掌握的武力，官職升遷得特別快，還有就

第九講　官海沉浮：古代如何任免官員

是跟皇帝親近的人當官容易，升官也快。很多埋頭苦幹、兢兢業業的官員，反而沉淪下僚，十幾年甚至幾十年得不到升轉。崔亮覺得這樣不好，要統一標準，於是制定了「停年格」。停年格，簡單而言就是根據官員當官年頭的多少來決定職位升轉的順序。從此以後，資歷就變成了官員人事中的重要標準。很多人批評這個標準不好。官員當官時間長，能力就高嗎？事實證明，一個人資格深淺跟他的能力涵養並沒有必然關係。如果一味去考慮資歷的話，最後官員們都「進化」成庸碌無為、不求無功但求無過的人，反正只要是時間夠了就能升官。而很多才華橫溢、意氣風發的年輕人就被埋沒掉了。的確，那會是悲哀的結果。大家都覺得這樣不好。歷朝歷代都覺得要不拘一格提拔人才，但是歷朝歷代又強化從北魏開始的重資歷的做法。這又是為什麼呢？因為重資歷有它的合理性。

第一，有標準總比沒有標準好。能力也好，涵養也好，這兩點沒有統一的衡量標準。一個官員在跟老百姓打交道時能力出眾、平易近人，但他不一定是一個好的司法官員，也不一定擅長經濟。而另一個官員在財政稅收方面有天賦，但他不一定善於跟人打交道，不善於做思想政治工作。所以，能力和涵養也好，政績也好，都是無形的、主觀性的，可以掩飾，可以表演的。但是當官時間的長短，是明確的、硬碰硬的。如果不看資歷，純粹以無形的或者主觀性的標準來決定官員進退，最後吃虧的還是那些不善交際、埋頭苦幹、又沒有家庭背景的官員。所以，簡單的硬性標準是有它的合理性的。

第二，重資歷在實踐操作中也有合理性。官員知道自己資歷夠了就有機會被選拔，那只要安心把工作做好就行，不用到處走關係，不用搞一些形象工程、面子工程，更不用賄賂長官了，因為硬標準就擺在那裡。這在客觀上穩定了官員隊伍的人心和士氣。

所以，儘管重資歷有它的問題，但從北魏開始資歷就成了中國官員人事制度的重要標準。任何一個制度、任何一個概念如果沒有合理性存在，它是不可能流傳下來的。

清朝的官員順次經過幾百年的實踐，形成了一整套詳細的、系統的制度。內閣大學士出缺，由各部尚書和都察院左都御史依次升遷；各部尚書和左都御史出缺，由各部侍郎、內閣學士、左副都御史、通政使、大理寺卿、詹事依次升遷。

不同的官職有不同的升遷順次。一個官員的仕途起步，很大程度上就決定了他日後的職務走向。比如，兩個新科進士一個去地方當知縣，一個入選翰林院當編修，從此就走上了兩條不同的官場道路。編修可以升遷什麼官，知縣可以升遷什麼官，都是有標準的。哪怕是這兩個進士都入選翰林院，都做了編修，但在下一步，一個人調都察院當御史，接下去可以謀求外放地方知府，也可以在都察院內部謀求升遷為副都御史；另一個人留在翰林院逐步升遷為修撰、侍講、侍讀、侍讀學士，再升遷為翰林學士。這兩個當年的同科進士，進入不同的順次，產生了完全不同的仕途道路。當然了，他們最後可能殊途回歸，一個是左都御史，一個是地方總督，都可以謀求內閣大學士職務。但這種可能性很小，更大的可能是兩人走上了不同的人生道路。

官員任免流程

上面所說的官員人事制度的硬槓槓，在官員任免流程中陸續發揮作用，各有輕重，組合發力。下面，我們就來看看清朝官員的任免程序怎麼從開啟到完成的。

第一道程序是開缺。清朝人事制度把官員稱為「員」，職位稱為

第九講　宦海沉浮：古代如何任免官員

「缺」，開缺的意思就是職位出現了空缺。開缺有兩種可能，第一種可能是因為官員暴斃、丁憂、生病等原因導致職位空缺。出缺以後，當地督撫要及時把職位空缺情況匯報給吏部，文件到達吏部的那一天開始，此職位正式開缺，進入正常的任免程式。第二種可能是，現任官員工作太差，或者腐敗枉法，皇帝直接下旨將他革職甚至殺頭，也可能是督撫彈劾他，將他即行摘印。從現任官員去職那一天開始，這個職位開缺，要開始新的任免程序。開缺有很多把戲在裡面。首先開缺需要漫長的時間，從職位空缺到消息傳到吏部，期間公文往來，可能需要一兩個月時間。尤其是第一種情況，地方督撫不及時向朝廷匯報，就可以把這個職位控制在自己手裡。

第二道程序是投狀。投狀就是官員申請參與空缺職位的競爭，需要寫一個供狀，寫明姓名、籍貫、履歷等，一般都要求地方官府或原有部門蓋印證明（出一個印結），然後投送到吏部。參加投狀的有兩類人，第一類是沒有實職的官員，比如長期病休的官員現在病好了重新申請工作，或者是丁憂官員守孝期滿後重新出來工作；第二類是在職官員，符合調動、升遷等條件，也可以參加投狀。吏部每月都對開缺官職進行任命，在限定日期之前投狀到部的官員都可以參加挑選。如果誤期了，就只能等下個月的機會了。

第三道程序是覆核。覆核就是吏部核查官員的情況，看供狀是否真實準確，看官員是否符合本次空缺職位的任職要求。

第四道程序是掣簽，就是抓鬮決定員缺的搭配。有兩個箱子，一個箱子放著開缺的官職名稱，另一個箱子裡放著通過覆核、排在首要班次的候選官員名字，然後抓鬮。比如，本月天下空缺十個知縣職位，每個職位寫到一張紙條放進箱子裡；另一個箱子裡可能放著一百個候選官員的名字。主持人從第一個箱子裡抽出一張紙條，當眾念「順天府良鄉

縣」，再從第二個箱子裡抽出一個紙條，也當眾念「江西省張某某，進士」。這就意味著，江西省進士出身的張某某，將出任順天府良鄉知縣。這個過程就叫掣籤。

抓鬮決定官員職務，這可靠嗎？抓鬮這個東西，合理不合理跟重資歷的道理是一樣的。掣籤是明朝發明的，目的是杜絕塞條子、打招呼，跑官要官的醜相。

當時就有人說，用掣籤來決定官員命運不合理。可如果不用掣籤，用什麼其他辦法決定官員流向呢？只要能夠保證掣籤在執行過程中公開、透明、公正，它就盡可能地做到了合理。程序公正又如果做好，就接近了真實正義。很多事情就怕程序不正義，否則還談什麼事實正義？

掣籤跟廣大官員的利益切身相關，它在明清時就變成了重大事件，朝野矚目。掣籤在天安門前舉行。明清沒有天安門廣場，當時的天安門前是一個丁字形的空間，一條東西長街加一條南北的長過道。長街的東邊，現在天安門東地鐵站附近有一道門，叫作龍門；長街的西邊，現在天安門西地鐵站附近有一道門，叫作虎門，似乎是取「左青龍右白虎」之意。龍門旁邊有一個金榜，每次新科進士的錄取名單就貼在上面，所以叫金榜題名。那些中試的貧寒書生就在這裡「鯉魚跳龍門」。龍門附近還幹一件事——掣籤。那虎門幹什麼用呢？每次秋審，在天安門前的狹長過道上舉行，歸入情實的死囚，推出虎門行刑，真正是「落入虎口」。其他死囚則歸入死緩，繼續關押，可以逃離虎口了。

掣籤當天，王公大臣現場坐鎮，吏部司員、主事出面執行。同時，都察院河南道御史在場監督。因為河南道御史分管監察吏部，所以到場監督。掣籤允許官員圍觀，結果當場唱出。清朝一般每月掣籤三回，上旬抽取滿族、蒙古族官缺，中旬抽筆帖式，下旬抽漢族官缺。此外又分雙月選和單月選，單月抽的是轉、調、改等班次，雙月抽的是除和升等

班次。雙月選又被稱為大選，關注的人多，這是因為雙月抽的是升官和除官的人。單月選的候選人都是現任官員，因事調劑一下，也叫作急選。掣簽結果公開公布，到了清朝末年有報紙了，每個月掣簽結果要在報紙上公開。

第五道程序是驗看，就是掣簽的結果還要進行審核。吏部把抽中的官員叫過來看看，看他是不是有病，是不是符合任職條件，吏部堂官或王公大臣主持驗看。這是第二輪的覆核。

驗看之後還要引見，引見是第六道程式。吏部把驗看合格的官員，尤其是第一次任職的或者將出任關鍵崗位的官員，引薦給皇帝御覽。當然了，那麼多人皇帝不可能一一觀察。皇帝一次會象徵性地召見很多官員，吏部每次引見十來個官員，皇帝掃一下他們的名牌（上面有官員資料和簡單履歷），說一聲你們跪安吧，所有人集體磕頭退出，就算引見完成了。遇到雍正皇帝那樣的工作狂，或者是引見要特別栽培的官員，君臣之間就會有實質性的對話，有長時間的交流，有時皇帝會多次召見官員。引見環節還真能淘汰部分官員。皇帝會在官員的名牌上批注意見，他的意見就是聖旨，可以更改已有的人事結果。皇帝罷黜不滿意的官員，調整不恰當的官員，破格任用中意的官員，都是有可能的。清朝光緒皇帝就在引見環節發現了一個半文盲的四川鹽法道，進而曝出了寵妃珍妃賣官鬻爵的事件。

通過了皇帝的法眼這一關卡，就到了最後一個環節 —— 給憑，就是授予官員赴任的憑證。古時候，一個人風塵僕僕而來，揚言自己是新來的知府，別人憑什麼相信他？吏部會給他憑證，叫作「官憑」。上面寫明誰誰誰到什麼地方擔任何官，類似於後來的委任狀。同時官員自己有告身，也叫作官身。當年老舍的父親當御林軍，就有個腰牌，相當於告身，上面寫著哪個旗什麼人，下面還有面貌描述，「面黃無鬚」。到了清

朝末期有照相技術了，就把照片貼在上面。當然了，吏部會把任命程序存檔，同時給地方督撫發文，確認官員任免情況。官員完全可以放心赴任，不怕所去地方和所去衙門不認。現在中國政府的主管幹部上任的時候都有上級組織部門的人陪同，到場宣布人事變動。相對而言，古代官員是單獨拿著官憑赴任，沒有人護送，更沒有上級官員陪同，所以就出現唐僧的父親赴任江州刺史途中被強盜殺害，強盜冒任刺史的情況。

　　以上是清朝官員任命的七道程序，其中有兩次審核。這兩次審核都查什麼內容呢？除了基本的姓名、籍貫、家庭等情況外，有三項內容需要說明。第一項是「核事故」，就是看官員身上有沒有背著處分，有沒有受到降級、革職留任等處分影響調動，或者有無拖欠稅賦、賠補公款未足等情況。康熙初年，蘇南地區拖欠稅賦嚴重，有一位探花因為自家拖延一個銅板的稅錢，結果被剝奪了任職資格，俗稱「探花不值一文錢」。第二項審查要點是官員的資歷。官員人事的重要原則是較俸升轉，而官員的資歷計算條條框框很多，當官時間相同的官員可能歷俸結果相差好多年，即便資歷完全相同的官員也因為經歷不同可以分出先後。

　　第三項內容是查迴避。迴避是古代人事制度的重要內容。它包括：第一，籍貫迴避。本省官員不能用本地人，防止地方主義、阻隔利益輸送。本省人不僅不能在本省任職，還必須到籍貫五百里外當官。杭州人不能到蘇州當官，因為兩地還在五百里以內。還有一些特殊的籍貫迴避，比如說臺灣官員，不能任用福建、廣東沿海的人，雖然福建、廣東沿海到臺灣超過五百里了，但是因為大量福建、廣東沿海居民遷移到臺灣，朝廷不放心讓他們家鄉人去治理。但是，教職不用迴避。為什麼不用迴避呢？因為古代沒有推行國語，你讓一個廣東人去遼寧教書，會誤人子弟的，因為老師和學生互相聽不懂對方說什麼。所以，教職可以用本省人，只是規定不能在本府教書。就是說，四川成都人可以去內

江當教職，內江的官員可以去樂山當教職，只要不在本府教書就行。第二，血緣迴避，迴避的範圍是直系親屬和三代以內的叔伯兄弟。近親屬不能有上下隸屬關係，也不能在同一個衙門任職。如果親屬擔任同一個級別的官員，比如說戶部兩個司的郎中是堂兄弟，後任職的人免職；如果堂兄弟擔任不同品級官員，一個是郎中、一個是主事，品級低的主事免職。但是，如果是直系長輩，不論任職早晚、品級高低，晚輩迴避長輩。比如，一個人在河南省當道臺，第二年他父親也到河南省當了一個知縣，道臺必須去職，兒子必須迴避父親。迴避還包括姻親。官員不能在妻族家鄉當官。古代官員是不能在轄區納妾的，一旦納妾他必須迴避去職。血緣迴避有級別限制，內閣大學士、總督、巡撫、尚書、侍郎等高官不在迴避行列。如果高官也遵守迴避規矩的話，宰相的近親屬豈不是都當不了官了？話說回來，高官任免必須由皇帝點頭。皇帝在思索高官人選的時候，自然考慮到了迴避問題。第三，師生迴避。每次科舉考試，考中的人都是考官的學生，要自稱門生。科舉師生之間不能有上下級關係，因為師生之間是有明確的權利和義務關係。門生不僅要定期孝敬、問候老師，在政治上還要聽從老師的囑咐——客觀上，門生也需要老師的仕途指導和奧援，也樂意聽從老師的囑咐。如果門生不服從老師，會被同學甚至其他科甲官員輕視；如果門生彈劾老師，更會被人看作是背叛師門、忘恩負義。所以，師生必須迴避，防止結黨營私。師生迴避，基本上是官小的迴避官大的。

官員人事過程都是由吏部在操作。吏部官吏們根據硬性的標準和完備的流程，所有官員、所有任免都有章可循。可是它有一個問題：制度運作可能脫離政治實踐，依法辦事雖然可以做到公平公正，卻不一定能選人得當，把合適的人安置到恰當的職位上。

如果你是一名河南知縣，擅長治水，遇到黃河決堤，你運籌得當把

河堤補好了，因功歸入升班，掣籤抽到你升任貴州省安順知府。你到了貴州，發現自己極不適合新工作。因為他在河南是治水的，現在在貴州主要是處理民族矛盾；河南的那個縣是農業縣，精耕細作，到了安順，他發現這裡基本上處於狩獵粗耕狀態。這個工作是不是不適合？貴州當地的官員也會覺得他不適合。吏部讓一個外行人去處理民族矛盾可能會激化民族矛盾，同時又在水利領域硬生生地奪走了一個內行。類似弊病在各部院更加明顯，比如擅長刑事審判的刑部郎中，掣籤出任江蘇松江知府，一下子從司法系統調去地方行政，可以說是一個錯位。這種情況對行政不利，對官員個人發展也不利。這個矛盾怎麼解決呢？

剛才所說官員任命程式並不保證人盡其才、選人得當。清朝行政上的說法就是「人地相宜」。對此，朝廷也允許變通，在堅持基本制度的基礎上允許地方督撫和部院堂官可以提名部分下屬職位的人選。主管上司可以根據部門特色、工作需求，在下屬官員中提名本部門空缺職位，免去投狀、覆核、掣籤這些環節，上報驗看、引見即可。這就等於是把提名權從吏部轉移到了主管上司。

根據提名權歸屬的不同，清代官職可以分為三大類：選缺、題缺和請旨缺。選缺還是按照上述的七道程序來任免，吏部控制著選缺職位。這部分官制大概占全天下官職總數的三分之二，大多數是非關鍵和要害崗位的簡缺、中缺。

題缺就是提名權掌握在主管長官手中的官缺。題缺由督撫、堂官以題本的形式上報吏部，一般是要缺。要缺負責事務繁雜，上司對這個職務需要什麼樣的人最了解，他就可以在管轄官員中提名。比如，吏部有兩個職位很要害，一個是文選司的郎中，一個是考功司的郎中，負責事情多，相關法律法規也多，不熟悉人事工作的人還真的適應不了這個崗位。當然了，長官不能亂提名。提名人選必須符合官員任職的一般要

求。比如，浙江巡撫不能提名一名縣丞升任知府。

如果你違反了任職的原則要求，不僅提名無效，提名者也要承擔連帶責任，降職調離。在古代政治中，官員任免存在連帶責任，識人不當、薦人失當是要負連帶責任的。所以，不是說提名權就有多好，官員要對提名行為終身負責。所以題缺的選擇，主管官員是相當慎重的。

請旨缺，有很多其他名稱如「開列缺」、「特旨缺」等等，都是需要皇帝御批恩准的職位。請旨缺不是高官顯貴，就是極為關鍵的崗位。內閣大學士級別的官員出缺，吏部不好出面提名，又沒有主管上司，怎麼辦？秦漢唐宋時期，宰相缺人，朝廷在小範圍的王公大臣內讓大家互推，叫作廷推。清朝取消了廷推，最高級別的官員，包括軍機大臣、內閣大學士、尚書侍郎、左都御史，還包括各省督撫，直接由皇帝指定。大臣無權干涉。次級別的高官，比如，各省布政使、按察使、順天府尹以及關鍵崗位；比如，部分要地的道臺、知府、鹽運使等，開缺後由吏部把符合條件的候選人列出名單（「開列」），呈送皇帝裁決。

題缺大概占天下官職的四分之一到三分之一，請旨缺則更少。這三種官缺任命程序不同，不能混用。吏部不能掣簽題缺，主管長官也不能提名選缺，否則都要被懲罰。三種官缺相對固定，如果隨著實際情況變化需要調整官缺類型，要嚴格履行手續。地方督撫要把選缺改為題缺，一般要把同等數額的題缺調整為選缺。這是為了防止人事權向任何一方傾斜。

最後，如何評價古代官員人事制度呢？這套制度的第一個特點是人事權自上而下，實權都控制在皇帝或者主管長官手裡。中文中的「選舉」，本意就是自上而下的選拔。清代無論哪種官缺，理論上最後都要由皇帝決定。皇帝如果覺得不妥，可以隨時叫停任何一道程序，也可以隨時更改結果。皇權至高無上，所有制度都敵不過皇權。一個官員哪怕

再不符合資格，皇帝認可他就行。古文當中有個「擢」字，還有一個詞叫「超拔」，就是打破常規，破格任用的意思。清朝前期，皇帝任命過新科進士直接擔任知府，也曾經超拔翰林院檢討出任按察使。每逢新皇登基，為了顯示求賢若渴，都會下詔，要各地舉薦人才。舉薦而來的人才任命難免破除舊制。

　　皇權把控人事權，這點容易理解，那地方督撫如何操縱地方官職任免、部院堂官如何掌握屬下官缺呢？主管長官在實際操作中，有很多手段把職位「半合法」地操控在手中。題缺肯定是掌握在上司手裡，那麼選缺為什麼也掌握在上司手裡呢？舉個例子，一名官員掣籤抽中了湖南瀏陽知縣，拿著官憑到長沙。湖南巡撫不喜歡這個人，就把他留在省會安排其他工作（一般是臨時差使），不讓他上任。比如押運銀兩赴京、協助審案等等，一耽擱就是幾個月，瀏陽知縣就空在那裡，或者湖南零陵知縣丁憂，湖南巡撫遲遲不把開缺消息報告吏部，那麼零陵知縣也空缺在那裡，湖南巡撫就可以委派知縣級別的官員代理瀏陽、零陵知縣。

　　而兩位代理知縣原有的職位，又出現新的空缺。到清朝後期，滿眼望去，地方官員十個有九個都是代理的。直管上司透過滯延實職官員到任，或者頻繁調動官員去辦差，再讓官員交叉代理，導致官員和職位相分離，進而讓中意的官員代理重要的、優裕的官職，把不喜歡的人貶到冷僻職位去。

　　直屬上司還常常突破題缺範圍，越權提名官員，導致吏部意見很大。皇帝仲裁吏部和直屬上司的糾紛，往往傾向地方督撫和部院堂官。皇帝更多是出於人地相宜的考慮，相信獨當一面的高官更熟悉政治實情，要給他們適度授權。此外，直屬上司擁有考核下級官員的權力，可以定下屬稱職不稱職。上司的評語可以決定下屬的進退禍福，因此下屬不得不唯上司馬首是瞻。總之，雖然理論上所有官員都是朝廷命官，在

法律上、人格上是平等的，雖然理論上所有官職都是國家名器，不可私相授受，但主管上司的人事實權很大。

官員人事制度的第二個特點是重內輕外。重內指的是偏重中央官員，輕視地方官員，比如，在資歷方面，在中央任職兩年等同於在地方上任職三年的資歷。

明清時京官外放地方很容易，地方官員想上調中央很難。每一年都有不少京官外放地方，而且常常都是升職，而能有一兩個地方官上調朝廷就算不錯了。北宋宰相王欽若政壇失意，罷相外放杭州知州，到任時下屬官員都過來參拜。王欽若看到有一個年邁的縣尉走路都走不穩了，被人攙扶著上堂。他覺得這個老縣尉都這樣了還在那裡誤人誤己，就有心將他彈劾罷免。結果一看檔案，王欽若嚇了一大跳，這個年邁體弱的縣尉竟然是自己同年進士。很多新科進士分配做地方知縣，有可能就當一輩子知縣了；如果入選翰林院，二十年後當不了內閣大學士，出任侍郎、布政使等的可能性也很大。這就導致明清時期，很多新科進士聽說分配地方知縣，哭著喊著不願意上任。

京官在中央工作，比較熟悉宏觀大局，熟悉規章制度；而地方上的知縣，工作局限於基層縣鄉，視野不如京官開闊。古代人事制度看重中央任職經歷是有一定合理性的。清朝比較看重軍機章京的任職經歷，三五年准升，一般都能夠升為知府或道臺，可是地方知縣，三五年能從簡缺升為中缺就已經算不錯了。

官員人事制度的第三個特點是看重出身。舉個例子，雲南偏僻縣裡出來的進士和江蘇蘇州名門望族出來的進士，如果不出意外，他們的仕途的發展會有天差地別。再舉個例子，一名官員是小吏出身，另一名官員是翰林編修出身，二十年後仕途發展也會有天地之別。在清朝，滿族上三旗的小夥子，只要能寫得一手工整的字，和一個安徽或者江西寒窗

苦讀十年的漢族讀書人，仕途差距也會天差地別，這都是出身造成的。剛才對比的三組人，能力和涵養不見得就相差很多，但長遠發展有天壤之別。

出身當中，進士最占優勢，宋朝以後，明清達到了巔峰，非進士不得入選翰林，非翰林不得入選內閣。進士身分成了飛黃騰達的標配。家庭背景的影響也很大。明清時期，有兩個地方盛產高官，一個是江蘇省蘇州，一個是安徽省徽州，其中就是出身在施加影響。在任免時，大家潛意識裡就覺得這兩個地方人文薈萃，官員素質比其他地方的人要強。清朝是「宗室無外任，滿蒙無微員」，人事制度傾向宗室成員、滿族人和蒙古族人。宗室無外任指皇親國戚不到地方任職，當然這也不是絕對的，皇親國戚也可以到地方上去任職，但是不能出任道臺以下的官職。滿蒙無微員也不是絕對的，清朝有不少滿族、蒙古族出身的知縣知州，只不過沒有佐雜小官。這就是古代人事制度的三大特點。

古代政治的自我監察

古代政府的監察，主要有兩個方面：一是日常工作的督察，一是定期的全面考察。

先來講日常督察工作。古代官府內部的常規監察由御史臺、六科給事中負責。清朝臺諫合一，就統歸都察院負責。御史和給事中們監察百官，督促行政，這是中國古代政治制度的自我監督、自我糾察機制。御史的工作始終是向下的，官員有沒有違法違規、政府機構有沒有正常運作，效率怎麼樣，這些是御史的工作內容。而給事中的眼光原本是向上的。它原來是門下省官制，負責審核最高決策，後來宰相被廢除，三省也沒了，但是給事中保留了下來。明清設置六科給事中，對應六部的政

務。給事中有審核聖旨的特權，如果覺得不合適，可以強硬地封駁，等於是否決皇帝的決策——這種情況在現實中出現不多。皇帝總是不願意監察機構把矛頭對準自己，所以到雍正的時候廢除了給事中封駁聖旨的特權，給事中併入都察院，給事中就只剩監督聖旨執行的功能了。聖旨或各種硃批奏摺、題本，先送到給事中那裡登記，並抄錄存檔。各科給事中接著把聖旨發往對應部門，然後定期檢查聖旨和硃批的執行情況。此舉更多含有監督行政效率的意味。

有兩個專有名詞：「註銷」和「刷卷」。六科會定期將各部門的政務登記造冊，然後定期檢查，銷掉已經完成的，同時發現、追究沒有完成或者延滯的政務，稱為「註銷」。這帶有行政績效督察的意味。因為中央部院的行政績效關係重大，所以針對中央部門的行政績效還有「刷卷」制度，做法與註銷類同，帶有強化督察的意味。

御史還是做原來的工作。御史品級不高，也就六七品，但是權力很大。權力大到什麼程度呢？首先，御史可以直接上奏皇帝，而且是毫無根據地上奏，可以彈劾檢舉任何人。這點很重要。司法刑獄有一個很重要的標準，那就是凡事需要有證據。但是御史可以沒有證據，「風聞言事」，就是他聽到什麼風聲，都可以向皇帝檢舉揭發。揭發舉報的對象，從不入流的小官一直到一品高官，沒有限制。其次，每一道御史負責監督一個或者好幾個部門。對應部門相關的政務，御史都可以監督、檢舉和彈劾。所以，御史的權力很大，他們受到的約束也多。他們除了要接受定期的全面考察外，還要接受每年額外的考核，以定優劣。

地方官員的日常監察，是上級官員監察下級，最後統於一省的督撫。在中央集權的制度設計下，權力是一級級向上收，上司完全可以透過政務的彙總、決策申報過程監督下屬的工作情況。他們隨時可以訓誡、彈劾下屬。古代交通、通訊雖然不便，地方官府也會定期或不定期

地召集官員聚會。「衙參」一詞，說的就是地方官集體參拜上司，比如逢節慶、遇大事，各縣知縣衙參知府，除了匯報工作外，上司也可以查驗下屬的工作。

除了上述日常督察，各個朝代都定期對天下官員進行考核。比如秦漢魏晉時期，朝廷每年度要求地方官府上報政務情況，稱為「上計」，以此來定地方官員的優劣。有專門官吏負責上計業務。北魏時期的梟雄高歡，年輕時就是往返北方邊鎮和首都洛陽的一名「上計吏」。清朝以「京察」與「大計」為官員考核定制，每三年一次。京察是對京官進行考核，大計是對地方官進行考核。這種考核首先也是分級別進行的。一、二品高官到期把自己三年來的工作總結寫好，由吏部統一收集後，直接呈送給皇帝，由皇帝直接考核高官的優劣。地方上的總督、巡撫也好，中央的大學士、尚書、侍郎也好，都是這麼考核的；三品左右的京官沒有資格由皇帝直接審核，比如，內閣學士、侍讀侍講學士、各寺卿等。他們寫好各自的工作總結，由吏部引見給皇帝，由皇帝進行集體考核。剩下來的中低級京官，在各自的衙門接受考核，由所部堂官負責。這就是京官的考核「京察」。

京察分成一、二、三等。京察一等一般都會引見給皇帝，歸入升班，有合適的空缺就提拔。

地方官員的「大計」的考核層次也很分明。皇帝直接考核總督、巡撫。督撫對布政使、按察使進行考核，書寫評語上報吏部；布政使、按察使對各道、各府進行考核，書寫評語上報督撫；各個知府對轄下各縣知縣、各佐雜官進行考核，知縣再對轄下佐雜官進行考核。大計以「四格」為標準注考，四格分別是守、才、政、年（即品德操守、才學能力、政績、年齡身體）。四格當中的「政」，政績考核，又俗稱「考成」。地方官員的考成，可以包含錢糧賦稅有無按時押解、轄區案件有

第九講　官海沉浮：古代如何任免官員

無及時審結等等，特定地方可能還包括漕運有無延誤、食鹽銷售有無完成定額等等。這些都是考核的硬槓槓。考核評級分為卓異、供職兩等。卓異有定額限制，僅占被考核的道以下官員的十五分之一，一般每省也就兩三人。

卓異官員報吏部備案，也歸入升班。當然了，長官都要對京察一等、大計卓異的評價承擔相應的責任，這是為了防止考察失當。對於貪官昏官糊塗官，上司按照「八法」參劾。八法分別是八條標準：貪、酷、不謹、疲軟、浮躁、才力不濟、年老、有疾。遭到參劾的官員，要受到相應的處罰。

清朝行政處罰分哪幾等呢？第一等是最輕的，叫罰俸，就是扣發薪水。罰俸從一個月到罰俸兩年不等；罰俸之上是降級，就是降低品級。降級又分為降一級、降兩級、降三級和降級留任、降級調任等不同的處罰；降級再上的處罰就更重了，是革職，就是革去官職。革職又分為革職留任、革職、革職永不敘用三等。為什麼革職還要加一個「永不敘用」？因為革職以後，是可以重新當官的，叫作「開復」。但是如果註明了是革職永不敘用，就不適合開復了。開復是指被革職官員符合一定的條件，比如說立下大功，或者捐納一大筆錢支援國家，就可以開復了。早在秦漢，就有官員拿錢贖罪的做法。西漢李廣出擊匈奴，全軍覆沒，要治罪，他就用錢贖罪。晚清時期，大臣崇厚對沙俄談判，喪權辱國，被革職為民，後來就透過捐納開復的。當然了，皇帝聖旨是最大的開復條件。只要皇帝首肯，任何處罰都可以抵消。第一次鴉片戰爭期間，主戰的林則徐和主和的琦善都被革職，後來又聖旨復官，林則徐東山再起當上了廣西巡撫，琦善也位至四川總督。

官員處分有一對重要概念，那就是「公罪」與「私罪」。處罰官員之前，先要弄清楚他犯下的是公罪還是私罪。這是清朝行政法的一項重

要內容，也是處分官員的首要條件。簡單說，公罪是因公導致的錯誤，私罪是因為個人問題導致的錯誤。比如，官方文書的寫作和行文有嚴格的規定。如果某個衙門的官文，遇到應該避諱的字詞沒有避諱，具體經手的官員把關不嚴，犯了「僭越」的罪；他的上司，也要承擔「失察」的罪名。僭越屬於私罪，失察屬於公罪。貪汙受賄、敲詐勒索、強搶民女等都屬於私罪，而瘟疫、山洪、連坐等屬於公罪。我們再以戰爭為例子。兩軍對壘，官員甲看到敵強我弱，臨陣退縮，導致全軍覆沒，而官員乙明明知道敵強我弱，依然奮戰到底，導致全軍覆沒。從結果上來說，甲乙兩人都是全軍覆沒，但甲犯的是私罪，乙犯的是公罪。區分公罪和私罪的最主要標準，就看有沒有主觀故意。

公罪和私罪，後果相同，處罰卻大不相同。清朝私罪的處罰要重於公罪，一般是在公罪的處罰基礎上「罪加一等」。很多公罪處罰，只是記錄在檔案中，並不影響官員的調動、升遷；朝廷允許官員用其他條件，抵消公罪處罰。而私罪處罰，是要影響官員的調動和升遷的，同時多數私罪處罰，不允許抵消。比如，同樣是革職，因為公罪導致的革職允許捐錢、軍功或者其他人的保舉而開復，而私罪不允許開復。這是因為公罪在具體工作中是難以避免的。承擔職責越多的人，幹活越多的人，出錯的機率就越大。一個整天不幹事的人，是不會犯公罪的。公罪從寬，私罪從嚴，這樣才能賞罰分明。

與處罰相對的是獎勵，皇帝賞賜實物和歸入升班待用，都是獎勵。另外，制度性的行政獎勵，主要是加級和記錄。加級就是提升官員的級別，但是不提拔職務，所以出現正五品的知縣也不是沒有可能的；記錄類似於後代的記功，記錄四次等於加一級。清朝官員超額完成任務或者立下功勞，可以獲得相應的賞賜。比如，超額完成稅收任務的百分之多少，可獲得加級的獎勵。還有就是，知縣任滿要升職調任了，百姓攔著

不讓走，又集體上訪，朝廷不得不允許這名知縣留任，但是級別提升。康熙年間，浙江定海就出現過四品衛知縣，在任二十多年，官民和睦，每次要升官了，老百姓都攔著不讓走，最終就採取加級留任的權宜之計。

需要注意的是，清朝允許獎勵和處罰相抵。比如，某名官員辦事疏漏，按律要受降一級處分，而他恰好之前有過加一級獎勵，就可以獎罰相抵，不受實質處分。這個情況比較複雜，因為清朝又規定了許多不能獎罰相抵的情況。具體如何操作，就要問吏部熟悉案牘、經驗豐富的刀筆吏了。

古代政治的自我監察情況執行得怎麼樣呢？執行得不怎麼樣。

事實上，在皇權專制、中央集權的大背景下，自我監察不可能真正起效。

都察院設立的本意是為官僚制度樹立批評者。在實際運作時，言官們成了整齊劃一的「歌頌者」，凡事都是「循例奏報」。乾隆皇帝曾批評言官：「科道為朝廷耳目之官。朕廣開言路，獎勵多方。並令翰林郎中參領等官，皆得建言。原冀有裨國是，乃數年中條奏雖多，非猥瑣陋見，即剿襲陳言。求其見諸施行，能收實效者為何事乎！近日即科道官敷奏者，亦屬寥寥。即間有條陳，多無可採。」嘉慶皇帝則斥道：「朕近閱臣工條奏者，累牘連篇，率多摭拾浮詞、毛舉細故，其中荒唐可笑留中不肯宣示者，尚不知凡幾。」

地方大計，由下而上逐級考察後彙總到督撫。上下級官員日常多有交流，各種人情世故交叉，到了三年考察期怎麼可能做到公正評價呢？何況上下級官員在政務方面早就被捆綁成了利益共同體，一榮俱榮、一損俱損。上司檢舉下級貪汙腐敗、徇私枉法，自身也要承擔失察的責任。更何況，今日的布政使，明天就可能調到他省出任巡撫，所以，巡撫何必得罪他呢？今日的知縣才三四十歲，還有二三十年的前途，而今

日的知府，年近花甲，可能還指望著他日仰仗年輕知縣呢，所以，知府何苦為難知縣呢？還有一個現實困難，上下級的任職時間並不同步，上司任期短，並不了解下屬，或者下屬剛剛上任，恰好遇到大計，上司如何評價？清朝道光年間的張集馨由御史外放山西朔州知府，上任伊始就要給下屬知縣、佐雜官出「考語」。他只能老老實實說「尚未相熟，難以遽評」。官員的優劣好壞，也不是上司的隻言片語能夠概括的。

這種讓長官考評下屬的定期考核，結果往往是你好我好大家好，注定實際成效不大，或者，各地督撫「臨時亦只奉行故事，甚至開奔競之門」（《咸豐皇帝實錄》卷二百六）。我們知道，自然生態系統，要在各個物種之間保證動態的平衡，而不是讓一個物種進行自我調節。中國古代的監察制度其實就類似讓一個物種來自我調節，雖然能發現一點問題，但是不要指望能發現根本上的問題，也不要指望官僚系統會自我治癒體內的頑疾、癌症。依靠現有官僚體制來防止自身產生弊端，很難收到實效，常常是「新弊生於防弊之中」。

古代帝王估計對正常的監察體制也多有不滿，所有常常創辦特務機構來彌補、來強化對官僚體制和行政效率的控制。比如，三國的「校事」、明代的東廠西廠、雍正帝時期的黏桿處，都是特務機構。特務統治是一把雙刃劍。一方面，特務機構的確能加強專制統治，有益於皇權。可在實際運作中，特務機構為了獲得獎賞，更為了擴張自身權勢，醉心於羅織罪名，甚至無所不用其極，造成了大量冤假錯案。它會破壞正常的司法制度，打擊正常的官僚制度，遭到官僚階層的反對，遇到整個政治體制的阻力。依賴特務統治最終會動搖帝王的統治基礎。所以，多數朝代和大多數帝王沒有明目張膽地創建特務機構，進行特務統治，但是祕密監察手段，他們一直沒放棄過。比如，不定期地、未成系統地明察暗訪，又比如，清朝的「密考」制度。每年年底，各省督撫要把下轄知

府及以上官員的情況，密報皇帝。因為這事是在每年年終奏報，所以密考也被稱作「年終密考」。

托清代奏摺制度的福，密考制度保密性強，使用頻率高。當年張集馨由陝西糧道升遷四川按察使，就得益於時任陝西巡撫林則徐的密考舉薦。和大計相比，清朝的皇帝可能更看重密考。

所有監督制度，所有官員的獎罰，最後都要經專門的人事部門處理。在清代，吏部考功司和兵部職方司是負責天下文武官員獎懲的主責部門。這兩個司的工作量最大，「號為最煩」。以吏部考功司為例，它負責文官的處分事項，包括：日常監察中發現的官員問題，基層官員的參劾事件，中央其他部院轉送的對錢糧未完、盜案未完的官員議處事項，軍機處、內閣隨時交辦的官員獎罰決定，以及各部門、各高官對各自下屬處分意見的反饋等等。每個處分決定，可能又牽涉數量不等的其他事務。雖然考功司不用「一事一報」，把同一類型的好幾個案子彙總後「匯題」、「總題」，即便如此，一年下來考功司發出的處分公文不少於六七百份，甚至高達八九百份。可見，古代政治的自我監察，是一項非常繁重的事務。

第十講
公門冷暖：古代官員如何工作

第十講　公門冷暖：古代官員如何工作

有人傳郵件問我，影視劇裡常看到紫禁城朝會的場景，百官雲集，政務紛紜，彷彿古代官員的日常工作就是上朝。那麼，哪些官員上朝？他們都討論些什麼呢？上朝是京官的日常工作之一，大學士、尚書侍郎等人肯定都要去，中下級官員則不必人人天天上朝（金鑾殿也容納不下幾千名大小官員）。每個部門輪流推舉官員上朝，以備皇帝詢問本部門負責的事務。輪到上朝的官員，也不見得有機會走上金鑾殿，經常在外面候著。朝堂之上，君臣討論的話題是沒有底本的，可能問到本部門的事情，也可能壓根就沒提及，但輪值官員得在外面候著。

這可苦了那些京官了，輪到上朝那一天常常要三四更到紫禁城候著，一二更就要起床出發。漆黑的北京城裡，有一輛輛馬車、驢車，掛著油燈，載著昏昏欲睡的官員，匯聚到紫禁城裡。遇到下雪落雨、寒冬臘月，官員一邊在車裡顛簸，一邊暗暗叫苦。這就是「公門的代價」。清朝的時候，皇帝常常在西北處的圓明園辦公。圓明園離北京城有四十多里地，「閣員奉事者夜半即起，乘騎達同，雞猶未鳴耳。閣臣省其事具奏，奉諭畢，閣員馳回城，日尚未午。每日如是，亦可謂不憚煩矣。」（《十葉野聞》）每天後半夜奔波四十多里地去圓明園，一個上午都在匯報工作接受指示，下午可能還要趕回城內，不是處理政務，就是交際應酬，沒有好的體魄還真受不了。

地方官不需要上朝，但因為獨當一面，事情一點兒都少不了。公事有錢糧賦稅、司法刑獄、文教科舉、地方建設、儲運物流等等，私事就更多了，交際應酬永不停歇，更何況還有諸多突發事件，地方官沒有節假日可言，時刻都要應付工作。而且，在官場很難把公事和私事分開。表面上看談的是私事，可能要到處連繫公事；表面上看是閒話，卻是在為公事鋪墊。公私不明的談話，更耗費官員的精神。唐朝詩人高適在封丘做縣尉時曾寫道：「只言小邑無所為，公門百事皆有期。拜迎長官心欲

碎，鞭撻黎庶令人悲。」明朝袁宏道曾擔任吳縣知縣，感嘆「朝夕趨承檢點，尚恐不及」，「七尺之軀，疲於奔命，十圍之腰，綿於弱柳」，日子稍長，他感覺做官「漸入苦境」，「膝欲穿，腰欲斷，項欲落」，大叫「人生作吏甚苦，而作令尤苦，若作吳令，則苦萬萬倍，直牛馬不如矣」。

嵇康在〈與山巨源絕交書〉裡，列舉了自己不適宜做官的「必不堪者七」，其實說的是官員日常工作的艱難。所謂「七不堪」是指：不堪早起、不堪被人跟蹤、不堪端坐公堂、不堪文牘、不堪人情毀譽、不堪交接俗人、不堪瑣務。官員職業堪稱一座「圍城」，城外人看著城裡人光鮮亮麗、優越穩定，城裡人卻不堪重負、叫苦不迭。那麼，古代官員到底有哪些工作呢？

錢糧賦稅是頭等大事

地方官員的工作大抵可歸為錢糧賦稅、司法刑獄、文宣教化、交際應酬四大類。下面就分別講一下這四方面的規章制度和實踐做法。

中國古代老百姓要交的最基本的「皇糧國稅」，有賦和役。賦也叫作出賦，類似於一種土地稅；役也叫作丁役，就是免費給國家服徭役，無償地提供勞動力，打更、修運河等等，老百姓要輪流做。出賦和丁役是古代老百姓必須要交的，也是官府最主要的財政收入來源。

稅賦的標準，歷朝歷代都不一樣。國家的財政充裕的時候，就會豁免錢糧、減輕賦稅，老百姓的負擔就輕。古代追求「輕徭薄賦」，把它看作是政治清明、國家強盛的表現。很多時候，即使財政不好，統治者也會好大喜功、粉飾太平，宣布減輕賦稅。當然了，這都是公開文章，事實上怎麼一回事，又要另當別論了。

一開始，朝廷直接徵收實物，比如稻穀、大豆、布帛、桑麻等等。

第十講　公門冷暖：古代官員如何工作

各地上交的東西不同，運輸和儲存都是很大的問題，慢慢就基本統一成徵收稻米了。但是稻米還是儲運不太方便，最後就統一交錢，這是從唐代的兩稅法開始的。唐代中期後，執行兩稅法，把實物折合成金錢徵收，開了中國賦稅貨幣化的先河。但是稅收貨幣化並不徹底，所有的實物並沒有全部折合成金錢。唐朝以後，都是「米銀共交」。一般而言，商品經濟比較發達、運輸比較方便的地方就交銀子。官府收上銀子後，再去購買糧食或者其他物資。明清的田賦，交糧食的叫「本色」，交銀子的叫「折色」，還有混合繳納的。

說完賦，再來說役。農民去服役了，田地就荒廢了，影響農業的根本。況且，有的人耕田種地是把好手，但是並不擅長造房子、修運河等勞動，反而是浪費了人力。慢慢地，官府也把服役演變成交銀子了。官府收上錢後，再僱人去勞動。到後來，我們就發現巡夜的、打更的、在衙門裡面當差的，都是固定的那些人 —— 被僱傭的專業群體。到最後，古代的田賦和徭役都貨幣化了。這是社會的進步，也是政府管理的進步，官民雙方都方便。

這裡有一個問題，丁役是人頭稅。丁役的徵收，依靠官府對老百姓的控制程度。控制得嚴，徵收的丁役就多，控制弱，服役的老百姓就跑了，也就沒有勞動力可以驅使了。漢朝開始「編戶」，就是把老百姓編在戶籍中，便於徵發徭役。

編戶的逃亡或流失（比如托庇於免於服役的貴族豪門），是從兩漢到唐宋的官府的一大難題。而田賦本質上是財產稅，是對土地徵稅。土地是固定的，跑不了。

官府為了解決服役人口不穩定的問題，就想著把賦和役合一。明清的時候就有這種趨勢，把丁役攤入田賦。清朝雍正年間，正式「賦役合一」。這是什麼概念呢？田賦和丁役合為一體，老百姓統一交一筆錢，在

清朝合稱「地丁銀」。地丁銀是清朝最主要的稅收，老百姓一年交兩次，第一次是五六月份，第二次是九十月份。這是根據一年兩熟的農業耕種規律來定的。地丁銀在清朝中期每年能收三千萬兩左右。

地丁銀的徵收，也講究大數據。得建立全國的田地資料庫，把位置、大小、產權、產出等資訊分門別類，作為徵收的基礎。每個王朝建立的時候，都會把土地造冊，就是丈量全國的田畝，把土地分成若干等級，每個等級按照不同的標準繳稅。以明清為例，繳稅負擔最重的是江蘇省的蘇州府和松江府（現在已經沒有松江府了，松江府如今叫上海市）；其次是浙江省的嘉興府和湖州府。太湖沿岸的四個府是繳稅最重的，因為當地的土地肥沃、產量高，人口又密集。

王朝建立初期，地丁銀的徵收是清楚的，慢慢地就成了一本糊塗帳。為什麼糊塗呢？這裡面有技術性的門道。比如說田畝丈量，中國古代的行政管理沒有那麼精細，不可能把丈量做到百分之百準確，總有一些紕漏。所以，官府不可能掌握所有的土地情況。有些人，尤其是權勢階層，就會上下其手，把自己的賦稅轉嫁給一般的老百姓。同時，土地肥瘦、產出是在變化的，田畝的等級也是變動的。不是說順治帝的時候這塊地是良田，到道光帝的時候還是良田，很有可能因為河床改道了，或者說氣候突變了，良田也可能變成荒灘。還有一個新情況是，地丁銀中包含「丁銀」，對應人口。自從康熙皇帝宣布本朝「永不加賦」，所以地丁銀是按照康熙五十年（西元一七一一年）的人口標準來繳納。當年這塊地上附帶了多少丁銀，以後就交多少丁銀，但是一百年以後，耕種這塊地的人家，可能就只有一個勞動力，卻要承擔三個勞動力的丁銀，所以田地所有者的負擔就會很重。官府的管理不能順應這些新情況，當地的權勢階層就渾水摸魚，利用規則漏洞，轉移負擔。一任任官員下來，當地的地丁銀徵收，可不就成了一本糊塗帳？這也體現了中國古代

第十講　公門冷暖：古代官員如何工作

政府管理廣度有餘，深度不夠，沒有做到科學和精細化的管理。

地丁銀是政府的主要收入。除此之外，還有其他收入。

第二項稅收是漕糧。漕糧是什麼呢？古代首都聚集了朝廷機構、文武百官，駐紮著主力部隊，但是首都周邊地區供應這些人的生活所需，力不從心，需要從其他地區調糧。而且，首都所在地和經濟中心越來越脫節。首都的物資供應缺口越來越大。從隋朝開始，大運河把中國南北貫通起來，水運很發達。朝廷就在物產豐饒地區徵收糧食，透過運河（漕）運輸到首都地區，稱為「漕運」，這部分糧食就叫作「漕糧」。

以清朝為例，漕糧在六個省徵收：江蘇、浙江、安徽、江西、湖南、湖北，長江中下游的六個省。六省都盛產稻米，朝廷就在六省徵收稻米，同時在另外兩個省徵收小麥和大豆：河南和山東。所以，一共是八個省的老百姓必須上交漕糧。其他省份沒有漕糧的問題。清朝一年能徵收四百萬石左右的漕糧，利用京杭大運河和長江流域的水網，運送到首都北京。漕運總督衙門，就專責此事。河道總督衙門和京畿的倉場系統，協助、參與此項事務。

第三項稅收是鹽稅，吃鹽也得繳稅。古代不是直接向老百姓徵收食鹽稅，而是把錢加在了流通環節。國家壟斷食鹽生產和交易，實行專賣制度，這在中國有悠久的傳統。早在漢武帝時期，社會就爆發了鹽與鐵是否專賣的爭論。古文《鹽鐵論》就是這場爭論的會議紀錄。要求放開鹽鐵買賣的意見，很有自由經濟的味道，相信市場能調節鹽和鐵的供應問題。要求管制鹽鐵買賣的意見，認為食鹽和鐵是重要的策略物資，關係到國家的長治久安，所以要控制在國家手裡。最後，西漢政府支持了管制一派的意見。此後的朝代加以繼承，都把食鹽壟斷當作一項國策。

清朝的食鹽行業是這樣的：所有生產食鹽的人，都必須有官府的認可，才能成為專門的鹽戶。此外，官府也控制部分鹽場。生產環節是完

全控制在官府手中的，銷售環節借助鹽商的力量。但是，鹽商不能隨便買鹽、自由銷售，那是不允許的。鹽商必須花錢從鹽運使衙門裡面購買「鹽引」，憑著鹽引到官方認可的產地去提鹽，提了鹽以後到特定地方銷售（食鹽產地和銷售地是固定對應的，全國按照這種對應關係劃分為不同的鹽區）。這就是鹽引，其實就是一張規定了提鹽和售鹽的數量、場所的紙。鹽商花錢買鹽引，就是買銷售許可證。在這個過程中，國家向鹽商徵收了鹽稅。當然了，鹽商也不是傻瓜，他肯定會把這筆錢加在食鹽的售價上，所以鹽稅從根本上還是向所有的老百姓徵收的。鹽稅每一年大概會有兩三百萬兩銀子，這是清朝第三項稅收來源。鹽運使專責此事。

而沒有鹽引進入銷售環節的食鹽，就是私鹽，是官府取締和捉拿的對象。鹽引制度造成老百姓吃鹽很不方便，價格還貴。私鹽的選擇更多、價格便宜，品質還可能更好。所以，一般人更傾向購買私鹽。因此，官府和私鹽販子「貓抓老鼠」的遊戲，就在很多地方頻繁上演。歷史上最有名的私鹽販子，可能要數元朝末年的張士誠了。

第四項稅收其實是商業稅，但在古代叫「關稅」。這裡的「關」，不是海關，而是關卡的意思。古代官府在一些通商要道設關卡，你挑著貨物、趕著馬匹經過這些關卡時要交稅，這個稅叫作「關稅」。它跟現在意義上的關稅不同，本質上是一種商業稅。

中國古代重農抑商，但是商業稅一直存在。比如，在武漢會徵收一些船稅；在天津一些地方會徵收蘆葦稅；江西有些地方產礦，會徵收礦稅；山西會徵收煤稅。商業稅每年也有兩三百萬兩。近代以來，商業稅突飛猛增。一方面，太平天國以後，地方政府稅收壓力大，所以就在各地廣設關卡徵稅，叫作「釐金」。各地紛紛設立釐局，專責此事。另外一方面，中外貿易開始發展，現代意義上的關稅開始徵收。近代以來，關

稅和鹽稅超過地丁銀，成為清朝政府的主要收入，到清朝末年，關稅一項就能超過三千萬兩。

一九一一年，封建王朝的最後一年，當年清朝的稅收收入超過了七千萬兩，這應該是一個偏高的值。乾隆朝前後，清朝的稅收年收入在四千萬兩左右。

錢糧收上來以後，怎麼用呢？地方官府把錢糧收上來後，不能決定怎麼用，得上繳朝廷。朝廷決定稅收的分配，視為財權。財權跟人事權一樣，是核心權力。地方政府如果擁有財權，那它可能會拿著這個錢招兵買馬、反抗朝廷，怎麼辦？所以，一切支出都在朝廷的嚴格管理下。財政支出高度中央集權。

以清朝為例，地方政府把稅收上來以後，可以留下一筆必要的開支，叫作「存留」。存留是預估的第二年需要發的官吏的俸祿，朝廷只允許留下這部分錢。剩餘的部分叫作「起解」，起解就是押解到其他地方的意思。起解又分為兩種情況：一種情況是上交給中央，另外一種情況是送到指定的地區或者部門。清朝把各省的財政情況分為三類，第一類叫作「僅敷」，僅敷指的是僅僅夠自己用的，比如福建。福建的財政情況就是僅敷，每年收的稅自己留用，中央不撥錢，你也別向朝廷要。第二類叫「不足」，就是指這個地方的稅收不夠正常的開支，比如廣西就屬於不足，一年收的稅還不夠開支。第三類省份是「有餘」，稅收有富餘。有餘的省份，扣除存留款項，把剩餘的稅收一部分起解到北京，存到戶部的銀庫裡，還有一部分以「協餉」的名義送到指定地區。比如，湖南省屬於「有餘」省份，它有一部分協餉要送給廣西；江西省也是有餘的，它有一部分銀子可能送到了貴州，還有一部分可能需要送到甘肅。中央財政透過這種制度性的安排，把地方各省的財政控制得很死，把全國的財政網羅在一張巨大的「網」裡面。到了第二年，每個省都要上報自己的

財政開支、結算的情況，戶部彙總、審核後上報皇帝認可。年度的財政收支，這才算完成。

以上就是古代財稅制度的概況。王政之基，在於農桑。如果收不來稅，其他一切政治制度都是虛幻的，任何上層建築都得建立在物質基礎之上。錢糧賦役，就成了古代地方官員的頭等工作。考核一個官員最主要的標準，就是能不能足額、按時地上繳皇糧國稅。明清時期，每一個地方官上任，要找的第一個師爺都是錢糧師爺，幫他處理錢糧稅收問題。

當一個知縣，首要工作就是收稅。每年收稅的時候，帶上幕僚，帶上家丁，帶上差役，一個村一個村地去收稅。老百姓交不上來稅，怎麼辦？砸門的砸門，牽豬的牽豬，拆床板的拆床板，你都必須得幹。古代有很多讀書人不願意當知縣知州，為什麼？就是因為他不願意幹這種事情，下不了手。一個人寒窗十年，飽讀聖賢書，結果讓他每天做的頭等事情就是砸人家門，牽人家豬。大部分讀書人不願意這麼做，所以不願意到州縣當地方官（當然還有升遷困難的原因）。

收上來的錢，還有一大攤子事等著用呢！每一年國家的財政收入開支最大的就是軍餉。以清朝為例，三分之一的稅收都用來供養軍隊。第二大項支出是國家級的工程：河工、漕運、陵寢等等。黃河決堤了，一修就幾百萬兩出去了；漕運堵塞了，需要疏通大運河，又上百萬兩出去了；哪個地方地震了，朝廷要賑災，又是一筆錢。清朝的第三項大開支是王公大臣和官吏的俸祿。所有的這些開支，都需要第一線的知縣、知州按時、足額地把錢給收上來。如果收不上來，一切都不能正常運轉。所以，州縣官員下不了手也得做。

現在問題來了。中國古代的稅收額度其實並不高，西漢曾經一度還是三十稅一，百姓只要交百分之三點三左右的稅就行了，已經很輕了。很多時候是十五稅一、十稅一。這算是「十稅一」，農民收上來一百斤糧

食，只要交給官府十斤就行了，還能剩九十斤。他為什麼不願意交這十斤呢？為什麼法定稅收的比例並不高，但是民間卻交不上來糧呢？

這是因為在現實裡，有很多實踐和理想相背離的情況，導致老百姓的稅負極高。我舉個例子：假設你當了知縣，從官憑到手那一刻開始你就得掏錢。

吏部經辦的官吏給了你官憑，你難道不給他塞個紅包嗎？赴任之前，你不去向科舉恩師道別送禮嗎？你不去日後工作相關的各個部門打個招呼嗎？同鄉、同僚給你擺宴慶祝，你不去赴宴嗎？你不置辦赴任的行頭嗎？這些開支，合起來是一筆很大的數目。當年，曾國藩是巡撫級別的人，在權勢蒸蒸日上的時候，到北京來一次花了四萬兩銀子。比他稍早些的張集馨，赴任外省藩臬，離京前送的「別敬」等開支，花費了兩萬兩銀子。他們還算是有些家底的，而且到任後不愁沒有「進項」。一般的知府、知縣赴任，用不了前兩位那麼多銀子，但花個兩三千兩，也是一般行情。他們如果家底薄，可不就得舉債嗎？晚清浙江山陰人杜鳳治分配廣東，擔任候補知縣。他沒有積蓄，到處舉債，最後甚至向奴僕借錢，才湊足赴任的盤纏。清朝的官員赴任，沿途的盤纏也得自己掏。明朝還好一點，新上任的官會給一點點的銀子置辦行李，其他朝代好像沒有。到了省會後，新官拜見總督、巡撫，得塞紅包；拜見布政使和按察使，拜見分管道臺，到府裡拜見知府，都得花錢。這銀子嘩嘩地出去，很快就成了一筆大數目，這是人情交際的成本。

同時，清朝京官的辦公費用極少，一年只有象徵性的幾兩銀子，外官則壓根沒有辦公費用，筆墨紙硯、蠟燭錢都得自己掏。出巡的時候，別看地方官排場很大，那都是自己拿錢砸出來的。這是第二筆開支，辦公行政成本。

第三筆開支可能更大。古代每個官員，身後幾乎都站著一個家族。當官後，各路親戚、世交故舊都來投靠，供養他們需要一大筆開支。接

下來，你得請師爺吧，你得請跟班吧，你得僱家丁吧。這些錢，朝廷都不補貼，你得自己掏。有人做過統計，清朝後期的知縣，在官衙裡供養的一家人，少則二三十人，多則一百多人。而知縣一年的俸祿才四十五兩，還不夠大擺一次宴席的！

這裡就有另外一個問題，古代官員俸祿不高，宋朝官員可能是俸祿最高的，高到什麼程度呢？高到蘇東坡支付完以上所有成本後，還有錢去買肉來研究「紅燒肉怎麼做」這個問題。但是到了明朝，海瑞跟蘇東坡差不多的級別，凡事親力親為、節衣縮食，只有在老母親過生日的時候，才捨得去街上割半斤肉。而且，海瑞買了半斤肉以後，巡撫大人把它當特大新聞在官場傳播：「海瑞竟然買肉了！」如果明清時期的官員完全依靠俸祿生活，就得像海瑞那樣：不請家丁，不請丫鬟，不僱師爺，什麼事情都親力親為，辦完公後自己拿一把鋤頭，在官府裡面把磚刨了自己種菜。

但是，天底下有幾個人是海瑞？大多數人還得思索著薪水之外收入的事。從哪籌錢呢？在錢糧稅收上做文章。同理，官員面臨這樣的問題，那麼書吏、差役是不是面臨同樣的問題？知縣好在每年還有四十五兩的收入，衙役可是一分錢的收入都沒有的。他們不在收稅環節做文章，怎麼生活？所以，國家規定十稅一，按照百分之十收稅，可老百姓要交百分之五十、百分之六十甚至更多。官吏用額外稅收來彌補行政辦公、官場應酬和個人收入的不足，是老百姓稅負沉重，進而不願意交稅的主要原因。

實際稅負加重，還有其他很多原因。古代朝廷推崇輕徭薄賦，認為天下物產恆定，稅收本質上是與民爭利，總感覺徵收上來的錢越少越好，徵收多了就是「奪小民口邊之食」。同時，錢是花得越少越好，花得越少越能說明官府廉潔（這可視為官俸低微的一個原因）。我們現在都

第十講　公門冷暖：古代官員如何工作

知道，理想的政府財政狀態不是收得少用得少，而是開支相抵、略有盈餘。收的錢多，可以提供的公共服務也多。但是，古代朝廷不這麼想，結果造成官府和官員都缺錢，很多事情辦不了。

比如說，欽差過境，可當地官員根本就沒有招待欽差過境的經費，怎麼辦？比如說，當地官府要鋪橋修路，雖然可以借助鄉紳的勢力募集部分資金，但官府怎麼也得補貼一部分，沒有這項預算，怎麼辦？因為缺錢的原因，官員有強烈的「多收稅」、橫徵暴斂的衝動。再加上一些害群之馬也的確是胡作非為、中飽私囊，多種原因疊加，導致老百姓的稅負很重。

以上內容，都是站在官府和官員的角度來講的。那麼，站在老百姓的角度來說，錢糧稅賦也是一件大事。古人都認可，皇糧國稅是應該交的。老百姓爭的是交多少、怎麼交。

天高皇帝遠，隱含的意思是皇權高高在上，像「天」一樣遙遠，對普通百姓來說是虛無縹緲的存在。在古人心中，皇帝是一個抽象、遙遠的概念，進而，國家政權的概念，也是抽象、遙遠的。大家認可「忠君報國」，但君也好，國也好，都看不見、摸不著，真真切切能感知的，是基層官府和其中的官吏們。這些和民眾日常交往的低級衙門和低級官吏，就代表了皇權，代表了國家。

而老百姓和政權最密切的連結，發生在官府徵收賦稅的時候。收稅，是老百姓對國家最直觀的感受，把老百姓和皇權、國家連繫了起來。在古代，如果張三安於一地，不出去遊歷、經商、求學，也不去打官司，他和政治體制的直接連繫，就只有繳納賦稅了。張三和政權體制內的人打交道，也只局限在官差們催課收糧的時候了。事實上，大多數人的先人都是張三。

但是這收稅，實在是讓老百姓難以對官府產生好感。錢糧是怎麼收

的呢？比如，按照官府通知，張三要交十斗糧食。到了交稅的日子，張三拿了十斗糧食過來，要交稅。他要先排隊。收稅的官吏們要歇好了，喝好了茶，才慢悠悠地開始收稅。這時期，張三等小民已經排了長長的隊伍了。期間，張三要忍受官吏、差役們的喝斥、驅趕乃至辱罵。好不容易輪到張三了，張三高高興興地把十斗糧食遞上去。不行！糧食是否足額，得由官差說了算，得過官差帶來的斗測量才算。

可是，官差帶過來的斗，明顯比正常的量器要大，可能兩斗才算一斗。這樣，張三就變成要交二十斗糧食了。咬咬牙，他只能再帶十斗糧食過來。到了測量的時候，張三發現官差的斗像簸箕一樣，橫截面很寬，他在上面倒糧食，倒滿全斗還不行，得倒得冒尖、直到倒不上去了才行。有一個專門名詞，叫作「淋尖」。一淋尖，就又多出了很多量來。張三一邊淋尖，官差一邊在那裡踢這個斗，不斷把糧食往外踢，叫作「踢斛」。這就又把許多糧食踢出了器皿之外。淋尖也好、踢斛也好，過後地上散落的糧食都被官吏們掃走私分了。這是「量」上的刁難，還有「質」上的刁難。差役說你的糧食不過關，你的糧食就不過關。即使你拿了最優質的稻米，就是不讓你過關，逼著你行賄送禮。

糧食折合白銀交納，弊端就更多了。首先，農民變賣糧食換錢的時候，先要受市場的一道剝削。接著，經辦官吏說你的銀子多重就是多重，說你的銀子成色不足就是不足，又逼著你千方好話萬般獻媚，最後行賄送禮才行。這麼一下來，老百姓的實際稅負就很重了。當然了，官府在銀兩的熔化、澆鑄和運輸過程中，的確會損耗些銀子。所以，官府以「火耗」的名義多徵收一些稅銀，以充抵損耗，也是合理的。但是火耗的標準完全由官府說了算，這就不公平了。火耗徵收異化成了官府橫徵暴斂的藉口。

普通老百姓交稅實在是太不容易了。之前我們說過，士紳階層有特

第十講 公門冷暖：古代官員如何工作

權，地方官吏不敢刁難。於是，古代稅收在實踐中就產生了一個中間階層 —— 攬戶。

老百姓不願意直接向官吏交納賦稅，可以理解。而官府逐家逐戶地徵收錢糧，工作量很大，人力物力時間常常耗不過來，還常常遭遇巨大的阻力，所以從官府角度來說，它也想找到一個更方便又能按時按量完成的徵收方法。於是，就有一個人跟官府說：我承包某個區域的百姓錢糧，而且我多交，法定只要交納一千銀子的，我按時交給官府一千五百兩。條件是官府要允許我在該區域收稅。官府當然願意了。這個人又跟老百姓說：鄉親們，你們去官府交稅，飽受盤剝，法定一兩銀子的稅最後可能要交五兩，現在你們只要給我二兩，我就替你們把稅給交了。老百姓當然也願意。雙方都願意，稅收中間階層就產生了。這個人就是攬戶。他方便了官民雙方，自己還能落下可觀的收益。攬戶一般都是當地士紳。他們的諸多特權保證他們有充當攬戶的制度可能，再加上鄉紳在當地聲望較高，容易做百姓工作，百姓也願意他們代表自己去跟官府打交道。當然了，攬戶是沒有法律依據的，是長期實踐中的灰色存在。

王朝前期，賦稅的徵收大體比較簡單，帳目清楚。到了王朝中後期，管理日漸混亂，加上官吏貪贓枉法，財政逐漸帳實不符。實踐操作中矛盾累積，衝突叢生，賦稅實際上幾乎都落在了草根平民身上。納稅的多少不是看你的田地多少，而是看你家的貴賤強弱。晚清的浙江，「紳衿大戶，正賦之外，顆粒不加，甚有把持包攬等事，勢不能不取盈於鄉曲之小戶……最重之戶，正漕一石，竟有完米至一石七斗以上者」，歷朝歷代，大抵如此。

我們對古代財政稅收制度做兩個總結。第一，制度設計很美好，實際操作很殘酷。真正的輕徭薄賦，從來沒有實現過。古代的老百姓能夠喝上稀粥，不餓著，家裡有張床睡覺，這就已經是封建盛世了。

　　第二，財政高度集權，中央控制過死，導致地方騰挪不開。之前介紹工部時提到，工程工價超過二百五十兩就需報皇帝批准。朝廷嚴格掌控地方的各項支出。地方官府財力極為有限。地方上要修繕衙門，沒有財政支持，除非官員自籌資金，不然需要一級一級上報批准。等批文回來，說不定官員都已經調任了。曾國藩鎮壓太平天國運動後，奏請軍費報銷免於審計。皇上出於對他卓越功勳的獎勵，同意了。曾國藩感激涕零，在給兒子曾紀澤的信中說他對此「感激次骨，較之得高爵穹官，其感百倍過之」。不過，曾國藩也表示，以前已經和戶部書吏說好要給的八萬兩銀子「部費」還是照給，但書吏們不能再多要了（制度越死，尋租的空間就越大）。清朝爆發過幾次地方「跑部錢進」，動用公費行賄朝廷官吏報銷地方經費的官方行為，源頭出在朝廷的財權控制太死。

冤案是如何釀成的

　　古時候，官員第一重要的事情是收稅，第二重要的事情就是判案。明清地方官員再窮也得請兩位師爺，一位是錢糧師爺，一位是刑名師爺，分別處理收稅和判案。

　　我們先說古代司法的基本觀念。最主要的觀念是「德主刑輔」，或者叫「明刑弼德」。什麼叫作德主刑輔？有兩層意思。第一層意思是法律是手段，道德才是目的。就好像老爸教訓兒子，常說：「打你不是我的目的，打你是讓你明白什麼什麼道理。」古代刑罰也類似，道德感化是目的，刑罰是工具，是手段。《論語》有云：「道之以政，齊之以刑，民免而無恥；道之以德，齊之以禮，有恥且格。」這就很好地表達了對道德和刑罰的態度。既然是手段，就可以變更，彈性就比較大，所以我們會看到古代司法實踐常有法外之請、堂下協商、鄉族公議等等。第二層意

第十講 公門冷暖：古代官員如何工作

思是中國古代政治講究德治，倡導德政。德政和德治把道德作為統治的主要手段，而把司法刑獄作為次要的、輔助性的手段。中國人信奉「人之初，性本善」，假定人性向善，所以統治者要用道德感化，喚起人心中的善，達到儒家的仁義道德世界、理想的世界。只有極少數不能夠被感化的，才說明這個人是有問題的，是惡人，才要施加刑罰。古代人把一絲不苟執行法律，只有原則性、缺乏靈活性的官員叫作「酷吏」。

中國古代司法，和宏觀政治一樣，帶有濃重的道德色彩。具體到執行上，就要求司法官員「哀矜慎刑」。什麼叫哀矜呢？簡單說，哀矜之心就是司法官員的同情心，要設身處地換位思考。比如，知縣抓到一個犯罪嫌疑人，他要考慮到犯罪嫌疑人可能是無辜的，現在很害怕，可能家破人亡了，現在很悲傷，可能還要遭受侮辱、拷打等刑罰；犯罪嫌疑人招供了，知縣不應該感到高興，也不應該有如釋重負之感，而應該想：「他為什麼就幹出這種違法亂紀、傷天害理的事情來呢？」知縣首先要可憐這名罪犯沒有被儒家的禮儀道德感化，接著要自責自己這個父母官沒有當好。打官司是不對的，犯人是可悲的。在西方，兄弟兩人分父親留下的三個金幣，沒辦法均分，就找當地法官，裁決出一個方案把錢給分了。但是在中國，兄弟兩個人拿著一錠銀子的遺產，找知縣要求均分。知縣的第一反應是悲哀：「這兄弟兩人怎麼能不顧骨肉親情，為了一錠銀子鬧到官府來呢？」這名知縣「正確」的做法是抱著兩兄弟痛哭，喚起他們的骨肉親情，讓他們別再糾纏如何分遺產，回去和睦相處就對了。比如，江蘇鎮洋人時翔，雍正年間出任福建晉江知縣。晉江百姓好訟，時翔就說：「此吾赤子，忍以盜賊視乎？」他對所有的官司都寬和處理，坐在堂上，和原告被告「啁啁作家人語」，拉家常，解開雙方心裡的疙瘩，雙方都同意撤訴了，相對作揖而去。這樣的知縣才是官民稱頌的官員。

慎刑是什麼呢？簡單說就是用刑要慎重，提倡刑罰適度，反對嚴刑重罰。

某個犯罪嫌疑人特別可惡，死不認罪，你下令痛打三十大板，最後他是招供了。

但是你可能把他筋脈打斷了，腿打折了。這個人的後半輩子怎麼辦？所以，要慎刑。古時候對重刑很慎重，尤其是死刑。死刑都要由皇帝來勾決，皇帝提筆勾決時，官員需提醒「請皇上三思」，皇帝得停頓一下。君臣這麼做，就是表達慎刑的意思。古代人講究「報應」。一些官員不願意出任司法官，就是因為感覺對人施加刑罰有悖於道德，會折了陽壽。讀清人筆記，有官員感嘆，自己這輩子沒有子嗣，是因為擔任過按察使，親手判過多少例死刑，所以上天報應我，讓我絕嗣。這就是典型中國式觀念。在這種司法觀念下，一些官員寧可輕判，也不願意如實判決。尤其是對一些死刑犯，寧可把案情朝著死緩的方向書寫，也不願如實上報，畢竟「救人一命勝造七級浮屠」。古代為什麼把皂隸視為下賤？因為他做的打別人板子、抓別人進監牢、監斬等等事情，都是缺德的、要折陽壽的，對家族來說是很不光彩的事。所以，皂隸在古代和娼妓、優伶並列。哀矜和慎刑，可以抵消很大一部分制度性因素的消極作用。

古代司法道德色彩很重，這就使得整套司法制度的設計也充滿了道德色彩。

首先來看古代立法。古代有沒有明確的成文法？有，比如《大明律》、《大清律》。但是它們和現代法律又不同，只是規定一些法律原則。比如，規定「臨陣退縮者斬」，這是一條法律嗎？是。但是臨陣退縮該怎麼判定呢？怎麼執行呢？它規定了大原則，但是沒有可操作的條文。於是就有許多其他文件來作為法律補充。

第一類補充文件就是例。例是什麼？判例。清朝也好，明朝也好，

第十講　公門冷暖：古代官員如何工作

編有龐雜的律例文件，兩相配合，它以律為綱，以例為目，每一條律後面附帶很多例。這些判例可以援引。比如，律規定：子弒父，要凌遲。這條律後面會有很多判例，說明在什麼情況下弒父對應什麼判決。比如同樣是兒子失手殺害父親，父親在跟其他人爭鬥，兒子上前幫父親的忙，失手把父親殺死，這是一種情況；兒子在跟其他人爭鬥，父親上前勸架，不小心被爭鬥雙方殺死，這又是另一種情況。法官遇到的真實案件，情況複雜，細節繁多，就需要對照律例進行裁決。律和例合起來，便成了歷朝歷代的主要法律條文。第二類補充文件是會典。比如《大清會典》、《大明會典》，都是政府各部門機構設置和行政管理的規章制度彙編。會典嚴格來說，類似於現代行政法或者專門法，比如吏部的會典類似於勞動人事法（類似今日的勞動基準法）、戶部會典帶有財政法等的內容。它們造成規範政府行為、指導行政運轉的作用，算是法律的一部分。第三類補充文件是則例。則例是政府在運轉當中遇到的問題、案例的彙編，可視作是上述法律條文的補充。這四方面的文件，就構成了中國古代的法律。

當然了，所有成文法都不是最重要的，最重要的是聖旨。君王即法律。皇帝頒發了一道聖旨，無論說了什麼東西，都是最高的法律。凡是與之不符的，即便是《大清律例》也要讓步。古代法律最高的權威是皇權，而不是人民，也不是官員。不同的皇帝、同一個皇帝的不同時期，往往頒發內容相左的聖旨，那怎麼辦？以最新頒發的聖旨為準。

古代司法有一些基本概念，比如有「十惡之罪」，是在大赦天下的時候都不能赦免的（十惡不赦），分別是：謀反、大逆、謀逆、惡逆、不道、大不敬、不孝、不睦、不義、內亂。「大不敬」指的是對皇上大不恭敬。大臣不能對著乾隆皇帝說「改革是最大紅利」，這就算大不敬。為什麼？因為乾隆名叫弘曆，臣下直呼皇帝的名諱，就是大不敬。十惡罪名

處罰極重，一般要砍頭，嚴重的要凌遲，甚至株連九族。嘉慶年間，北京邪教頭目林清，帶人攻進了紫禁城，遭到鎮壓，定性為謀反，參與者通通凌遲。林清的妻妾姐妹子女一開始是判處流放新疆，走到半路，嘉慶皇帝追加了一道聖旨「就地正法」，林清就算是被族誅了。

還有個概念叫作「八議」：議親、議故、議賢、議能、議功、議貴、議勤、議賓。凡是符合親故賢能等八類標準的人，犯了罪需要在朝堂上商議處罰，一般都會從輕減免。比如，孔子後裔或者宰相犯罪，朝廷就需要開啟「八議」程式，刑部不能按照正常程序判決，這是皇親貴戚的司法特權。古裝劇裡經常有這樣的場景：元老重臣或者皇親國戚被五花大綁，在刑場上準備砍頭，就在刀要落下的那一瞬間，往往會有一個太監或者大臣火急火燎地舉著一道聖旨過來，大喊：「刀下留人！」八議制度，主要出於政治方面的考量。

歷朝歷代的刑罰各不相同，按地位分，有主刑和附加刑。從殘酷程度看，早前有車裂、斷足等酷刑，後來肉刑逐漸減少，發展到明清，主要有五等主刑：

笞、杖、徒、流、死。笞是打板子，杖是打棍子，徒是有期徒刑，流是流放，死即死刑。每一等主刑又分好幾個小等級，比如清朝死刑又分斬立決、絞立決、斬監候、絞監候四等，立決是死刑立即執行，監候是死刑緩期執行。其他四種主刑則根據數量、年數、距離分為不同等級。附加刑有凌遲（千刀萬剮）、充軍、為奴（明代有罰為官奴，清代有給披甲人為奴）、枷號、站籠等。枷號就是京劇《蘇三起解》裡蘇三的那副打扮，但是京劇扮相明顯不對，真正的枷鎖是很重的，有四五十斤，一般人夾在脖子上根本站不起來。站籠一般是木製的籠子，上面留孔，強迫犯人站在籠子裡，把頭伸在籠外。站籠一般很高，犯人必須筆直站立才能把頭伸出去。如果個子矮，站籠類似於上吊。

第十講　公門冷暖：古代官員如何工作

　　主刑不足以懲戒犯人，可以追加附加刑。或者罪行輕微，不夠主刑標準，可以用「枷號示眾」之類的附加刑加以懲罰。清朝還規定，八旗子弟可以用附加刑來抵主刑，比如杖刑可以用枷號幾天來抵，流刑可以用枷號幾個月來抵。這是因為清朝為了保證八旗人口的力量免於分散，一般不對其施加徒刑、流刑。

　　附加刑中還有「抄沒家產」一條，俗稱抄家。當年和珅倒臺，正刑之外就有「抄沒家產」的懲罰。和珅罪當致死。因他是內閣大學士，屬於八議的範圍，八議時從輕處理，改為賜死。賜死和死刑的客觀結果是一樣的，但前者是對一個人莫大的恩寵。嘉慶賜給和珅一條白綾，和珅就上吊自盡了。為什麼說自盡是對罪犯的寬待，是皇帝的恩賜呢？

　　因為自盡能保存個人的尊嚴和體面。無論何種死刑，都會傷害受刑者的身體，往往不能留以全屍。在行刑的前後，受刑者還要遭受執行官吏、差役的虐待、侮辱，還要在大庭廣眾之下蒙受圍觀者的嘲諷乃至唾罵。我相信，絕大多數人都受不了。而自盡（或者說祕密處決），就沒有上述的情況。

　　對於貴族和官員來說，自盡的這點好處尤其重要。中國古代講究禮法。禮法是彰顯地位、維護身分的重要工具。中國古代社會是「身分社會」，貴族和官員階層居於上層。一個貴族，一旦受到侮辱、嘲罵，就威嚴掃地，還怎麼凌駕在平民、奴役階層之上？他所屬的家族，還有整個貴族階層，都會感覺受到了冒犯。

　　先秦時期就有「刑不上大夫」的說法，目的就是保證貴族階層的尊嚴和地位。這裡的「刑」指的是一般的刑罰，比如肉刑、罰役等等。

　　那麼，如果貴族真的犯罪了，怎麼處罰呢？用附加刑來懲罰他。比如，屈原為楚國貴族排斥，被流放到湖南。流放，就是當時的附加刑（後來變成了主刑）。先秦時期的許多貴族，犯了罪或者政治鬥爭失敗

了，往往自我放逐。這樣既避免了可能遭受的屈辱懲罰，同時也為當權者解決了「如何懲罰他」的難題。

如果一個貴族犯了重罪，整個貴族階層都不能寬恕他，當然也會讓他死，但不會像殺死平民一樣砍頭。貴族的「死刑」，只有暗殺、祕密處決和自盡三種，這既是為了保證死者的尊嚴，也是為了維護整個階層的利益。

胡亥、趙高等人在秦始皇死後篡奪皇位，最大的對手就是太子扶蘇和邊關大將蒙恬。胡亥等人假傳秦始皇詔令，「賜死」扶蘇和蒙恬。扶蘇肯定也覺得奇怪，但為了保持一個太子的尊嚴，自盡了。蒙恬覺得奇怪，抗旨不遵，結果遭到逮捕，被關押到大牢裡。進大牢後，蒙恬自殺了。他的自殺，不是「畏罪」，而是為了免於進一步的刑訊逼供，免於遭到獄卒、劊子手的殺戮，同樣是為了保持一個貴族的尊嚴。

類似的一個例子，發生在商鞅變法時期。商鞅變法的一大內容，是明刑重典，推行法治。這對秦國的發展是有利的，對商鞅的命運是有害的。他得罪了秦國的貴族階層。秦國太子不守法，商鞅嚴厲懲罰了太子的兩位老師（兩位貴族）。一位被割去了鼻子，一位臉上被刺字。這兩種刑罰是當時懲罰平民的主刑，對貴族來說是天大的侮辱。兩位太子師傅受刑後，連續幾個月躲在屋子裡，羞於見人。如果商鞅把他倆流放天涯海角，或者乾脆殺了他們，他們還好受一點呢。他們恨死了商鞅，全國的貴族都恨死了商鞅。商鞅個人的悲劇，與此大有關係。

綜上所述，「刑不上大夫」，古代對貴族官員的司法優待，放在身分社會背景下，是可以理解的。我們也能明白，為什麼「賜死」、「賞白絹三尺」要「謝主隆恩」了。很多朝代，都規定一定級別以上的官員，可以不受主刑。咸豐皇帝之前，清朝的內閣大學士沒有一個受過死刑。大學士柏葰因為科場舞弊，判處死刑，押赴刑場。他以為只需要走個過

場，就會有人來傳聖旨，刀下留人，將自己流放了事。所以，柏葰早早安排家人收拾行李，準備啟程。想不到，刀下留人的一幕最終沒有出現。到了大砍刀落下那一刻，柏葰這才意識到，自己創造了一項歷史：他成了清朝第一個被執行死刑的大學士。

我們接下來講古代怎麼審案子，有什麼流程。

第一個程序是「放告」，就是允許老百姓告狀。古代不是誰想告狀就能告狀的。如果想告狀就能告狀，那官員一天什麼事情都不用做了，就在衙門等著接狀子了，這不現實。同時，官府也不想助長百姓興訴告狀的氛圍。所以，官府接受百姓訴狀是有時間限制的，要麼是逢五逢十，要麼是逢三逢八，各地不同。在這幾天衙門打開，允許百姓告狀，稱為放告。一般每個月只有幾天放告，同時照顧到農業生產，農忙時節不放告。比如五月、六月、九月、十月，大家都忙著田裡的活，不允許告狀。節假日也不放告。所以算下來，一年真正允許老百姓打官司的也就四五十天，萬一碰上颱風下雨下冰雹或者是官員公出、新舊交接，又得減去幾天，老百姓真正能打官司的也就三十多天。當然，惡性刑事案件不受放告限制，隨時可以告狀。比如，大街上有江洋大盜拿著大刀斧頭群毆，又比如某處發現無名屍體，這種事情官府要隨時處理。

官司要從下往上，一層一層打，要去歸屬地的州縣告狀。知縣、知州拿到狀子，收還是不收，是有講究的。兄弟分家產，知縣不收；夫妻鬧離婚，知縣一般也不收；鄰里矛盾，知縣還是可能不收。大多數案子，州縣官員是不會收下狀紙的，也就是不予立案。這是為什麼呢？

首先，基層官員的工作壓力很大，客觀上沒有時間和精力處理太多的案子。

尤其是明清以後人口暴增、資源緊缺導致社會矛盾和衝突增多，訴訟案件與日俱增。乾隆年間，汪輝祖在偏僻的湖南省寧遠縣擔任知縣，

每年收到的訴狀超過一萬張，更不用說經濟發達地區的基層官員了。審案几乎占去了州縣官員大多數的時間和精力。所以，他們不可能什麼案子都接，都勞神費力去處理。而老百姓鬧到官府的糾紛，絕大多數是民事糾紛，很少有刑事案件。民事糾紛又集中在兩類，第一類是財產糾紛，如商品買賣、爭奪田地、分割遺產、子嗣過繼等等；第二類是感情矛盾，如離婚、通姦、私奔等等。古代基層官員認為官府不便硬性介入這些民事糾紛，況且很多事情不道德，很害臊，家醜不可外揚，完全可以找族長、找鄉紳來解決。甚至可以當場勸解，讓原被告雙方協調出一個解決方法來。官府就這樣把大多數案子推給了社會力量來化解。

其次，基層官員在主觀上對告狀的百姓有貶低、排斥心理，要打擊興訴、健訟。普通百姓可以把糾紛擺到衙門大堂上去理論，前提是他必須承受書吏、差役等群體的騷擾、侮辱和勒索。他必須做好迎接一切困難的心理準備。除了心理磨難，打一場官司就要扒一層皮，而且付出了昂貴的代價還不一定有明確的結果，所以，只有被逼上絕路、真正絕望的人才會到衙門口打官司。他不打官司就活不下去了，這才鼓足勇氣去訴訟。從這一點判斷延伸，官員也好、旁觀者也好，如果認定一樁案子的當事人不是走投無路、生活難以為繼了，那麼他們就會認定這個當事人是故意打官司，圖謀什麼東西。這樣的人，不是「刁民」是什麼呢？所以，在古代司法制度的大環境中，人們對「興訴」、「健訟」的人沒有好感。這是政治制度層面的邏輯結果。

如果知縣、知州認定這個案子不可能推給社會力量化解，必須由官府出面，同時認定告狀之人不是狡獪的刁民，他就會收下狀紙。這叫作「掛號」，案子在官府記下了。這是第二道司法程序。

當然，刑事案件是自動立案，必須在期限內完成的。清代「命盜案處分極嚴。命案限六個月，盜案限四個月，為初參；展一年則二參；又

展一年則三參；再展一年則四參。盜案尤嚴，初二三參，不過住俸降留小處分，到四參，則降一級調用。有級可抵則抵，否則實降知縣為印官，典史為捕官，印捕同一責成」。

（何剛德《春明夢錄》卷下）這個期限可以稱得上「嚴苛」。

第三個程序是「發差」。官府派差役去拘傳原告、被告、相關人等，或者蒐集證據。

第四個程序是差役在官府規定的期限內，把相關的人證、物證調齊，把差事註銷，叫作「銷差」。這兩個程序是差役們上下其手、營私舞弊，吃完被告吃原告的時候，也是他們主要的收入來源。遇到刑事案件，官員往往親自出馬，帶領仵作、差役、幕僚等親臨現場查勘，傳問人證，蒐集各種證據。

第五個程序是「過堂」，審問相關人等，官員進行判決。過堂有了結論，官員要把相關情況寫好案卷，附上證詞、證據，如果有人證還要看管好人證備查。

一般情況下，民事案件和笞、杖刑案件，州縣官員就可以判決生效（審結）了，司法案卷留著備查就行。徒刑及以上的案子，州縣官府沒有權力審結，必須把案卷、人犯押送到知府衙門，進行第二級審訊。州縣是第一個審級，叫初審。知府衙門是第二個審級。知府再審，判斷沒有問題了，報給道臺；如果有問題，發回縣衙門重審。道臺和知府一樣，也是覆核一遍，沒有問題，發給按察使。

按察使的覆審，是第三個審級。他可以審結徒刑案件，不用再上報，流刑死刑案子必須上報巡撫或者總督。巡撫和總督有權力決定流刑的判決，但需要把流刑判決上報中央刑部備查。死刑判決，督撫還需上報刑部，特別重大的案子要直接上報皇帝。

案子到了中央刑部後，就進入了最高審級。刑部會對死刑案件從頭

進行覆核，往往會調閱地方的案卷，還會要求押解人犯到京受審。死緩的就歸入監候，立刻執行的歸入立決，報皇帝裁定。死刑立決的案子並不多，大量案子都判了監候。監候不是說不執行死刑了，而是留到秋天進行「秋審」。秋審由刑部秋審處負責，秋天的時候把歷年積壓下來的死緩人犯、案卷，全都拿到天安門前面排開，一個一個審問。死緩案子最終有這麼幾種可能，第一種是確定為死刑，歸入「情實」，推出天安門西邊的虎門。第二種是覺得案件還有疑點，歸入「可疑」，留待第二年再秋審。第三種是「可矜」，指的是犯人罪有應得，情有可原。可矜的犯人可能減等處理，改判流刑或者充軍。第四種是罪犯的確得判死刑，但他是九代單傳，如果把犯人殺了不合適，就歸入「留養」。留養的犯人可能減等處理，並增加附加刑。秋審判決，大多數監候案件都會歸入「可疑」，繼續關押，再推給下一次秋審。有的死緩犯人，可能坐了二三十年的大牢，最後遇到大赦而出獄。如此反覆，也是為了凸顯司法中的道德色彩。特別重大的案件，皇帝一般會組織三法司會審。三法司確定了後，立決的由皇帝勾決。這樣的設計，賦予不同審級不同的權力。死刑要經過七道審訊，在程序上是非常嚴密的。

　　中國古代社會對司法其實是排斥的。大家覺得打官司是一件不光彩的事，有事盡量不要往官府跑。官員不願意老百姓打官司，多一樁官司就證明有一群老百姓沒有教化好，是官員工作不力的表現；多一起訴訟就證明統治不像預想的那麼平穩順滑，有矛盾、有衝突，每一起訴訟都暴露出行政治理上的一個問題。更何況，萬一遇到了疑難雜案，遲遲難以審結或者審判錯誤，官員會將自己的政治前途搭進去。古代很少出現惡性刑事大案，一旦發生了，整個地方都會轟動起來，上級官府會施加極大的破案壓力。在清朝，死刑案件州縣官府要在三個月以內審訊完結，如果是特別重大的刑事案件，死亡多人，州縣官府必須在兩個月內

第十講　公門冷暖：古代官員如何工作

審訊完結。逾期就要處罰官員，逾期越久，官員的處罰就越重，直至革職留任，破案後再做處理。多少冤案，就是在巨大的破案壓力下產生的。

　　老百姓也不願意打官司。無論是原告還是被告，打官司都得到監獄裡走一趟，因為隨時要準備受審。萬一案子審個十天半個月，不僅沒了正常收入，而且還要給牢頭和獄霸送禮行賄。過堂的時候，上上下下又要打點。縣官老爺你得賄賂，不然擔心他對你動刑，或者做出不利的判決；差役你也得賄賂，不交錢的話要受皮肉之苦；書吏還要賄賂，不交錢的話他把你的案子往後拖，八月初一「掛號」，十月初一才「過堂」。你要在監獄裡待兩個月。如果你行賄了幾兩銀子，他可能八月十號就安排你過堂了。

　　古代有差役專吃「官司飯」。縣官說打十個板子，犯人沒給打板子的差役塞錢，十板子下去能把人打殘了；行賄了，打一百板子人都是好好的。明清差役就有這一手絕活，對著一塊豆腐打一百板子，豆腐能不爛，普通人敲一下豆腐就爛了。「技藝」更高超的差役，敲打豆腐，能讓豆腐表面不爛，內裡已經粉碎。還有一種刑訊手段叫作「夾棍」，用麻繩串起木棍，夾嫌犯的四肢。如果嫌犯行賄了，差役給他上完夾棍，手臂通紅通紅的，實際上一點事都沒有，只是血流不暢而已。如果不塞銀子，上完夾棍，皮膚看起來一點事都沒有，其實骨頭已經粉碎了。舉個例子，兩套夾棍，一套夾棍用了幾十年了，舊木頭磨得非常光滑，用舊繩子綁在一起。另一套夾棍是散發著木香的新木頭，用新搓出來的麻繩綁在一起。你覺得哪套夾棍比較厲害？多數人會覺得新夾棍比較厲害，其實錯了。舊夾棍因為繩子、木頭都已經磨光滑了，幾乎沒有摩擦力，直接一夾就能把人骨頭給夾碎了。而新夾棍的威力大部分消耗在了木頭和麻繩的摩擦上，看起來新，其實夾起來並不疼。用哪一套夾棍，經辦差役說了算，當事人敢不行賄嗎？

老百姓不願意打官司的另一個原因是精神受辱。古代司法案件，相關人等都要羈押，隨時候傳，有家不能回，受盡差役、獄卒的侮辱。更何況中國社會是一個熟人社會，王五成了張三和李四案的證人，王五說話，總會得罪一個人，得罪了一個人就意味著得罪了他整個村子的人，得罪了他整個宗族的人。所以老百姓不願意牽涉到案子裡。很多時候，差役發差，到村子裡一看，整村的人都跑光了，找不到一個證人。萬一碰到了人命大案，縣官帶著一大幫人到村子勘察，翻牆倒櫃，能把半個村子都指為現場，半個村子的都回不了家。差役們說你家房間是第一現場，那你就回不了家了，他說四鄰都有嫌疑，所有的人都得抓回去。所以碰到殺人案，村民寧可把屍體移到鄰村去，也不能讓人報案。有的當事人，官司打了一半了，堅持不下去了，要撤訴，他還得行賄送禮，給差役和書吏「息訴錢」或者「和解錢」。所以，一般人不是被逼上絕路了，是不會打官司的。

古代司法看起來程序嚴密，律條繁多，官員也不見得都是貪贓枉法之人，但是冤案錯案層出不窮，這又原因何在呢？

舉個例子，比如說河北省保定人張三，考中進士後出任浙江省麗水知縣。麗水出了一樁滅門慘案，浙江省政府發下公文，措辭嚴厲，限張三在四十日內破案。當時沒有法醫，不能夠採集指紋，不能夠檢驗DNA，更沒有監控錄影可以提供線索，而且也不像現在交通、通訊這麼發達，破案進度非常慢。張三要在四十天裡破獲一起無頭疑案，可能性不大。他所能做的就是廣撒網，盡可能把犯罪嫌疑人都給抓起來，抓起來之後除了嚴刑拷打以外沒有其他手段。指紋、皮膚、毛髮、血跡、打鬥痕跡等等都用不上，張三只有嚴刑拷打。

現代司法的一大原則是「疑罪從無」，嫌疑人也是有人權的，只要沒有定罪，他就是無辜的。並且所有疑點利益歸於被告，不是歸於原告

的。只要證據裡面有瑕疵，就不能被採信。古代可不是這樣。麗水知縣張三抓了一個嫌疑人，他要做的就是讓嫌疑人認罪。在既沒有法醫技術，又沒有被告權益保護的情況下，定罪的依據就是嫌犯的口供。古代司法定罪最主要的不是人證，不是物證，而是口供。為了得到口供，官員能依靠的只有嚴刑拷打。古代司法官絕大多數是讀著聖賢書出仕的，他們也為人子、為人父，也是從社會底層上來的。他們肯定知道嚴刑拷打不對，但是他們首先得保住官位，得完成破案任務。為了保住身分地位，張三必須在限期內得到嫌犯的口供，給他定罪。他要拷打所有嫌犯，白天不行就連夜拷打，連續拷打三四天。現在我們都知道，口供是最不可信的，重刑之下何患沒有口供？

「獄貴初情」，案子的最初判斷是最重要的。案子發生在哪個縣，所屬知縣的審訊是最重要的。知府也好，按察使也好，巡撫也好，刑部也好，都不可能把這個案子從頭到尾認真審一遍。基層官員的工作量大，上司的工作量更大。

越往上，官員的審案壓力越大。巡撫大人不可能把全省上報的案子都認真重審一遍。上司接到下屬呈送的案卷，最多就是把文字、物證看一遍，再把相關人等提上堂來，按照「既定案情」問一遍。知縣花了一個月把這個案子審清楚，知府、道臺、巡撫的重審可能也就一天。不負責任的上司，拿著結論照本宣科，人證點點頭，案子即過。遇到有犯人重審當場喊冤的，上司的慣常做法是繼續用刑，逼犯人承認原審結論。犯人不肯，上司就說「案情可疑」，發回原審衙門重審。這就等於把羊趕回了虎口。上級衙門更看重的是，案卷是否齊全、判罰是否得當、文字是否清晰，上級官吏的重審更像是在「審查文字」，做文字遊戲而已。只要形式上看起來合法合規，依法辦事，萬一出事，上級衙門就能推卸掉責任。所以說，案子初審很重要。

恰恰是獄貴初情，把司法壓力都轉嫁到了基層官員身上，造成了基層壓力過大。基層知縣知州的司法能力，乃至個人好惡，很大程度上決定了案子的最終結果。可他們其實並沒有接受司法方面的培訓，又缺乏相應的技術手段（最主要的司法手段也許就是嚴刑逼供），為了讓承審的案子在漫長的司法流程中、在法定的審理期限內通過，為了讓案子不影響自己的仕途，必須把案子辦得跟法律條文一模一樣。可是現實永遠不可能是法律條文所能描繪的，案情不可能跟法律條文嚴絲合縫。一個證人說，案發當天我看到了前半段，後半段不太清楚；或者第一個證人說張三砍了李四兩刀，砍在左肩，第二個證人說張三砍了三刀，砍在左脖。上司會說「案情不清」，駁回。為了依法辦案，初審官員只能「塑造」案情，把案子往法律條文上靠，還得讓相關人等「眾口一詞」，口供一模一樣，同時還必須蒐集和供述完全吻合的物證。這就不是在審案了，而是在「製造案情」，根據上司喜好、朝廷律例、流轉程序把案情塑造得無懈可擊，證明自己判罰得當。依法辦案就變成了「依法造案」。造案勢必加重刑訊逼供，冤案就這麼產生了。

破案壓力、有罪推定、刑訊逼供、過分依賴口供、獄貴初情、覆審形同虛設，這些因素使得古代出現冤案是大機率事件。如果再加上一個殘酷貪婪的經辦官員，出現冤案幾乎就是必然的了。有了冤案就得平反，歷朝歷代都制定了申訴、平反的司法程序。

所有當事人都可以提起申訴，越級告也好，攔轎喊冤也好，告御狀也好，都是合法的。但是實際上，透過正常司法程序得到平反的冤案，屈指可數。大家說來說去都是「楊乃武與小白菜案」等少數幾個案子。楊乃武與小白菜案的平反，不是依靠案情本身得以平反，而是仰賴於幕後的政治鬥爭，是江浙官僚集團和湘軍官僚集團鬥爭的結果。楊乃武與小白菜只不過是大棋盤上的兩枚小棋子。排除政治因素，真正就案情論

案情得到平反的冤案有幾個？

為什麼冤案難平反呢？第一，制度設計越嚴密，審訊的級別越多，案子牽涉的官員就越多，平反的阻力就越大。平反成案，面對的不是某一個官員，而是站在案子背後的整個官僚集團。每一級確認判決的官員，所有在案卷中提及的官員，都會因為案子的平反受到處分，都要面臨處罰。他們很自然就組成了阻礙平反的利益集團。每一個案子的平反，都是蒙冤者在跟整個官僚集團作鬥爭。楊乃武與小白菜案，是楊家人和整個湘軍官僚集團做鬥爭，如果不是有更加強大的政治勢力介入，是平反不了的。看似嚴密的制度設計，反而增加了平反難度。

第二，官員明哲保身，不輕易接受申訴。官府雖然允許攔轎喊冤，但我相信沒有一個官員願意遇到攔轎喊冤的人。他攔了你的轎，這個案子你是接還是不接呢？按朝廷法制，你得接，但接了就意味著你替當事人重啟一椿成案。你怎麼知道原審官員是什麼背景，原來的案子有什麼隱情？你怎麼知道現在案卷是在刑部尚書手裡，還是在皇上的手裡？誰接了申訴，誰就是自找麻煩。所以，一般情況下官員出巡，兩邊都會有親兵和護衛隔開人群，就是不希望有人攔轎喊冤。當年刺馬案裡面的兩江總督馬新貽，就是被佯裝攔轎喊冤的張汶祥刺殺的。

第三，平反不僅要證明冤主是冤枉的，還要證明原供狀是假的。你說這是冤案，但是原審官員會說罪犯已經認罪，有口供、有畫押、有物證，你怎麼證明這些都是假的呢？平反者同樣面臨沒有技術手段、沒有法醫的困境，除非是碰到像宋慈那樣的人，能提供強大的技術支持，不然很難駁倒原判。

和錢糧賦稅實踐中有一個攬戶群體一樣，司法刑獄實踐中也有「訟師」群體。老百姓去打官司，不熟悉程式和規章制度，大部分人連狀紙都不會寫，那還怎麼訴訟啊？他就需要專業人士提供幫助。訟師就是這

樣的專業人士。他們類似現在的律師，但在古代社會地位很低，官民雙方都不喜歡他。訟師是一個比較中性的說法，不客氣的就喊「訟棍」，跟賭棍、淫棍是同一個意思。

古代訟師兩頭不討好。第一，古代司法道德色彩濃厚，人們覺得一個人靠幫別人打官司謀利，是不道德的。如果替原告打官司，訟師把收益建立在原告的痛苦之上；如果替被告打官司，訟師巧舌如簧（「撥弄是非」的同義詞）幫一個有罪的人開脫，都是不道德的。

第二，從制度角度分析，如果國家的法律條文明確、嚴密，各級官府嚴格依法辦事，那就不需要有人中冤、幫人洗冤。也就是說，如果各方面都運行理想的話，是根本不需要有訟師行業存在的。訟師的出現，就意味著朝廷司法制度出現了紕漏，程序出現了問題，或者是司法官吏行為不端。從制度上來說，訟師的存在意味著正常司法體系出了問題，這是官府不願意看到的。往嚴重了說，訟師弄事，有鼓噪百姓、向官府施加壓力的嫌疑。

第三，訟師的價值在於他能否巧舌如簧，能否運用辯論技巧讓委託人利益最大化。在官員看來，訟師是在鑽法律的空子，在做邏輯遊戲，行為本身就證明自己是「刁民」。古代社會不喜歡打官司，但是訟師必然鼓動老百姓打官司，他才能有飯吃。這是和社會主流價值相悖的，官民都不喜歡這個行業。

這三方面原因決定了古代訟師是一個灰色存在。但是社會又確實需要這個行業，普通百姓需要訟師替自己申訴。何況，並不是所有訟師都是壞人，所以，訟師始終存在。官府禁不能絕，就採取「官方准人」，只有官府認可的人才能執業訟師。比如，宋朝允許民間開設「寫狀鈔書鋪戶」，承辦訴訟和公證等事務。清代則只有經政府考核通過的「代書」，才能為百姓書寫狀紙。由於官府對代書限制很多，打官司的百姓往往先

找好「野訟師」（清末楊乃武就是一名野訟師，可能因此得罪過餘杭官府，種下了日後的苦果），事先擬好狀紙的草稿，再請代書抄寫和蓋印了事。中西方觀念不一樣，西方人有了問題喜歡當面鑼對面鼓地坐下來談清楚；傳統中國講究「和為貴」，所以中西方對這個行業存在根本性不同。

教化百姓與陋規氾濫

傳統社會的官員，按時收納錢糧賦稅、及時審結司法刑獄就算是稱職了嗎？

只做到這兩點，不算是稱職的地方官，還要做一些其他事情，比如修學宮、勸紡織、禁止婦女遊春、禁饋送、懲治地棍、收養孤貧、恤獄禁、禁宰耕牛等等。

這些就是官員的第三方面工作：教化百姓。官員既然是「民之父母」，就要像父母雙親一樣，把正確的思想觀念教導給子女。官府要引導老百姓，告訴他們什麼是健康的生活，什麼是正確的言行，什麼是宏大的目標，怎麼才能奔著理想同目標好好生活。這個過程就是官府宣傳教育、教化百姓的過程。在潛移默化過程中，官府把忠孝禮智信、權利與義務等鑲嵌到了老百姓的日常生活中。教化的效果不會立竿見影，甚至看不出有什麼切實的成效，但卻是一項關係到國家長治久安的根本工作，意義深遠。「大清相國」陳廷敬有言：「國家久安長治之基，關乎風俗；風俗盛衰之故，繫乎人心；正人心、厚風俗之機存乎教化。」大體上，古人把人心好壞看作是政治穩定的基礎，而教化就是正人心、厚風俗的工作。人心同，江山才能穩。

歷朝歷代都會頒發一些大而全、原則性的「思想教育綱要」。這些

詔書或聖旨，地方官是需要向老百姓反覆宣講的。比如，朱元璋頒布的《守令八事》第一條就講：「州縣之官，宜宣揚風化，撫安其民，均賦役，恤窮困，審冤抑，禁盜賊；時命里長告誡其里人，敦行孝弟，盡力南畝，毋作非為，以罹刑罰；行鄉飲酒禮，使知尊卑貴賤之體，歲終察其所行善惡而旌別之。」教化百姓，維護等級秩序、尊卑貴賤，是朱元璋給州縣官員布置的首要任務。清代康熙皇帝也頒發過《聖諭廣訓》，提倡百姓以某些行為為榮，以某些行為為恥，各有八條，一共是十六條，對仗工整，宣講起來琅琅上口。地方官府不僅要向老百姓宣傳，還得書寫在衙門口的八字牆上，各村各鎮也得辟出一塊醒目地塊來，書寫告示、張貼標語。基層社會出現了「學習典型」，州縣官府還要表彰和推廣，比如，選拔一些小孩子，看誰能夠把有關教化的聖旨倒背如流，背的聲音洪亮又清楚，官府有獎賞，有的地方還定期舉辦類似的選拔或比賽活動。

明太祖朱元璋從鄉間而來，很重視基層教化。他在地方推廣「申明亭」、「旌善亭」，把違法亂紀和好人好事分別張貼出來，懲惡揚善。原本，歷朝歷代就推崇老年人，六十稱耆、七十呼老（古代六十七歲的人很少），把年紀和聲望、道德相提並論。同時，推崇長者，也是「孝道」的題中之義。明朝則正式在鄉村設置「耆老」，推舉年高有德、眾望所歸的長者為耆老，來調解民間糾紛、社會問題。一般的小事，都必須經過耆老，只有刑事案件和調解不成的才允許報官。清朝延續之，基層官府常常委任一些長者為耆老，希望他們在基層發揮作用。一半是因為官府的強制力量，一半是宗族力量、孝道因素等的作用，明清基層社會的耆老，和保甲、鄉紳、宗族等一起發揮作用。相比而言，耆老可能是最薄弱的一股力量，可有可無。常常是鄉間宣讀《聖諭廣訓》或者修訂鄉規民約的時候，才請耆老出來，增添教化的效果。

第十講　公門冷暖：古代官員如何工作

官員教化工作的另一項重要內容是主持科舉考試。科舉圖書是王朝意識形態的精華所在，而科舉考試就是選拔效忠王朝的菁英分子。地方上的科舉考試，由同級的正印官主持。縣裡童生考秀才，由知縣來組織，州裡就由知州來組織，府裡就由知府組織；鄉試就由巡撫或者總督出面組織。有的時候，地方官員還要視察官學，和學生們交流學問，獎勤罰懶。這就比較難為一些官員了，尤其是那些本身教育程度不高的官員。清朝有個知縣，捐納出身，照例要視察縣學，考評學生的學業。動身前，知縣就問幕僚，什麼樣的文章才能算是好文章呢？這個問題太大了，幕僚們不知道如何作答。有一個師爺就說，文章好壞關鍵在於筆力，用筆很重要。知縣就記住了，然後當著一群讀書人講話：「文章好壞用筆很重要。」縣學師生們都知道知縣的官是買來的，現在一聽都大為驚訝。知縣接著說：「你們一定要選一支好筆。本官用的筆都是重金求購，幾個銅板一支的筆我根本不用。」縣學裡哄堂大笑。

一個理想的父母官應該是這樣的：明代天順時期的河南許州知州陳紀，「教民為善，且諭以治生之道，察民間夜有讀書或有紡績之聲者，給油助之；雖隸卒亦各課以生業，鄉市之民無遊惰者。歲歉則令民種菜備食，城壕中藕魚，聽民白取，不為禁。有輕俠無賴者，給與牛絹，令其改過，由是感化有沒齒不敢為惡者」。現在我們還能在城鎮通衢看到孔廟、官學、戲臺子的古蹟；在鄉間地頭看到古時的牌坊，既有貞節牌坊、誥命牌坊，也有科舉高中牌坊、顯宦居鄉牌坊，它們就是古代教化工作的遺蹟。

明清的知縣、知州、知府，就居住在官衙裡面。幾縱幾進院子的衙門，兩邊是各房書吏辦公室、監牢倉庫、佐雜衙署等等，中軸線前進的大堂、二堂是正印官的辦公場所，中間是會客場所，後院就是生活場所。後院也稱「後衙」，之前都是「政堂」。每年天濛濛剛亮，後衙開始

敲鐵片（「雲升」），政堂敲竹筒（「梆」），表示州縣官要出來辦公了。書吏、差役都要備好，見過長官，分發案件，回去工作。官員出巡、會客、放告，各不相同，如果沒其他事情，就到「簽押房」（類似於堆滿公文的辦公室）辦公。傍晚，又是一通雲升和竹梆聲響，州縣官準備回後院休息了。書吏和差役們要上交當日公文和交辦的事務。常常晚飯後，州縣官還要回前面加班，稱為「晚堂」。除了春節可以休息三天外，地方官是沒有節假日的。如果遇到轄區有重大工程建設、外出鄉間勘察案件、陪同上司視察巡防，地方官風餐露宿、夜以繼日地奔忙，都是有可能的。

工作壓力大、時間長，是地方官日常狀態的一方面。州縣官身體很累，他們的心更累。心累的部分原因是要處理各式各樣的關係，再難再煩瑣的事情都逃不掉，要迎難而上，費神費力。另外一大原因則是為了完成工作，地方官不得不行走在黑白之間。維持政務運轉，地方官不得不採取一些不一定合法但必需的手段。

比如，知縣為了在限期內審結官司，必須和原告、被告達成某種程度的「供訴交換」。如果犯人供認不諱，知縣答應幫忙掩飾以減輕罪罰。又比如，知府為了某項地方公共建設或者某項鄉規民約，必須爭取某位大鄉紳的主持，為此他得在其他方面做出妥協：本年度的縣試，知縣可能就錄取這位鄉紳的孩子為秀才。

明清時期有個專有名詞，概括類似的灰色行為 —— 陋規。既然是「規」，就有規矩、制度的意思，但是它也是「陋」的，而不是光明正大、冠冕堂皇的，用來形容明清官員在現實中的慣常做法。官員們用陋規聯絡關係、溝通交流、化解難題，幾乎都存在利益輸送，既然是利益輸送，就得和銀子有關。所以，陋規都和錢有關。

陋規自古有之，遠古時代貴族之間就有相互饋贈的行為，官僚行政

辦事也有多徵多收、模糊辦事的現實，到了明清時期才正式固定下來，冠以各種好聽的名字。比如，地方官要和朝廷袞袞諸公、相關部院官員聯絡感情，夏天送禮稱「冰敬」，意思是讓收禮方買冰降溫；冬天送禮稱「炭敬」，意思是買炭保暖；有事沒事還送「瓜敬」、「果敬」，逢年過節要送「節敬」。節敬也有叫「節禮」的。

　　一年中有「三節兩壽」，三節是端午、中秋和元旦（春節），兩壽是收禮方及其正妻的生日——當然了，官員家有紅白喜事，同僚及下屬也是要表示表示的。因為「禮」、「敬」名目繁多，陋規也名「規禮」。

　　陋規也好，規禮也好，並非只存在官員交際之間，而是滲透政治體制的方方面面。之前提到，老百姓去打官司，要給書吏、差役行賄送禮，這就屬於陋規。

　　此外，官員外出辦差是沒有「出差補助」的，那就要打擾過往地方衙門。地方州縣要接待過往官員，贈送「程儀」，就類似於資助盤纏。所有這些陋規，都沒有白紙黑字的正式文件支持。它們累積在一起，數目相當可觀，大大增加了老百姓的負擔。因此，古代官員在收受規禮之時，難免有心理負擔，一來既不合法，二來也是盤剝老百姓。

　　不過，官員們也有自我安慰的理由：我是為了工作！多數陋規的存在，客觀上彌補了國家正式財政的不足，是對法定制度缺失的一種補充。比如，朝廷對地方財政集權過死，限制過多，陋規的存在就可以寬裕地方官的腰包；正式的行政費用少得可以忽略不計，而下屬、百姓交來的陋規就可以用來維持日常行政。

　　至於那些看似用來維持官員私人關係的禮金，考慮到傳統社會中公事與私事難以分割，上下級關係、同僚關係對行政關係重大，其實禮金也是投在了行政上面。

　　事實上，一旦官員離開了職位，他就很難再收到相應的陋規了。這

也從反面證明了陋規其實涉及「行政開支」。再退一步來說，部分陋規的確進入了官員個人的腰包。可從官員角度來說，他僱的師爺、幕客、長隨、聽差等，其實都在執行公務，補充了地方公務力量的不足。這些官員自僱幕僚、隨從的薪水，完全由官員自己承擔，其實是讓官員自掏腰包幫所在衙門僱用了公務力量。他必然要以陋規形式來承擔這部分經濟壓力。所以，古人看得明白，稱陋規是「取之於民，用之於公」。現在有學者則把陋規稱為「非正式稅收」。

這種非正式的財政開支，規模不小，往來也很頻繁，形成了一套並不亞於正式財政制度的現實系統。官員的難處在於，現實存在並不是合法的，卻不可或缺。地方官府往往有兩本帳，一本對應朝廷法規，擺在明面上，一本是真實的開支帳簿。在上司視察、官員交接的時候，大家談論的是前一本帳。但是官員們更在意後一本帳簿，他的日常行政、個人待遇，其實仰仗於後一本帳的平衡與否。

至於它如何在一任任官員間交接，如何維持平衡，就是幕後運作的結果了。地位越高，時間越久，對官員個人平衡、運作的要求就越高。如此，官員們能不心累嗎？

朝野上下，對此種情況心知肚明，就連皇帝多少也知道底下官員的不易。

有一些年輕氣盛的御史，揭發、參劾過官員們收受陋規、名實不副的情況，皇帝和宰輔大臣往往斥之為「清官多事」。康熙後期，江寧織造曹寅密奏康熙帝訴苦說，織造衙門每年送給兩江總督、江蘇巡撫衙門的規禮，就超過了三萬四千兩銀子。織造衙門雖然有錢，可也覺得這是一筆不小的數目，而且對擺在明面上的帳目衝擊極大。康熙帝批示道：小曹，這筆錢是不能少的，何苦和地方督撫積仇呢？確實，作為朝廷派駐地方的機構，織造衙門離不開江蘇地方官府的支持。從兩江總督、江蘇

巡撫的角度思考問題，他們管理那麼大的地方，底下有那麼多的事，哪裡少得了用錢的時候，手裡怎麼能沒有幾萬兩自由支配的銀子呢？

巧合的是，同時的兩江總督噶禮也向康熙帝參奏江寧織造曹寅，揭發織造衙門陋規橫行，每年聚攏銀兩難以計數。康熙帝批示道：「朕知之甚悉。」康熙帝對織造衙門的做法很了解。曹寅如果不收支陋規，如何完成康熙帝交辦的各項「祕密任務」，如何滿足皇親貴戚的各種欲求？更何況，織造衙門聚攏的錢財，有一部分不還補貼了你江蘇的地方財政了嗎？

行軍打仗之時，皇帝對前方將帥的陋規問題表現得更加寬鬆。戰場情況遠比地方政務複雜，重賞、撫卹等事都需要錢，往往來不及走正常的程序（法定的標準也不能激勵將士）。因此，將帥手頭必然要有可支配的錢財，才能指揮那些兵油子、亡命徒衝鋒陷陣。所以，明清兩代「吃空餉」、濫報軍功的現象比較普遍，皇帝和宰輔大臣也不深究。年羹堯用兵西北時，橫索陋規、濫發鹽引、冒領軍功等等，雍正皇帝也睜一隻眼閉一隻眼。似乎可以這麼說，如何看待陋規，可以反映一個人對政治實踐的認知程度。

當然了，既然是「規」，就有一定的規矩、一定的標準。朝野不能容忍的是，超過慣常的標準亂加陋規。比如，前任知縣每一兩稅銀多加兩錢「火耗」，等於多徵收百分之二十的稅收來維持日常行政。新任知縣卻要加徵六錢火耗，就「過界」了，肯定會遭到鄉紳、百姓的抵制。又比如，某地春節，知縣、知州按例要向知府大人贈送一百兩銀子的「節禮」。知府大人就等著這筆銀子給幕僚們發「年終獎」了。結果，某個知縣只贈送了十兩銀子。那麼，這個知縣就「犯規」了，來年該縣的公務到了府裡少不了會磕磕絆絆。如果要有所改變，各利益攸關方就需要相互協調，得出一個大家公認的新標準來，不是任何一方可以橫加改變的。歷史上許多因為陋規引發的案子，大多是有人要破壞舊規矩，蠻橫

無理，最終激發了矛盾，捅破了窗戶紙。比如，年羹堯後來做得就太過了，只顧自己方便、不顧他人利益，逐漸引起了朝野官員的不滿。

陋規游離於正常制度之外，脫離必要的監管，常常是毫無監管，完全由長官說了算，所以最容易出問題。少數無良無品官員，以陋規為名，行暴斂貪腐之實，這也是讓朝野言之搖頭的事。

清朝雍正皇帝想找出一個既不影響正常工作，又能合法合規，卸去官員心理負擔的辦法來，最終推行了「火耗歸公」政策。這項政策簡單說，就是朝廷明確地方官府可以徵收火耗，等於是把陋規抬到了明面上加以承認。作為交換，各地要明確徵收的標準，而且徵收的火耗統歸到省一級，由省級統一支配。州縣官員不能在歸公之外再徵收火耗，也不能自由支配火耗。這項政策的出發點，應該說是好的。但在根子上，雍正帝還是繼承了高度集權、管控過死的財政思路，所以這遭到了各地官員的暗中抵制。雖然有部分陋規上繳，朝廷再以「養廉銀」的形式補貼各位官員，但很大一部分陋規還在暗中波濤洶湧。政策執行之初，就有官員指出「火耗歸公」會增加百姓的法定負擔，不能去除陋規橫行的現實。後來的事實發展，的確如此。

最後，再次重申，陋規是不合法的，它讓每個官員都染上了「經濟問題」。

一旦有其他事，它就會成為官員的罪行。比如，兩江總督噶禮、江寧織造曹寅，最後獲罪抄家，都有貪瀆、虧空等經濟罪名。明朝的張居正，清朝的年羹堯、和珅，倒臺的罪名中也都有受賄、斂財等。他們幾位在錢財上的確不乾淨，但是導致他們倒臺的根本原因，應該不是經濟問題，而是政治問題。這就是用「經濟罪」來算「政治帳」，一算一個準。除非是剛到任的新科進士，哪位官員敢說自己沒有規禮問題。這又無疑在每個官員頭頂都懸上了一把利劍，不知何時落下。

是什麼吸引他們從政

　　從上述內容可以看出，古代官員的工作量很重，壓力很大，基本上要全身心撲在工作上，還不一定能保證不出差池。關鍵是心累。那麼，當官有什麼好呢，吸引他們這麼拚命工作？

　　這首先涉及古代官員的待遇問題。古代官員有物質收益，定期領取俸祿。

　　清朝正一品官員年俸是一百八十兩，知縣的年俸是四十五兩，九品官一年的俸祿是三十一兩。就是說，當三年知縣，合法收益一共是一百三十五兩銀子。這是多大一筆錢呢？在北京，官員交際，一次得花掉十兩左右的銀子。師爺的傭金，一年大約兩三百兩，大約是知縣年薪的五到七倍。可見，清朝官員的俸祿不高。當然了，清朝官員還有其他的合法收入，比如恩俸、祿米等等，大約是俸祿的一兩倍。因為「底薪」不高，所有這些合法收入加在一起，清朝官員的總收入也不高。這些收入維持個人及少數近親屬的正常生活，應該無憂。可是如果還要承擔龐大的幕僚、親友群體的生活，同時展開必要的交際應酬，這肯定是遠遠不夠的。中國古代財政講究輕徭薄賦，歷代都不是高薪。宋朝官員的俸祿和待遇可能是最好的，薪水高，賞賜多，而且升職快。但宋朝官員離真正的財務自由，尚有一段差距。所以，物質收益不是吸引古代人去當官的主要原因。

　　除了正常收入以外，我們上一節講過，官員還有規禮等灰色收入。這的確是官員的一大筆收入。但是，規禮用來彌補正常開銷的不足，尚且為難，更不用說它是非法的。從理論上來說，從老百姓身上多取一分錢，就給現政權多造成一分損害，老百姓會把受到的傷害以及憤怒、不滿最後都投射到這個政權上。所以，歷朝歷代都不會允許陋規橫行。官

員想依靠規禮增加收入,是不現實的。

可朝野都知道官員的待遇太低,各代都會給予一些補償,比如說各種補貼。

清朝官府都有役食錢,就是給辦事的人吃飯的錢。這個錢不多,但是足夠你吃得上食堂。再比如免費住房。地方官員及其家眷,可以居住在官衙。官衙有相當一部分面積是官員自由支配的地方,面積相當可觀。當然了,京官是沒有免費住房的,得自己解決住房問題。一個新科進士,出任部院主事,七品官一年俸祿四十五兩,在北京城裡租完一座四合院,就沒多少錢了。那怎麼辦?清朝京官會發雙俸,一年領二十四個月的薪水,同時發放祿米,可以領取與品級相對應的米糧。這是京官的待遇。

清朝官員還有養廉銀。養廉銀,簡單而言就是「高薪養廉」,朝廷定期支付官員銀兩,保證官員不至於因為生活待遇問題去貪汙受賄、徇私舞弊。養廉銀金額很高,從五六百兩到兩三萬兩不等,遠遠高於官員俸祿。大家想想,一品官一年薪水才一百八十兩,一下子發給他兩萬兩養廉銀,從理論上講已經很高了。一般的生活待遇問題,都可以用這筆錢解決。一般情況下,地方官員的養廉銀比京官要多,因為地方官工作責任大,事務繁多,用錢的地方多。而且,偏遠地方的官員養廉銀比富裕地方要多。比如說,陝甘總督一年可以拿兩萬兩養廉銀,兩江總督才一萬多兩。問題是,高薪真的能養廉嗎?養廉銀制度是雍正皇帝的創舉,本意是覺得官員收入太低,可能會導致官員貪汙腐敗。可是如果一個官員真的廉潔得像海瑞那樣,即使自己在府衙裡種菜,他也不會去貪汙。如果一個官員像和珅這樣,那麼一年給他十萬兩銀子他都覺得不夠。一個人廉潔與否,跟收入多少沒有必然關係。高薪不一定養廉。事實上,雍正之前官員是沒有養廉銀的,那個時候有沒有貪汙腐敗案件?有。雍

第十講　公門冷暖：古代官員如何工作

正之後，貪汙腐敗的案件比沒發養廉銀的時候更多。這說明了高薪不一定養廉。當然了，古代官員不是衝著錢財去當官的，他們追求的是一些看不到的收益。

那麼，官員看不到的收益有哪些？第一是身分。有了官員這個身分以後，就像范進中舉一樣，以前受人歧視、受人侮辱，現在就成了老爺。范進中舉前一秒鐘和後一秒鐘，周圍的人對他的態度是截然相反的。范進為什麼高興得發瘋？

因為他的身分發生了巨大變化。傳統社會的老百姓，可能連官員的面都見不到，但是有了官員身分，拿著名帖，任何衙門都能夠進去。從理論上講，官員和官員是平等的，大家都是朝廷命官。一個知縣去拜訪內閣大學士，內閣大學士不好不見，再不想見也只能婉拒說「身體抱恙，改日再見」，不能直接拒之門外。但是，換作一個沒有官員身分的土豪去拜訪內閣大學士，看門人理都不理。土財主能否把名帖遞進去都是問題。這就是身分的不同。內閣大學士答應見老百姓，大學士端坐高堂，老百姓就一路小跑進去；換作一名官員，哪怕只是九品官，來訪官員進了門，大學士都得出門下臺階，立於階下相迎。如果還像見土財主那樣端坐高堂，就是「失禮」。官員相見，官職低的人先行禮，但是官職高的人要還禮，這就是身分的作用。

第二是封妻蔭子。大家想想，一個女子從十幾歲最美好的年華開始就跟著一個書生，操持家務乃至相夫教子，把最美好的時光都奉獻給了丈夫。等到丈夫四十歲考中進士當上了官，夫君想補償她，就可以向朝廷申請封妻子為誥命夫人。同樣，官員母親含辛茹苦，把兒子拉扯大，兒子當了官，他希望為母親修一座牌坊，這就是封贈。清朝一品官可以向上封贈三代，二品官和三品官可以封贈兩代，從四品官到七品官只能封贈一代，八、九品官只能封贈官員本身。與封贈相對的蔭子，就是憑

藉父輩的光芒蔭蔽子弟，給子弟政治利益。秦漢時期就有「任子」制度，一定級別的官員兒子可以直接出仕。後世的蔭生人仕，也多是為官員子弟準備的。清朝四品左右官員，基本上就可以保舉兒子去國子監就讀，通過特定考試就可出仕。皇帝召見大臣，嘮家常最常見的話題是什麼？談家庭。皇帝常常會問官員的子孫「可曾當差」。如果官員說尚未當差，皇帝還真可能會特旨安排引見。《宰相劉羅鍋》裡的「劉羅鍋」── 劉墉是內閣大學士，他的父親也是內閣大學士。清代張英是內閣大學士，他的兒子張廷玉照樣是內閣大學士。中國古代有很多政治世家，蔭子的特權在其中助力不少。蔭子不一定能夠保證官宦子弟飛黃騰達，但是能夠增加很大的助力。其他人二十幾歲還在讀書趕考，官宦子弟憑藉父親或者祖父的餘蔭就當上了知縣，這可遠遠地把同齡人甩在後邊了。這就是封妻蔭子。傳統社會俗稱的「光耀門楣」，就是如此。

絕大部分男人胸中是有一番抱負的，幾乎全部讀過書的人都想有一番作為。但是在古代中國，滿腹詩書幹什麼去呢？去當作家，古代沒有這個行業。去當藝術家，創作藝術作品，古代有這個行業，但是叫作「奇技淫巧」，從業者是匠人、是技師，地位很低。還有現實的原因是，藝術品的價值不一定能「折現」。

不願意當匠人的，往往有生計之虞。那麼，去當老師，教學生，總「專業對口」吧？古代有塾師行業，但是工作不穩定，三五年一換是常態，收入也低微，不是理想的職業。那去遊山玩水，當旅行家，這是很理想的職業吧？這個在古代叫作「不務正業」。還有人說，我境界很高，看破紅塵了，我要去當和尚和道士。

境界高的人畢竟是少數，絕大多數人達不到那樣的境界 ── 以此為終南捷徑者除外。讀書人去創作的、醉心山水的、當和尚道士的都很少，一般都是仕途失意才寄情於此。

第十講　公門冷暖：古代官員如何工作

　　現代社會，很多知識分子都被商業吸納了。我們會發現，成功的商人或多或少都有些學問在身。目不識丁的富豪在現代環境已經很難再現了。然而，古代讀書人經商的少之又少，為什麼？重農抑商。商人地位低，居四民之末。中國傳統社會輕商和歧視商人的氛圍，讓人受不了。你經商發財了，多數人不是想到你坑蒙拐騙，質疑你致富的方式，就是懷疑你為富不仁，似乎富人的道德水準天生就低。富人的財富也得不到官府的保護。整體社會氛圍肯定會影響官府對富人階層的態度。海青天海瑞在判案的時候，就寧屈富人不屈貧戶。因為，海瑞一方面也覺得富人道德水準低，另一方面，即便可能是冤枉了富人，但富人有錢、家底厚，受點損失也不傷元氣。所以，海瑞遇到案子，天然地站在窮人一邊。這樣的官員不是個案。在這樣的大環境中，財富缺乏保障，經商致富階層如果不與權力或者其他因素牢固結盟，是維持不了現狀的。可是，官府又忌諱商人和權力的結盟。朝廷難以接受富可敵國的商賈出現，忌諱經濟力量威脅政治統治，因此古代商人的發展面臨「天花板危機」，一旦勢力壯大就有危險了。政治干涉市場，官府查辦大商家，是古代歷史的一個常態。所以，即便是在官場難以容身的人，也極少有轉型經商的。

　　知識分子面臨一個永恆的問題，就是如何實現抱負，如何施展才華？個人才能需要一個平臺、一個機會。在古代，這個平臺和機會只能由政治來提供。古代社會分化不完全、發展不成熟，知識分子想實現滿腔抱負，路很窄，只能走仕途。這一點可能是最吸引古代人當官的因素。很多大鹽商，積蓄了巨額資產，有壟斷市場，按照現代人的想法，他會培養兒子幹什麼呢？可以繼續當鹽商，因為父親給他留下了碩大的產業，銷售管道、經營團隊、倉儲物流都是全的。但是不！鹽商有了錢以後第一樣做的事情是辦私塾，讓子孫讀書去趕考當官。即使一個人腰

纏萬貫，他也覺得要實現抱負，最大的平臺還是衙門。當然了，因為有家庭產業作為支撐，鹽商子弟的仕途起點會更高，從政之路走得也會更灑脫，可以掛冠而去，可以有一些自選動作。至於那些「自憐無舊業，不敢恥微官」的寒門士人，既需要機會，又迫於生活，只能為五斗米折腰了。

第十一講
國之大事：古代軍事和外交制度

第十一講　國之大事：古代軍事和外交制度

人類組織一產生，就和戰爭糾結在一起。保障自己的安全，是人類組成更大、更嚴密的組織的原始動力。最初的部落和部落聯盟，可以視為巨大的軍事組織。誰打贏了，誰就掌握主導權，可以吞併其他組織，可以發展成更大的組織。

在這個過程中，暴力就成了最初的合法性來源。另一個合法性來源是信仰。一些人或團體利用宗教、宗法、科技或純粹的巧合，來構建一套令當時人信服的理論體系，給自己披上合法的外衣。《左傳》說：「國之大事，在祀與戎。」這裡的「祀」，就是祭祀，也指信仰；「戎」就是軍事，是暴力。這句話，概括了人類社會從早期直到先秦的政治大勢。

迷信這種東西，隨著大家知識教育程度提高，越來越式微。秦漢以後，迷信就不是重要的合法性來源了。也許，很多人表面上裝作迷信，偽裝愚昧，但在內心看得很清楚，想得很透澈，因為種種原因沒有戳破而已。所以，「祀」不再是「國之大事」。

另一件事情，卻一直是「國之大事」，那就是外交。當然了，古代中國無所謂現代外交。普天之下，莫非王土；率土之濱，莫非王臣。中央王朝壓根不承認還存在其他國家，根本就不具備現代外交的前提，談何外交？但是，不同的國家是客觀存在的；國家之間的交往也客觀存在 —— 儘管是不平等的。本講，我們要講的另一件國之大事就是古代外交。

兵權無小事

原始社會是「兵民合一」的。平安無事，大家各自生活，一旦開戰，青壯勞力齊上陣。當時的戰鬥規模也小，用後來的標準來衡量，也就是小摩擦、小衝突甚至是「群毆」事件。各派政治勢力都沒有常備軍，更

談不上固定的軍事機構，也沒有專職的軍官。部落首領在戰場上，就是天然的指揮官。一些發展不太成熟的民族，軍事體制大體如此。

隨著社會的發展，仗越打越大，持續時間越來越長，原始的軍事體制就不靈了。軍隊組織朝著專業化方向，軍事制度朝著規範化方向發展。夏朝、商朝利用政權組織動員軍隊，開始出現了成千上萬人參戰的場面。當時的軍隊分車兵和徒卒，以車兵為主，主要裝備是畜力駕挽的戰車。戰車的單位是「乘」，一乘有一個駕車的人，因為他決定戰車的速度和方向，也就在實踐中占據指揮官的角色；此外還有左右兩位戰士，一個人射箭，負責遠攻，一個人持長矛，負責近戰。三個人都是站著的。這就是標準的一乘戰車。戰車實際上是移動的射箭平臺。先秦時代的貴族子弟，都要接受所謂的「六藝」訓練，即禮、樂、射、御、書、數，其中的射（射箭）和御（駕車）就是為駕馭戰車作戰準備的。

在戰場上，戰車滾滾而來，氣勢嚇人，相對於徒步的士兵擁有絕對的優勢，在先秦的戰場上造成了核心作用。能夠動員的戰車的多少，是一國國力的象徵。

商湯滅夏的主力是「良車七十乘」，周朝滅商的牧野之戰中，周朝的主力軍是「戎車三百乘」。齊桓公九合諸侯，號令天下，在於齊國能一次性出動戰車八百乘作為武力後盾。晉楚爭霸的城濮之戰，晉文公出動戰車七百乘，最後取得了勝利。當時的人常用「千乘之國」來炫耀武力，在他們看來，出動上千乘戰車就是相當了不起的強國了，在現實中誰都沒有這樣的實力。

先秦的戰爭，往往是在「一個戰場」、「一次交鋒」、「一天之內」決出勝負。

貴族們列隊布陣，雙方都傾盡全力，主力對主力、從正面發動攻擊，決出勝負。

第十一講　國之大事：古代軍事和外交制度

　　當時的宋襄公，就因為堅持不進攻渡河的楚軍、不進攻沒有布好陣型的楚軍，才轉勝為敗的。很多人嘲笑宋襄公，笑他蠢，殊不知，春秋時代的貴族都是這樣的。貴族有貴族的矜持。宋襄公是典型的貴族。貴族戰爭，光明正大、直截了當，太適合戰車發揮了。到了春秋後期，戰爭才變得複雜，有謀略、有戰術，戰場綿延數十里甚至上百里，時間持續好幾天甚至好幾個月。

　　當時的軍隊都是臨時徵召而成的，分為左中右三軍。「三軍」就是這麼來的，現在用來指海陸空三種形式的軍隊，而本意是指臨戰劃為三部的軍隊。君王居於中軍，直接指揮中軍，並且統帥三軍。至於軍隊的建制，商周的軍隊以「師」為最高建制，有「周六師」、「殷八師」等名稱。《周禮》說的周朝軍隊建制是「師─旅─卒─兩─伍」：「二千五百人為師，師帥皆中大夫。五百人為旅，旅帥皆下大夫。百人為卒，卒長皆上士。二十五人為兩，兩司馬皆中士。五人為伍，伍皆有長。」可見，當時的軍隊規模不大，也沒有職業軍官，大夫、士等貴族在戰時充任軍官。貴族既是行政長官，也是軍事長官，文武不分。

　　戰國時代，戰爭頻繁，各國必須維持穩定的軍隊，不能再臨時徵召了，所以出現了常備軍制度。比如晉文公設置了上中下三軍，分別任命將領，其中中軍將領又稱「元帥」，這可能是史載的常備軍設置之始。常備的軍隊催生了與軍隊有關的人員管理、日常事務、後勤保障等事務，軍隊行政出現，軍政長官也隨之產生。戰國時期，楚國的司馬、秦國和趙國的國尉，都是負責常備軍行政的專門官員。需要注意的是，司馬也好，國尉也好，都是軍政長官。調兵遣將的權力牢牢掌握在君王手中。戰國時期，軍隊調動以君主行文命令為準，並必須要有調兵的憑信，也就是兵符。兵符，形狀像一頭伏虎，一分為二，以榫相合，一半存在君主那裡，一半頒發給將領。凡是調動軍隊五十人以上，必須要有君主的

書面命令，並且要有虎符為憑。魏國信陵君救趙，就首先必偷得魏王宮中的半個虎符，然後假造文書，才取得將軍晉鄙率領的八萬軍隊的指揮權。就這樣，軍事權力在常備軍出現之時，就劃分為了軍政（軍隊的日常行政）、軍令（調兵遣將）、指揮（行軍打仗）三項權力。君王握緊軍令權不放，也就抓牢了軍事的核心權力。

頻繁的戰爭和軍事重壓，推動了軍事領域的改革。戰國時代的另一大變革體現在軍事技術方面。趙武靈王改革的重要內容「胡服騎射」，把遊牧民族匈奴的騎射技術引進漢族地區。趙國把騎兵建設成軍隊的主力，大大增強了戰鬥力，一度西擊秦國、南下中原，氣勢咄咄逼人。騎兵不僅對步兵擁有絕對優勢，而且機動性完勝戰車，其他國家紛紛效仿。之後，騎兵作戰統治中國古代戰場上千年。

從車戰到騎兵的轉變，是戰爭形式的巨大變革，有里程碑式的意義。「國之大事在戎，戎之大用在馬。」車戰時代，人們重視御射和造車，騎兵時代人們重視馬政。從秦漢到明清，馬政都是朝廷的一大政務。凡是在軍事上有所作為的時期，都是馬政制度嚴密、執行有效的時期，比如漢武帝時期、唐代前期、北宋前期。

官府有專門的養馬機構，鼓勵民間蓄馬。

秦朝統一六國，設太尉統管軍政，派遣將軍行軍打仗。秦軍分駐首都咸陽和全國各地，中央駐軍由皇帝直轄，地方駐軍由地方太守、縣令及其屬官都尉、縣尉指揮。中央駐軍也稱禁軍，主要由皇帝的警衛部隊和首都的衛戍部隊組成。西漢禁軍，警衛皇帝的是南軍，衛戍首都的是北軍。漢武帝為加強禁軍力量，選擇「六郡良家子」組成羽林、期門二軍，有五六下人，又分為八部，由八個校尉率領。八部分別為中壘、屯騎、步兵、越騎、長水、胡騎、射聲、虎賁，分駐京畿。這就是西漢軍隊的精銳主力。禁軍集中而精幹，裝備優良，明顯優於地方駐軍，目的

是防止地方勢力威脅到中央。秦朝確立的「內重外輕」、「居重馭輕」的軍事體制，為之後的王朝所繼承。歷朝歷代都把精幹武力直轄於朝廷，也就是皇帝，甚至把京畿周邊和關隘要地的駐軍也劃歸禁軍系統。比如，北宋的「強幹弱枝」，幾乎把稍微像樣的官兵都劃歸禁軍，禁軍龐雜，數以十萬計，《水滸傳》中的林沖就是所謂的「八十萬禁軍」教頭。而地方駐軍，粗劣不堪，甚至是荒年招募流民的權宜結果，完全不加以訓練。宋朝把這項政治傳統「發揚光大」，雖然沒有產生擅權的武將，但犧牲了軍事系統的效率，犧牲了國家的軍事實力。這是宋朝屢弱的一大重要原因。可見，任何制度的設置都有一個「度」，實施過度，好制度也會變成壞制度，其中的「權衡」很重要。

　　抓牢軍令權、把主力集中在直轄禁軍中，是帝王控制軍權的兩大法寶，後世皇帝都奉為至寶。

　　秦軍的另一項重要制度是徵兵制。全國統一後，徵兵制推廣到各地。服兵役成了老百姓的一項義務，是徭役的主要內容。秦朝二十三歲到六十歲的男子都可能被徵召入伍，一生要當兩次兵，一次衛戍首都，叫作「正卒」，期限為一年；一次戍邊，叫作「戍卒」，守衛邊疆，期限也是一年。在大澤鄉起義的陳勝、吳廣等人，就是戍卒。此外，秦朝百姓還要在郡縣服兵役一個月，稱為「更卒」。

　　秦朝因為徭役頻繁造成兵源匱乏，徵兵不足就募兵補充，甚至徵發刑徒為兵。

　　漢朝繼承徵兵制，但百姓的服役期限大為縮減，可以在當地服役，稱為「郡國兵」。郡國兵就是地方軍隊，有可能輪番抽調到中央宿衛朝廷，就成了中央軍，也有可能被抽調去守衛邊疆，就成了邊防軍。

　　郡國兵按照兵種，分為車騎、材官、樓船等，歸郡一級的都尉、縣一級的縣尉管轄。郡國兵受朝廷指揮調遣，軍令統於中央。遇到戰事，

西漢朝廷一開始以羽檄（插著鳥羽毛的木簡）調發郡國兵，後來改為虎符。哪裡有事，朝廷就調發周邊軍隊前去。郡國兵能力難以保證，加上有定額，常常滿足不了戰爭需求，西漢還有募兵和強迫刑徒當兵等制度。漢武帝時戰事頻繁，募兵的規模增大。到了東漢初期，光武帝劉秀撤銷郡國兵，漢軍改為募兵為主、徵兵為輔。平時保證一支常備軍，不敷使用時也征發百姓。

魏晉南北朝是軍制大變動的時期。亂世不能正常徵兵，正常兵制也變得支離破碎。當時天下紛爭，戰爭頻發，皇權不穩，地方勢力坐大。同時，地方長官為了更好地穩定轄區、拱衛皇權，確實也需要增強軍權。三國時期的曹魏，設置「都督諸州軍事」，授權要員鎮守要地，比如鎮守許昌的是「都督豫州諸軍事」，鎮守長安的是「都督關中雍涼諸軍事」等。當時的州牧、刺史乃至太守，多加將軍名號，同時加「持節」、「都督一州數州軍事」或「都督中外軍事」等名義，專擅軍政大權。這種現象普遍存在，沒有加將軍名號或其他名義的地方長官往往難以開展工作，極少存在。都督成為魏晉南北朝時期的地方實權人物，往往割據地方。北周改都督為「總管」，比如鎮守壽陽的方鎮長官原是「都督揚州諸軍事」，北周就改為「揚州總管」，隋文帝楊堅就擔任過此職。

當時的許多地方長官，本身就是在長期征戰中廝殺出來的，順理成章地專擅地方軍政。他們的部屬，大多是自行招募的家兵、部曲等，隨著長官身分的升遷而「轉正」為政府軍。這些部隊和長官保持著依附關係，兵認將、將知兵。在大亂世中，固定兵源非常重要，有經驗的老兵尤其重要。所以，長官們為了保持部隊戰鬥力，漸漸將部屬及其家屬編為「軍籍」。這樣，軍人不僅是一份職業，還是一份世襲的職業。當時的官兵往往世代從軍，稱為「世兵」。亂世中，控制世兵的多少是衡量政治人物實力的標準。三同時代，曹操賴以發家的核心武力是青州兵，由招

第十一講　國之大事：古代軍事和外交制度

降的青州黃巾軍組成，相互之間有人身依附關係。曹操病逝後，青州兵鼓噪而散，可證其世兵的本質。這一點在吳國體現得最為突出。東吳草創時期，周瑜、魯肅都是帶著自家的部曲加入孫策陣營，最後先後為都督，威震一方。之後，甘寧、賀齊等都是自募部曲加入東吳陣營的。政權反過來確認長官對部曲的控制。北魏的兵戶制和鎮戍兵制，西魏、北周的府兵制都是世兵制的變種。

世兵制開始的時候，戰鬥力較強，執行得不錯。士兵們大多是有顛沛流離經歷的流民，渴望穩定的生活，一開始擁護這項制度。慢慢地，長官視部曲為家丁、奴隸，待遇不穩定甚至持續下降，軍人們地位低、教養差，戰鬥力變弱。世兵制失去了活力。

隋唐執行府兵制。各衛府統轄天下官兵，但沒有調兵遣將、行軍打仗的權力，其實就是和兵部分割了軍政大權。遇到事情的時候，皇帝臨時指派將領，再出兵作戰，戰後將領回朝覆命，官兵各歸衛府。衛府管轄的官兵本質也是世兵，父子從軍。但是府兵的待遇大為改善。唐朝給府兵授田，官兵們的基本生活有制度保障。唐朝最多時有六百三十四個兵府，約六十萬官兵。衛府制是建立在朝廷控制大量國有土地的基礎之上的，是建立在均田制之上的。後來，隨著均田制廢弛，府兵制就被釜底抽薪了。府兵的能力難以保障，最後越來越難以徵召。唐玄宗開元年間，朝廷開始執行募兵制。之後，募兵成為唐軍的主要來源。

唐朝前期將地方軍政大員從總管改稱都督。唐睿宗時，都督加「使持節」，總管軍政、民政和財政，稱「節度使」。節度使專權，是當時動盪局勢的客觀反映，是晚唐五代軍閥割據的制度基礎。唐代後期，又有團練使、防禦使、經略使等名稱，無不是實權方鎮大員。可見，禁軍獨大雖然有弊病，犧牲了靈活性和戰鬥力，但如果讓軍權操於地方大員手中，卻可能打開軍閥割據的大門，「天子寧有種乎，兵強馬壯者為之耳。」

北宋建立後，宋太祖趙匡胤吸取晚唐五代軍閥割據的教訓，改革軍制，主要目的是強化皇權對軍權的控制。宋朝軍隊分禁軍和地方軍隊（廂兵、鄉兵和蕃兵等）。禁軍是主力，最多時達百萬以上，「居中馭外」。除了強幹弱枝做法外，宋朝皇帝設置了樞密府，是最高軍政機關，和政府並稱「二府」。樞密院設有樞密使、副使等。又設置了「三衙」，掌管禁軍，而禁軍是政府軍的主力和精銳，三衙就在實質上控制著主力軍隊。三衙也管轄全國廂兵，設有都指揮使、副都指揮使、都虞候等。透過這兩個新機構，宋朝皇帝把兵權三分：「樞密掌兵籍、虎符，三衙管諸軍，率臣主兵柄，各有分守。」原有的兵部只掌管儀仗、武舉和募兵等例行公事。戰時，皇帝臨時派遣統帥，授予都部署、招討使等頭銜，率兵出征，事罷還朝，這樣就帥不知兵、兵不知將。

這樣一來，宋朝皇帝在帝王控制兵權的兩大法寶之外，又多了一個分權牽制的利器。當然了，帝王運用的治軍措施越多，犧牲掉的軍事效率和戰鬥力就越多。宋朝皇帝以「不自信」出名，當朝官制極為繁複，不僅軍制如此，其他制度也是如此。

南宋的軍隊體制基本不變，但軍隊主力除了三衙禁軍外，為了適應緊張的前線戰事，在各大戰場長期屯駐大軍。當年，岳飛就是湖北前線的屯駐大軍統帥，而不是禁軍將領。「岳家軍」不是禁軍，而是地方屯駐大軍。宋朝實行募兵制，實行依「兵樣」選募、給兵士臉上刺字做記號防止脫逃等做法，又常常在大災之年加大募兵規模，防止流民興起，以募代賑。宋軍的素質由此堪憂。宋朝還把罪犯刺配充軍，比如《水滸傳》中的林沖、宋江等人都曾是「賊配軍」。

宋軍的編制是百人為都，都分馬軍、步軍，馬軍都的長官為軍使、副兵馬使，步軍都的長官是都頭、副都頭。五都為營，長官為指揮使、副指揮使。五營為軍，十軍為廂，長官是都指揮使（也稱軍主、廂主），

副長官是都虞候。所以，宋軍的一都為一百人，一廂應該有兩萬五千人。軍隊的規模不大，加上上司習慣調用官兵給自己服勞役，甚至是經商、看家護院，一旦遇到什麼事情能夠調動的官兵並不多，速度也不快。根據《水滸傳》推斷，宋江等人的義軍規模應該不大（有人估計梁山義軍才幾百人），但是驚動了皇帝派遣禁軍來圍剿。可見北宋地方駐軍之少、之弱，中央禁軍的戰力也很可疑，難怪金軍南下如人無人之地。

遼金元諸代是遊牧民族建立的政權，各有其民族特點，但是都保留了樞密院作為最高軍政機構，當然軍令權還是掌握在君王手中。時間進入明朝，當時實行以屯田制為基礎的衛所制。全國要害地區都建立了衛所，一衛大約有五千六百人，長官是指揮使；一衛有五個千戶所，長官為千戶；一千所有十個百戶所；長官為百戶；一百戶有兩總旗，一總旗有五小旗。明朝軍隊還是分中央軍和地方軍兩大部分。樞密院取消了，以五軍都督府掌全國衛所軍籍，兵部掌軍政。遇到戰爭，皇帝任命總兵官出征，戰罷兵歸衛所，總兵還朝。地方軍隊隸屬於駐防的各衛所，歸各省都指揮使司管轄，其長官都指揮使又稱「都司」。

清朝軍隊建制在前面已經有諸多涉及，清軍綠營建制分標、協、營、汛。

標設提督、總兵，也有總督、巡撫直轄的；協也是獨立的建制，長官是副將。標和協都可能下轄營，營是綠營最主要的建制，行軍打仗、招兵買馬都以「營」為單位。營的長官為參將、游擊、都司、守備，沒有一定之規。也有沒法安置的副將甚至總兵，實際充當一營長官的。汛是最基層建制，長官是千總、把總、外委等。

明清之際，一種新的戰爭形式興起了，那就是炮戰，炮戰讓戰爭主角從騎兵變成了砲兵。火藥早在唐朝就發明了，唐宋之際就出現了火炮。南宋軍隊一度就依靠火炮抗擊元軍南侵，延遲了自身覆滅。但火炮

真正成主角，還要到後金和明朝爭奪天下的時候。當時，後金的八旗軍隊擅長騎射，在平原作戰優勢很明顯。

明軍吃了好幾次虧以後，意識到自己不可能在平原上和八旗軍隊爭鋒，所以改為堅守城池，配合大砲防守的戰術，可以稱之為「堅城加大砲」，很快就把八旗鐵騎牽制在幾座大城市之下，把八旗官兵轟得人仰馬翻，努爾哈赤就是在寧遠城外受炮擊，傷重而死的。

後金政權意識到，傳統的騎射打不贏裝配火炮的明軍。八旗軍隊開始砲兵隊伍的建設，其呈現出兩大特點，後來居上：一是起點高，直接利用當時引進的西方火器技術；二是規模大，成建制招降明朝的火炮部隊（比如耿精忠、尚可喜等部明軍）。他們在裝備上更新換代、在訓練上嚴格要求，明朝的降軍就成了清朝的健卒。八旗軍隊發揮「騎兵加火炮」的戰術：先用大砲猛攻城垣，然後騎兵衝鋒、步兵跟進，這成了八旗軍隊克敵制勝的法寶。後金軍隊依靠紅衣大砲，在遼東地區消滅了明軍的主力，在潼關戰役中消滅了大順軍的主力，在揚州消滅了南明政權的抵抗主力。一段時間，清軍非常依賴砲兵，大砲不到，大軍不敢冒進；大砲一到，就集中火力轟擊。

明朝之所以在火炮競爭中失利，可以在制度方面尋找答案。明朝僵化、陳舊的軍事制度阻礙了砲兵隊伍的建設。建造火炮、訓練砲兵、編制專門的砲兵部隊，既需要大量的財政支持，更需要朝廷在人事、行政方面的支持。而且要淘汰落後，編練新軍，涉及現有軍事制度的變革。但是，明的軍事制度強調軍政和軍令的分離、軍隊和指揮的分離，每到戰爭時期，朝廷從全國各地徵調軍隊和糧餉、軍械，拼湊大部隊，再委派指揮官，不可能產生脫離現有衛所體制、專業化的獨立的砲兵部隊。就連現有的火炮，也因為主管鍛造、保管火炮的兵部文官們，沒有技術更新的動力，更缺乏技術更新的資金，結果什麼都不做，眼看著現

有火炮生鏽淘汰，再原封不動複製同樣落後老舊的大砲。

清軍火炮定天下，但清朝並沒有從中汲取經驗教訓，反而強調「騎射乃滿洲之根本」，刀槍入庫馬放南山，不僅沒有保持原有的主力火炮部隊，而且也和明朝的兵部官員一樣，故步自封，坐視火器技術迅速落後。而且，為了防止民間反抗，清朝嚴禁民間製造、私藏和使用火器。對絕大多數部隊，朝廷只允許官兵們使用粗劣火器和冷兵器，對火器的製造和操練之法祕不示人。明清的武舉內容，就沒有火器什麼事。朝廷不鼓勵、不支持火器，火器迅速淡出了中國社會。

上述就是中國軍事制度史的大概情況。詳細情況沒有幾十萬字是說不清楚的。下面，筆者再補充三點古代軍制的專題內容。

第一個專題是禁軍和地方軍的劃分問題。強幹弱枝是皇帝控制軍權的一大法寶。秦漢以後的政府軍主力集中在禁軍。西漢禁軍分兩部分，直接保衛皇帝的駐紮在長安城南的未央宮，稱南軍。南軍又分為兩部分，西漢皇帝的貼身侍衛，都是軍官，由郎中令統領，稱為「郎衛」；與皇帝關係不是太緊密的，守衛皇宮和巡查警戒的武裝，稱為「衛士」，由衛尉統領。另一部分禁軍衛戍京師及其周邊地區，類似首都的警衛部隊，稱北軍，由中尉統領。南軍隨同皇帝出警入蹕，北軍則還承擔策略機動部隊的角色，有可能征伐四方。漢文帝時期設置了「衛將軍」統領南北兩軍。衛將軍地位次於三公，高於九卿，是禁軍總管的角色。到了漢武帝時期，漢武帝有窮兵黷武的傾向，增強禁軍力量，在南軍中增加了期門軍、羽林軍，在北軍中又增加了中壘、屯騎等八部，由八個校尉統領，各部人數從數百到上千人不等，主要承擔策略機動部隊的角色。

東漢禁軍編制基本延續西漢制度，只是北軍中除了衛尉統帥的部分外，西漢八校尉部改編為五校尉部，設置中候統領。到了漢靈帝時期，五校尉部又改為「西園八校尉部」。當時的梟雄袁紹、曹操等人都擔任

過西園校尉。各校尉部實權操於宦官之手。曹操為丞相，挾天子以令諸侯。他把自己的親兵軍官稱為領軍，魏晉南北朝各政權都延續之，帝王禁軍統稱領軍，禁軍統領稱中領軍（資格淺者）、領軍將軍（資格深者）。歷代也有分置多軍的，除了領軍，還有護軍，統領也是中護軍、護軍將軍。此外還有羽林、虎賁、左衛、右衛、游擊等軍。這些軍隊名義上是禁軍，實質是朝廷的主力部隊。掌握禁軍的將領往往能左右朝政，好多篡位者都是禁軍將領出身，比如宋武帝劉裕。至於皇帝的隨扈和侍衛力量，則設置了殿中將軍統領。

隋唐實行衛府制。唐代禁軍也分南北衙，南衙由府兵組成，北衙則由招募的壯士組成。唐代府兵制後來名存實亡，南衙禁軍也名存實亡，官職主要用來安排官員；而北衙禁軍不斷壯大，最後壯大為「北衙十軍」，有左右羽林、龍武、神武、神策、神威十部，其中最強大的是神策軍。左右神策軍名義上有大將軍、將軍，但又有宦官擔任左右護軍中尉掌握實權。在實踐中，左護軍中尉、右護軍中尉成為最強大的政治人物，往往能左右政局。一般是太監首領擔任這樣的實職、要職，朝野尊稱為「左右中尉」。左右中尉操於太監之手，政局就操於太監之手，甚至皇帝廢立都要看太監的臉色。

五代時，各派政治勢力都依靠親兵作戰。親兵稱牙兵，又成太阿倒持之勢，主將要看牙兵臉色。宋太祖趙匡胤就是依靠北周的侍衛親兵力量黃袍加身，建立北宋的。北宋將禁軍分置「三衙」：殿前都指揮使司、侍衛親軍馬軍都指揮使司、侍衛親軍步軍都指揮使司。三衙禁軍數以十萬計，裝備精良、戰力強勁，是政府軍主力。各衙都有都指揮使、副都指揮使、都虞候作為長官，但往往不常設，朝廷不配齊官員，而且各衙互不干涉，防止有禁軍將領在操控軍權、專斷朝政。

明朝的禁衛系統分親軍、京軍、班軍。親軍是明朝皇帝的警衛武

力，有二十六衛之多（明朝實行衛所制），每衛都有都指揮使、指揮同知、指揮僉事等長官，下面還有千戶、百戶等軍官。二十六衛中，最著名的、也是最特殊的，就是錦衣衛。錦衣衛實質是特務機構，專門監督百官，插手司法刑獄，下面有南北鎮撫司。錦衣衛在明朝後期擴充至十餘萬人，可見明朝特務政治之盛。京軍是首都的衛戍部隊，主要有五軍營、三千營、神機營三部分，合稱「京軍三大營」。

班軍是每年從地方各都司輪番抽調到京師宿衛的部隊。清朝的禁軍制度，我們在本書第四講的「宮禁制度」部分已經詳細論及，在此就不重複了。

第二個要講的軍事史專題，是一個有趣的問題：古代戰爭有多少人參與？

我們常常能讀到「雄兵百萬」、「十萬大軍」之類的文字，《三國演義》中細微的軍事行動都會「分兵五千」，給人的印象是中國古代戰爭動員的人數很多。這其中，文學虛構、聲勢浮誇占了很大部分。武王伐紂的時候，西周可謂是傾國而出，總兵力大約是三萬八千人。這可能已經是夏商時期規模最大的戰役了。春秋戰國時期的諸侯國，上國有三五支部隊，每部建制在兩三千人左右。那麼諸侯國的常備兵力也就一萬出頭，這已經算是大的諸侯國了。軍隊離不開後勤，我們討論戰爭參與人數的多少，必須考慮到參戰雙方的物資保障情況，同時還要考慮各方控制的人口。只有綜合考慮這兩方面的因素，我們才能得出符合史實的參戰人數。

漢末三國時期，因為東漢失政、民生凋敝，戰鬥的規模遠遜於演義小說所言。漢末群雄爭霸時期，一個豪強如果能拉起兩三千人的隊伍，完全就可以占據州郡了。當年，編草鞋的劉備，估計就在客商的支持下拉起了數百人的隊伍，也具備了「上場的資格」。官渡之戰中，袁紹號

稱興兵百萬，要統一中原。據估計，他的真實兵力為七八萬。考慮到袁紹占領的並、冀、青、幽四州是黃巾起義、軍閥混戰的主戰場，袁紹又併吞四州不久，能整合這麼一支大軍已經相當不易。估計袁紹是搜盡了所有資源，才勉強維持這支軍隊的後勤保障，不然怎麼會在曹操偷襲了他的後勤基地烏巢後，袁軍迅速土崩瓦解了呢？而曹操當時在豫州和山東地區組織抵禦袁軍的部隊，也就一萬多人。輪到曹操號稱自己雄兵百萬，要和孫權「會獵於吳」的時候，還是政治恐嚇大於實踐。曹軍實際有十四五萬人，此數包括了新歸附的荊州降軍。當時曹操占領區域遠大於袁紹當年，而且經過了幾年的屯田，曹操所組織的大軍人數才遠多於袁紹，而且在戰敗後不至於土崩瓦解。

　　隋煬帝時期，隋朝傾國而動討伐高麗。楊廣號稱是「大軍兩百萬」，真實人數為一百一十多萬。此數除了戰鬥人員，應該還包括了隋煬帝楊廣的行在人員和隨軍官吏。全軍分二十四部，每一天開拔一部，兩部相隔四十里地，所以前鋒到達了遼河，後軍還遠在幽州，真正投入戰鬥的野戰部隊少之又少。為了保障大軍，隋朝徵調的民工數以百萬計，擾動了黃河南北各州縣，導致勞民傷財、民怨沸騰。隋朝耗費「開皇盛世」二十年累積的國力，才勉強發動了如此規模的征伐高麗的戰爭，最終還是元氣大傷，王朝覆滅。隋朝征伐高麗的規模，可能是傳統中國所能發動戰爭的規模極限。

　　唐朝以後大一統王朝，每部正規軍，無論是軍、廂還是司，人數都在一萬人左右或者以下。朝廷似乎都不允許某人掌握超過萬人的部隊。清朝的正規軍編制不到九十萬人，其中八旗軍隊二十萬出頭，綠營部隊定額約六十六萬。但考慮到普遍的「吃空餉」現象，清軍實際人數遠低於該數。

　　第三個專題是將軍名號的演變。我們習慣用「將軍」來稱呼高級軍

第十一講　國之大事：古代軍事和外交制度

官。春秋晉文公設置三軍的時候，三軍指揮官分別是「將上軍」、「將中軍」、「將下軍」。

「將軍」的叫法可能就是這麼來的。當時的將軍是臨時差遣的指揮官，並非常設，常設的是軍政長官司馬、國尉等。秦朝建立後，三公之一的太尉（可能從秦國的國尉演變而來）是全國最高軍政長官。漢代以「大將軍」（中間曾改稱「大司馬」）為最高軍政長官。大將軍位列三公之上，並非常設，只授予德高望重的貴戚重臣。一旦授人，大將軍開府建制，往往能夠威脅皇權。漢武帝曾授霍去病為「驃騎將軍」，僅次於大將軍，也能開府建制，參與朝政。此外又有車騎將軍、衛將軍、前將軍、後將軍、左將軍、右將軍等，都能坐朝議政，決策同是。從大將軍、驃騎將軍到右將軍，八人都位高權重，並非常設，號為「重號將軍」。其中又以大將軍最為尊貴，常常錄尚書事，是文武兼重的真相，傲視三公九卿。野心家常常以大將軍名位為跳板，行篡位奪權之實。如曹魏的司馬懿，八王之亂中的諸王，永嘉南渡後的王敦、桓溫等，都把大將軍當為篡國的臺階。

從先秦到魏晉南北朝，將軍名號是非常金貴的。多少人巴望著一朝拜將！想想當年劉邦以多麼隆重的禮儀，拜韓信為將，那是多少少年郎夢寐以求的夢想！

從漢末開始，情況有所變化。一方面是有強烈的「市場需求」，皇帝就把將軍名號當作安撫、拉攏臣下的手段；另一方面是漢末戰爭頻繁，派遣將領的情況很多，握有軍功的將領越來越多，所以授予出去的將軍名號越來越多。重號將軍不夠用了，就創造出了龍驤將軍、驍騎將軍、鎮軍將軍等許多名號，號稱「雜號將軍」。比如，「書聖」王羲之人稱「王右軍」，因為他曾領「右將軍」，是名副其實的重號將軍。可他之前擔任的是江州刺史、寧遠將軍，寧遠將軍就是雜號將軍。三國英雄

中的趙雲，很受後人喜愛。很多人為趙雲鳴不平，因為五虎將中的其他
四位，都位列重號將軍，而趙雲只是翊軍將軍。不用說，翊軍將軍是雜
號將軍，雜號將軍不能上朝議政，不能開府，權位遠不如重號將軍。不
過後來，趙雲又擔任過鎮南將軍、征南將軍。與趙雲的名號類似的還有
「征」、「鎮」、「安」、「平」四字開頭，搭配「東南西北」方位的將軍名
號，比如安東將軍、平北將軍等。有人把「征鎮安平」字頭的十六位將
軍也視為「雜號將軍」，但更多的人把他們當作「重號將軍」。大體上，
魏晉南北朝的軍職從貴到賤可能是：大將軍、驃騎將軍、車騎將軍、衛
將軍、前後左右將軍、四征將軍、四鎮將軍、四安將軍、四平將軍、雜
號將軍，最末還有「偏將軍」，一般授予資格尚淺的軍官。比如，關羽
投靠曹操之初，就被授予偏將軍，趙雲在劉備占據荊州時期，也擔任過
偏將軍。

　　雜號將軍數以百計，授予既濫又隨意，大體可勉強分為這麼幾類。
第一類是以所部兵馬命名，比如樓船將軍、材官將軍、輕車將軍、強弩
將軍、戈船將軍等，官名突出了部隊屬性。第二類將軍名號和執掌、工
作緊密相關，比如，諸葛亮曾任軍師將軍，主要工作就是出謀劃策。漢
武帝派李廣利征討西域貳師城，給李廣利冠以貳師將軍的名號。此類名
號還有橫海將軍、度遼將軍、征虜將軍、捕虜將軍、討逆將軍等等。第
三類將軍名號則是寄託了帝王或朝野的期望，比如伏波將軍、武牙將
軍、鷹揚將軍、安漢將軍、撫軍將軍等等，趙雲的「翊軍將軍」就屬
於此類。

　　進入隋唐後，衛府兵制興起，各衛府都有同名的大將軍，下有車
騎將軍等名。比如，隋朝的中央左衛中有左衛大將軍，唐代十六衛、
羽林、龍武、神武、神策等軍也各有同名將軍。但是從隋唐開始，「總
管」、「都督」等名號已經取代了軍政和指揮權，將軍漸漸成為授予武官

的散官名稱。明朝時期，有事則置將軍，事罷則免。清朝的將軍，除了繼續是一二品武官的封贈官名外，主要有四種情形：一是宗室爵號，如鎮國將軍、輔國將軍等。二是駐防八旗的最高長官，由滿人充任。駐防將軍掌管駐防八旗軍隊及旗籍民事。三是清朝在黑龍江、吉林、伊犁、烏里雅蘇臺等邊疆地區設置將軍，此將軍是當地的最高軍政長官。比如，奉天將軍是現在遼寧地區的最高軍政長官。四是戰時的臨時稱號，清朝授予統兵元帥將軍，比如撫遠大將軍等。

　　進入民國後，袁世凱曾設「將軍府」，安排各地軍閥和地方都督等實權派，授予威遠將軍、揚武將軍等名號。這是歷史傳統的延續，也是將軍權威的迴光返照。之後，將軍統一劃為上中少三等，沒有具體名號了。

天下觀念與萬國來朝

　　嚴格來說，中國古代並沒有外交。為什麼？普天之下，莫非王土，率土之濱，莫非王臣。所有東西都是皇帝的，所有人都是皇帝的臣民，根本不承認別人跟自己是平等的關係。所以，從理論上來說，中國古代沒有真正意義上的外交，只有接受其他國家朝拜、貢獻的份。所以大家就會發現一件事情，英國人來了以後，第一項事情是什麼？他得下跪。英國人奇怪了，我出使貴國，為什麼要下跪？率土之濱，莫非王臣，君臣大義你懂不懂？你不跪，就是不遵王化、不守禮數，你就沒有面聖朝貢的資格。所以，清朝乾隆時期，中國和英國的第一次官方接觸，就因為「跪還是不跪」的問題鬧掰了。

　　幾千年以來，中國人的眼界都集中在東亞地區，向北沒有超過西伯利亞，向南沒有跨過爪哇島，向西沒有超過印度，向東沒有超過日本列島。中國人的活動，也幾乎沒有超越這個範圍。這就是古代中國人眼中

的「天下」。中國文化發源於黃河流域，華夏民族誕生以來就在黃河流域處於絕對優勢地位，其他的小部落要麼被吞併，要麼主動臣服於華夏民族。華夏民族是在不斷向外融合擴展當中形成現代中國的。中國始終在東亞地區保持「超級大國」的地位，文化最昌盛，經濟最繁榮，人口最多，國力超強，綜合實力是「一騎絕塵」，讓周邊的小國家都望塵莫及。中國自然而然對其他國家擁有心理優勢。從上到下，中國人都沒有現代的「世界」概念，只有「天下」觀念。整個天下都是以中國為中心展開的，其他國家都是「化外之國」、「蠻荒之地」（這是從文化角度說的），或者是可有可無的「蕞爾小國」（這是從實力角度說的），眾星拱月一般圍繞在中國周圍。

古人理想的國際體系，就是遠處的政權都羨慕中華文明，向我們臣服，定期朝拜、進獻土特產，所謂「萬邦來朝」就是這樣。定期朝拜、貢獻方物，就是「朝貢」。中國歷史上的官修史書將周邊各國各民族與中央王朝的友好往來事例一概記作「朝貢」。這樣，就以中國為核心，在東亞地區建立了一個「朝貢體系」。

周邊國家進入朝貢體系，就成了「朝貢國」、「藩屬國」，就必須接受中國的規矩：第一，中國朝廷的冊封是藩屬國君王統治合法性的來源。藩屬國國王死了，新國王不能立刻登基，必須向中國的皇帝報喪，請求冊封自己為新王。中國在這個時候是有選擇權的。只要不是弒君自立、臭名昭著或者對中國態度傲慢、不遵守藩屬禮節的，中國政府都會承認，頒布冊封的詔書。新王在得到中國冊封前不能稱王，而稱世子。如果世子短命，沒來得及得到中國的冊封，那麼他終身都是世子。第二，藩屬國要使用中國年號，奉行中國正朔。中國象徵性地向藩屬國頒發中國曆法，宣教皇帝諭旨。他們對內統治、對外交往時，都要奉中國正朔，以中文為通商交流語言。第三，履行對中國皇帝的「臣子義務」。比如在中國皇帝生日、娶

第十一講　國之大事：古代軍事和外交制度

妻、誕子等，藩屬國君王都要上表祝賀問候，在重大政治問題、外交事務上更要唯中國馬首是瞻。當然了，中國皇帝下令交辦什麼事情，或者叫藩屬國君王來中國朝拜，藩屬國君王是不能拒絕的。拒絕就是抗旨，後果很嚴重──中國皇帝和藩屬國君王類似君臣關係。

朝貢國當中，根據它們和中國關係的親疏，也分一、二、三等。和中國關係最近的藩屬國有兩個，一個是朝鮮，一個是越南。早在戰國時期，中國與越南、朝鮮就有了外交往來。關係穩定時，兩國對中國是一年一貢，貢獻的方物都特別多，使臣不絕於道。明清在北京專門修建了朝鮮館和越南館，接待兩國的朝貢使團。這兩個國家在東亞各國中，與中國關係最好，自身漢化程度也最深。兩國一度都以漢字為官方文字，中國對它們影響之深，可見一斑。當年熱播的韓國電視劇《大長今》，就處處顯示出中國對古代朝鮮的影響，漢字在電視劇中隨處可見。中國為了幫助朝鮮抵禦日本的侵略，在唐代、明代兩次援朝抗日。其中明代後期，為了援助朝鮮抵抗豐臣秀吉，萬曆皇帝幾乎傾盡全力出兵。歷史學家把明朝耗費元氣援助朝鮮看作是明朝衰亡的一大原因。朝鮮感激明朝「再造之恩」，明亡清興後，朝鮮仍舊奉行明朝年號幾十年，統治者們還暗中祭奠崇禎皇帝。中國人都對明朝滅亡漸漸淡化了，朝鮮君臣還在那裡悲悲戚戚、寄託哀傷。

朝鮮、越南兩國是第一梯隊的藩屬國，萬邦來朝的時候兩國使節走在前面。

接下來第二梯隊的藩屬國有琉球、寮國、緬甸、暹羅（現在的泰國）等，這些算是第二梯隊的藩屬國。他們大致都是兩年一貢的國家。琉球大致相當於如今的日本的沖繩縣全部和鹿兒島縣的部分。明洪武五年（西元一三七二年），明太祖遣使攜帶對外通聘詔書前往琉球。琉球中山王察度、山北王攀安知先後受其詔，奉表稱臣，從此開始了長達五百

餘年的友好交往。琉球小國寡民，幾乎完全依賴朝貢關係和中國保持友好關係。中國稱讚琉球國「其虔事天朝，為外藩最雲」，對它「恪盡藩守」，「恭順可嘉」的誇獎不絕於詔。

爪哇、菲律賓、尼泊爾、中亞諸國等，則是第三梯隊的藩屬國。他們不是三五年一朝，就是中國對他們的朝貢期限沒有強制的要求。一些與中國沒有固定朝貢關係，偶爾來朝的國家也被中國歸入這個梯隊，比如天竺（印度）、錫蘭（斯里蘭卡）等。

有一個國家很特殊，與中國主導的朝貢體系若即若離，是整個東亞地區的「另類」，這個國家就是日本。其他國家是臣服於中國，感慕偉大的中華文化、懾於強大的中國國力，只要是統一中國的皇帝，他都跑過來朝拜。清軍剛占領福建的時候，俘獲了琉球朝貢使團。這個使團出發的時候，崇禎皇帝還在，他們的使命是來朝拜崇禎皇帝的。到了福建，琉球使團一看中國政局改朝換代了，把賀表的皇帝名號一換，照樣北上，繼續朝貢。但是日本不一樣，它看人。唐朝強盛之際，日本對華恭順，定期朝貢，遣唐使和留學生接踵而來。後來唐朝分裂了，國事衰敗，日本就不來朝貢了。宋朝國力遜於唐朝，日本就不那麼恭順了。這個國家會對比兩國實力來決定自己的態度，他佩服強者，行為有很濃的功利性。朝貢制度的首要內容是政治上藩屬國要承認中國的宗主地位。只有中國的皇帝才能稱皇帝，藩屬國君主只能稱王。但日本君主就號稱天皇。隋朝的時候，日本天皇給隋煬帝送來一道國書，名字叫作「日出之王致日落之王書」。隋煬帝當場就把國書給扔了。

筆者讀研究生時，班上有日本同學，也有韓國同學。一次，筆者在課上發言說，朝貢體系類似於一個同心圓，古代中國是核心，其他國家根據關係的遠近圍繞著核心轉。韓國同學點頭同意；日本同學說不對，古代東亞的朝貢體系不是同心網，而是有「雙核」，一個是中國，一個是

日本。這就顯示了他們和我們理解的古代東亞格局的差異。

　　下面，從政治、貿易和文化三大方面來看看「朝貢」有哪些具體內容。

　　朝貢的政治內容主要是「一來一往」，藩屬使團到中國來是「朝貢」，中國派人到藩屬去是「冊封」或「宣慰」（因此，有人說「朝貢體系」的說法不準確，應該是「朝貢─冊封體系」）。中國最看重這一來一往蘊含的政治含義，而政治含義又具體體現在跪拜、磕頭等禮數上面。中華帝國將「禮」上升到國際交往行為準則的高度，甚至不惜催發民力、消耗重資。目的有二：一來維護自己「天朝大國」的地位，核心是營造和維護皇帝至高無上的形象與地位。二來透過禮節強化「宗主─藩屬」的關係，強調雙方的權利與義務。朝貢體系中的禮儀一點兒都不能馬虎。故宮前的中山公園有一座「習禮亭」，亭子很小，卻是赤紅色亭身、雕龍琉璃黃瓦，十分惹人注目。這亭子便是朝貢體系的遺物，是當年貢使入宮覲見皇帝前學習天朝禮節之地。清朝康熙年間，朝廷以俄羅斯使臣「不知禮」，將之驅逐出境。不遵守朝貢禮節，其他一切免談。

　　先來看看「冊封禮」。接到藩屬國世子的冊封請求後，清朝會派遣冊封使（通常是科舉出身的中級京官）前往。冊封使抵達後，藩屬國文武官員要叩拜迎接中國使團，恭恭敬敬地把使團送入「天使館」歇息。天使館專門為接待中國冊封使而設，物資齊備，內設各種接待人員。挑選日子後，世子、大臣陪同使團一行前往先王廟諭祭先君，宣讀祭文，然後將祭文副本投入爐中焚燒。藩屬君臣行三跪九叩之禮，稱為諭祭禮。諭祭之後，擇吉日舉行冊封之儀。當天，京城彩旗飄揚、禮樂齊鳴。冊封儀式在藩屬國王宮正殿前舉行，世子要在宮殿大門口跪迎天使。中國冊封使直入王宮，藩屬世子登上闕庭，焚香伏拜，隨即下臺與群臣對著放著詔書和賜品的龍庭行三跪九叩之禮，稱為拜詔禮。禮成，宣讀官宣

讀冊封詔書，君臣人等伏聽。宣讀完畢，世子再行三跪九叩之禮，稱為謝封禮。接著，冊封使呈上中國皇帝的賞賜，一般是中國王爺級別的衣冠、皮服、彩幣等等。世子接過禮物，轉交大臣安放桌上，再三跪九叩，稱為謝賜禮。接著，藩屬世子再次三跪九叩，詢問中國皇帝是否安好，稱為問安禮。隨後，世子接受冊封的詔書，最後一次三跪九叩，稱為謝恩禮。冊封儀式就此結束。整個場面肅穆。有時，中國政府還有頒賜給王妃的諭旨和賜品。王妃便在藩屬國王受封後，伏跪聽旨，三拜九叩，再由藩屬國王代為收受賜物。如果不是「冊封禮」，而是「宣威禮」，則省去了諭祭先君、謝封禮等環節。整個過程持續數十日，使團在藩屬國逗留期間，藩屬國王會設宴款待使臣，每次宴請都要有所饋贈。使團返程，藩屬國王通常還要親率大臣跪送。

再來看看「朝貢禮」。每到朝貢期，朝貢使團攜帶貢品，經過申報、檢查、驗看、勘合等程式，中國地方官府認定他們是貢使使團後，迎入專門的驛館歇息。本著「厚來薄往」的原則，中方對朝貢使團的高標準接待正式開始。使團不能私自進京，需要等候中國皇帝的聖旨。地方官府向朝廷申報藩屬入貢，皇帝允准使團觀見後，使團才能正式進京。

使團入京，地方官府要遴選文武官員二三名全程陪同往返。使臣一行由鼓樂導行，官員乘轎，從者乘馬乘車，投宿公館；沿途各省地方官均派官員負責其境內的迎接、護送及交接，一切費用由中方承擔。其住宿之地，中國官兵晝夜守護。清朝規定：「外藩遣使進貢入關後，即飭該使臣趕緊起程，並飭伴送官沿途照料，妥速行走，務於十二月二十日以前到京，以符定制。」限定這個日期是為了讓貢使在元旦之日參加「隨班朝會」的盛典，讓他們能親自朝觀皇上，以睹「龍顏」；同時出席皇帝的盛大招待宴會，這既是清政府對藩屬使者一種高規格的接待，也反映了清政府對藩屬的友好態度。若貢使未能依限抵京，護送官員要受到降級等處分。

第十一講　國之大事：古代軍事和外交制度

　　貢使到京，入住各自專門館舍。使團主要由禮部承擔接待任務，戶部、兵部、工部、內務府等部衙分別配合承擔財務報銷、安全保衛、館舍修繕、後勤保障等工作。使團到京第二天，館舍提督官要引導貢使到禮部，拜會禮部堂官，貢使遞送表文、章奏。禮部把表文送交內閣，並收下貢品。接著，貢使要等待通知觀見皇帝。以清朝琉球入貢為例，貢使在北京的行程是相當緊張的：納貢、習禮、觀見、領賞、筵宴等等。其中的重頭戲為觀見皇帝。「屆日帝御殿，禮部尚書引貢使入，通事隨行，至丹墀西行禮畢，升自西階，通事復從之。及殿門外跪，帝慰問，尚書承傳，通事轉諭，貢使對辭，通事譯言，尚書代奏。畢，乃退。如示優異，則丹墀行禮畢，即引入殿右門，立右翼大臣末，通事立少後。賜坐、賜茶，均隨大臣跪叩，飲畢，慰問傳答如初。出朝所，賜尚方飲食，退。翌日赴午門外謝恩。」禮部奏請皇帝賞賜琉球國王和貢使，皇帝照例准許。乾隆末期賞賜琉球國王的物品有：錦八匹、織金緞八匹、織金紗八匹、織金羅八匹、紗十二匹、緞十二匹、羅十二匹。貢使要三跪九叩，禮部主客司官員把賜物授予貢使，貢使及其隨從也都有賞賜。事後，賜宴禮部，使團可以去赴宴了。賞賜之後，明清都允許使團在京開市貿易。貢使通常還要被皇帝詔對，赴國子監瞻孔等。

　　使團返程，經過省會城市，該省官府都要出面宴請，由司道級別的官員主持，也是高標準接待。來華留學的、旅遊訪友和貿易的藩屬國官民都可以隨同返國。這一來一往的過程很煩瑣、很嚴肅。一方是反覆宣講，一方是一路叩拜，就在這一講一拜中，朝貢體系背後的思想內涵得到了鞏固。

　　在政治內容之外，朝貢體系中蘊含著蓬勃發展的貿易活動。為了顯示泱泱大國的雄厚實力，也為了懷柔遠人，中國對朝貢採取「薄來厚往」的原則。藩屬國進貢後，中國一般按照貢品市場價格的八到十倍給予賞

賜，等於是花八到十倍的錢來「購買」貢品。而貢品為該國土產，本便低於中國市價，其間獲利極豐。

「利益」二字在整個朝貢活動中發揮了重要作用。事實上，臺上的官方活動可能並非使團的興趣所在，更讓他們在意的還是做生意。使團除貢品外，往往攜帶大量商品到中國來做買賣。

除了「購買貢品」外，朝貢活動中還有兩條免稅的正規貿易管道。一條是使團在邊界地區的貿易。使團中的大多數人其實並沒有進京，而是留在邊界貿易。

他們銷售攜帶的貨物，並收購中國特產回國。還是以琉球使團為例：蘇門答臘胡椒在產地每斤十文，琉球所帶胡椒在中國售價每斤三十貫，利潤高達三千倍。暹羅盛產蘇木，琉球中轉蘇木的市價是暹羅商人販運蘇木的兩倍。琉球使團有時攜銀不下十萬兩，利潤可想而知。使團攜帶歸國的貨物規模也相當驚人。琉球貿易商品之多，就是滿足全體國民的購買需求也綽綽有餘。有人推測琉球從事中國商品的轉口貿易也是在情理之中。

明清兩代，中國官府多數時候實行嚴格的海禁政策，不准中國人出海貿易。

這裡插敘一下海禁政策。中國海禁興起於明朝，表面理由是防備倭寇。事實上，倭寇的起因也是官方的朝貢貿易限制太死，規模有限，不能滿足日本對華貿易的需求。於是，分沾不到朝貢貿易利潤的流亡武士與商人乾脆走上了武裝劫掠的道路。明朝政府深信自身能夠自給自足，不需要對外貿易，所以閉關鎖國，嚴格禁止商民和貨物出海。清朝初期為了防範沿海反清勢力，繼承了嚴格的海禁政策。

收復臺灣後，清朝一度放鬆了海禁，但為期不長，很快就重新執行海禁政策。康熙五十六年（西元一七一七年）頒布「禁海令」，嚴禁華

第十一講　國之大事：古代軍事和外交制度

人出海，嚴禁販賣船隻糧食等給外人，禁止華人居留外國；對外商來華船隻嚴加防範。海禁政策的實質是盡量防止中外接觸。乾隆二十二年（一七五七年），清政府宣布將江、浙、閩海關的西方國家對華貿易事務集中於粵海關，廣州自此成為中國海外貿易的唯一港口。海禁政策造成了中國商品在海外市場的稀缺，也造成了海外商品在中國市場的稀缺，使得涉華中轉貿易利潤豐厚。而朝貢貿易可以合法獲取中國商品，營利極豐。藩屬國朝貢貿易的熱情大漲。

　　另一條免稅的貿易管道是朝貢使團在北京展開的商貿活動。朝貢之後，中方允許外國使團在下榻的館驛「開市」，而且「不拘期日」。使團就能銷售隨身攜帶的本國商品以及沿途販運來的商品，同時購入返程商品。比如，乾隆皇帝恩准琉球使團每年可以購買生絲五千斤、二蠶湖絲三千斤。琉球使團在福建省購買北方稀缺物品，再購買北方特產同南方販賣。這一來一往，沿途由中國政府護送，貨物無憂，不用擔心物流成本。利潤少則數十倍，高過百倍者也不稀奇。外國使團館驛開放之日，「胡人持各色物貨入來，館中紛沓如市。蓋告示榜揭，後門無禁，人皆任意入來故也。」長此以往，京城朝鮮使館周圍，有專門以朝鮮人為貿易對象的商家，稱為「東商」。琉球使團下榻的會同館附近也有專門的貿易場地。琉球使團就曾因為中國商人拖欠貨款，透過外交管道要求中國官府出面「追債」。

　　朝貢貿易的利潤極高，使得琉球等同的朝貢熱情很高，常常不按定例以各種名義頻繁「進貢」。比如，琉球國官生在國子監學習肄業歸國後，琉球國要附進謝恩貢；皇帝恩賜匾額（甚至「福」字），琉球也進謝恩貢。清朝則希望「照章辦事」，雍正年間規定謝恩不遣專使。但是，琉球使團仍會額外到來，清朝便將物品抵作下屆正貢。如乾隆二十一年（西元一七五六年）貢使攜物至，清朝下令後延為下一次正貢；但兩年

後，貢使又捧著貢物來了，清朝只好再次把它順延為兩年後的貢物。

中國對藩屬朝貢大加賞賜，厚來薄往，看起來不划算，仔細分析，中國也從中獲益了。中國最直接的收益就是關稅。乾隆二十八年（西元一七六三年）粵海關關稅收入達四十一萬一千百二十三兩，到一七八八年至一七九七年十年間該海關關稅收入年均一百零二點五萬兩。難怪美國學者費正清說：「朝貢制度的奧妙，是它已成為通商的媒介這一事實。」朝貢貿易還推動了民間貿易的蓬勃發展。中國的商品，主要是絲綢、茶葉、陶瓷等與其他國家地區的商品有極強的互補性，在各條航線、商路上都大受歡迎，需求漸增。因此其中的貿易額驚人，在十六世紀末期，印度果阿每年運往澳門的白銀便達到了二十萬兩。因為貿易的發展，從明朝中葉開始，珠江三角洲地區自給自足的塘魚生產發展成了商品性的桑基魚塘模式。這種三角洲低窪地開放的集約生產方式的出現，是生產經營方式的變化，促進了養蠶植桑的極大發展。在「絲綢之鄉」江南地區，葡萄牙人甚至按照特殊需求在中國訂製貨品，規定出絲綢的寬度、長度、花樣、重量進行製作，以適應歐洲的市場需求。

朝貢的文化內容，傳播擴散了中華文化，塑造了今人所稱的「東亞文化圈」。朝貢的文化遺產可能才是最重要、最深遠的。政治關係、貿易利益可能都是暫時的，但是植根於人心的文化，才是長遠的。歷朝歷代也重視與藩屬國的文化交往，尤其重視對朝貢國傳播儒家文化。還是以琉球國為例，明清時期琉球先後十六次派人來華學習中國語言、文化、制度和技術。明清政府對琉球學生教育一視同仁，有月考、季考、歲考，衣食住行都待遇優厚，有專用廚房；各官生從人另有衣食住行的安排。琉球留學生一般在華生活四載有餘，感慕華風，對中華文化非常熱愛，在維護朝貢體系中起著中堅作用。一八七九年，日本在琉球廢藩置縣，原官生林世功來華進京，長跪乞師求援。翌年，日本拋出分割琉

球國條約，林世功在華自刎而死。鑑於琉球的恭順，清廷對琉球賞賜尤多。日本那霸重修的首裡城公園入口處是一座中國式牌坊，懸掛有康熙賜之「守禮之邦」漢字匾額，稱「守禮門」，沖繩人敬之為「國寶」。琉球地區至今還遺留著許多漢文化的痕跡，包括廟宇、匾額、聯拾、風俗等。琉球如此，朝鮮半島也是如此，越南更是如此。越南也有文廟，文廟中也有越南歷屆科舉高中者的「科名錄」。朝貢的文化遺產，可能是現在中國展開周邊外交的重要資源。

我們得承認，朝貢體系下的各國關係是不平等的。那麼，為什麼其他國家會參與其中，而且這個體系還運轉了上千年呢？

首先，中國確實是一個巨無霸級的超級大國，藩屬國沒有向中國叫板的實力。但是，朝貢體系不是建立在暴力基礎上，很多藩屬國是心甘情願參與的，因為朝貢往來能帶來切實的利益。中國厚來薄往，不吝賞賜，藩屬國每一次磕頭都不是白磕的。越南向中國進貢牛角、象牙，從中國拿回糧食、火器和絲綢；朝鮮向中國進貢紫菜、海帶、泡菜，從中國拿回文房四寶、馬匹兵器；琉球向中國進貢硫磺，從中國拿回的就更多了。藩屬國用低附加值的貢品換來了高附加值的東西，換作是誰都願意多交換幾次。而且在海禁的大環境下，一些必需的物品，比如治病救人的中草藥，只能透過朝貢貿易來交換。還有文化教育方面的收益，藩屬國也只能在朝貢體系中獲得。所以朝貢對藩屬國來說有利可圖。

其次，藩屬國出於安全考慮，接受朝貢體系。在國際體系中，超級大國能給所有成員提供很多公共產品，其中最明顯的就是「安全」。為什麼朝鮮、琉球等國家非常積極地來朝賀？在政治上與中國捆綁在一起，在安全上就緊靠中國。

朝鮮遭遇日本入侵，它首先想到的是向中國告急。歷史上，中國多次出兵幫助朝鮮。琉球也是如此。一八七九年，日本要吞併琉球，琉球

主要應對措施就是派使團到北京告急。當時的中國已經無力出兵保護藩屬國，琉球使節就在天安門前自刎了。這是外部的安全，朝貢體系還能給藩屬國提供國內安全保障，協助維護國內政權的穩定。比如，國內有野心家要推翻皇帝，如果得不到中國的認可，他篡位成功了也是白搭，中國不承認。被推翻的君主逃亡中國，可以借助中國的軍隊返國復位。晚清的時候，朝鮮國內局勢動盪，各個派系都爭奪王位，可是都離不開爭取中國的認可。藩屬國用對中國的朝貢，換取自身政權的穩定和國家的安全。

　　在天下觀念和朝貢體系中，強大的中國也不可能迫使朝貢同割地賠款，更不可能吞併後者，這就保障了後者的安全底線。隋煬帝三征高麗，都鎩羽而歸。

　　這裡面就存在一個邏輯悖論，朝貢體系導致隋朝發動的戰爭目的不明確。隋朝不占地、不治民，一時占領了城池，遲早也要還給高麗人。中原皇帝要的只是「臣服」。這多多少少會造成將士認知混亂，缺乏動力，也讓抵抗者有清晰的「最壞預期」，堅定抵抗決心。甚至，有的抵抗者會用虛假的臣服來換取隋朝撤軍，撤而復叛。

　　以上原因，決定了古代東亞的藩屬國能夠接受朝貢體系。

　　如今回過頭來考察朝貢制度，它最大的問題就是盲目自大導致的僵化。古代中國人只知道有天下，不知道有世界。在自己的天下中待久了，自然不自然地就覺得自己是天下獨尊，天底下中國最強大、文化最昌盛，其他的國家都是蠻夷之邦。於是，「夷夏大防」、「犯我中華者、雖遠必誅」等觀念都出來了。筆者不否認其中有客觀因素，也有一定的合理性，但是這些觀念不利於中國人形成開放、寬容的心態。同樣，建立在中國核心地位基礎上，接受對中國的朝貢義務才能「准入」的朝貢體系，也缺乏開放、寬容的心態，制度本身沒有伸縮性、靈活性。這樣的

制度、這樣的國際體系，經過千百年後就變得僵化了、故步自封了。

　　同時，朝貢體系的物質基礎是中國處於絕對強勢地位。中國的強大，是朝貢體系運轉的基礎。可是，如果中國自身開始衰弱，朝貢體系該怎麼辦呢？

　　所以，當歷史走進近代，當中西方突然面對面遭遇的時候，中國還固守朝貢體系不放，不願意與近代國際體系融合，悲劇就發生了。西方用大砲逐漸打破了東亞原有的體系，蠶食了中國的藩屬國。越南、朝鮮等最終都淪為殖民地。日本透過甲午中日戰爭，擊敗了中國，徹底埋葬了朝貢體系。中國不僅無法維護朝貢，自身也成了列強宰割的對象。

第十二講
制度之力：如何看待古代政治制度

第十二講　制度之力：如何看待古代政治制度

權力是個好東西，很多人往往經不住權力的誘惑。歷朝歷代都有野心家、亂臣賊子。其實，對權力沒有必要迷信、盲目羨慕。權力會伴隨著很多東西，比如責任、擔當和各式各樣的束縛。任何事物都是辯證的，不可能讓一個人享受無上權力的同時又讓他享受不受任何約束的自由。人人都覺得當皇帝很好，殊不知，有很多東西對皇帝來說是奢侈品：自由、愛情、親情。歷史記載的一些昏君的荒唐舉動，比如，隨意出官、遊山玩水、爬樹掏鳥窩、和臣下沒大沒小等等，換作是老百姓，一點問題都沒有。所以說，任何東西都是有代價的，跟權力相伴的有很多束縛和擔當。如果沒有做好心理準備進入權力場的話，一進去可能就會被重擔壓垮。

大家覺得當朝一品的宰相很風光，位極人臣，各式各樣的東西都有了。但是，他三更天要起床，起床以後迅速穿戴去上朝，萬一皇帝沒住在紫禁城，住在頤和園，你頭一天就得趕到頤和園旁邊待著，上完朝以後不能馬上回家，皇帝交代的事情得辦完，需要擠在軍機處的小黑屋裡塗塗寫寫。一品高官都是六七十歲的人了，別人六七十歲早退休了，他還貓在小黑屋裡寫東西。你覺得他容易嗎？

清朝軍機大臣張廷玉，歷事三朝，他從三十幾歲到七十幾歲都在紫禁城待著。他在紫禁城的時間比在家裡的時間長，工作太忙了。工作忙對於古代官員來說真不是一個藉口。明朝文學家袁宏道當了吳縣縣令，雞還沒叫他就得起床，起床以後有很多事情，比如迎來送往，比如蘇州的錢糧稅賦，比如下級要來向他匯報工作；又有很多過路的官員，認識不認識的，或者輾轉能認識的，都需要接待。到了傍晚，因為蘇州是省、府、縣駐地，各級官員都有，他得陪著上司吃飯。期間，隨時可能有本地鄉紳、讀書人找來，有各式各樣的應酬；老百姓隨時可能攔轎喊冤，上衙門告狀，他要接待。萬一當天來了上司公文甚至聖旨，他還得

擺好儀式去跪接；萬一遇到了催科逼稅的時候，他還要下鄉。袁宏道一般得忙到晚上十一二點才能回後衙。這個時候，一天的正常工作才剛剛開始，袁宏道這才開始正式看公文、批公文。每天早上三四點鐘才能睡覺，天沒亮又得起床幹活。這就是一個明朝官員的作息。

有人可能會問，既然權力伴隨這麼大的重壓，為什麼還有那麼多人想要獲取權力呢？第一個原因是沒有學過政治制度史，只看到了當官以後光鮮亮麗的一面，沒有料到伴隨而來的壓力和負擔；第二個原因是他雖然看到權力的重壓，但他覬覦權力的另外一方面，就是貪汙受賄、以權謀私等等。當然，還有極少數人是願意承擔這麼巨大的壓力的，他渴望有一個舞臺去施展自己的抱負。這就是為什麼權力的重擔明明擺在那，古代很多人還要對權力趨之若鶩的原因。

古代政治制度的若干特點

首先，中國古代政治制度在實踐時存在行政主義傾向，就是以行政力量為中心，一味從政治體制自身的利益出發，封閉式運作。比如司法運轉，無論從初審、覆審到終審，還是平反、昭雪，都是在司法系統內部一層層公文流轉、審批運作。到最後難免變成為了滿足制度當中的一些形式主義的要求，為了滿足一些法律條文而去製造「案情」。自我監察也一樣，往往是為了滿足每三年一次的例行公事，為了符合四大方面的考核要求去生搬硬套，去進行你好我好大家好的評比。推而廣之，整個古代政治制度都存在這樣的問題：以行政為中心。

明朝洪武年間爆發了「空印案」，當時地方的錢糧稅賦需要年度審核，戶部要和地方政府對帳。做過實際工作的人都知道，實際情況不可能和白紙黑字的規定百分百吻合。地方每一文錢帳目都核對清楚，這只

第十二講　制度之力：如何看待古代政治制度

存在於理論上。天下那麼大，每一個地區、每一筆開支的情況各不相同，官吏本身又是流動的，不可能每個銅板的收支都符合規定、庫裡的錢物和帳上的數字都對得上。對不上怎麼辦呢？那就以中央戶部的紀錄為準，各個地方官府每年派人到戶部「送審」，隨身攜帶一些蓋好了公章的空白公文，戶部的數目是多少，來人就現場填上。這樣一來，中央和地方看起來都是帳同一致的。這就是典型的行政主義做法。

一些行政崗位人員，乃至具體辦事的刀筆小吏，因為行政主義的傾向導致實質權力很大。乾隆時期有個大將軍叫福康安，福康安出征西藏回來後報銷軍費。

有天晚上，戶部有個書吏來找福康安，大家想想戶部的書吏和福康安隔著多大的身分和地位的差距。那個書吏來了以後，張口就問福康安要錢，而且是幾萬兩白銀的要。福康安說：「你知道我是誰嗎？」書吏說：「我當然知道你是誰，可你知道我是誰嗎？」小吏接著說，「將軍的軍費報銷公文在我手裡，我可以今天給你辦，也可以明天或者下個月給你辦，明年給你辦完也是正常的。這由我說了算。我說你哪筆錢兩支出不對，就是不對，我隨隨便便就可以找出紕漏來，說整個報銷的帳目有問題。大將軍，我給你拖個兩年三年，說不定到時候皇上都已經忘記了你現在的功勞了，那個時候再說你帳目混亂，你怎麼辦？」福康安想想，還真是這樣，他對這個小吏一點辦法都沒有，只能忍氣吞聲。就是這麼一個毫不起眼的角色，因為政治制度的行政主義傾向，導致了如此不可思議的事情。

晚清時期，曾國藩平定了太平天國，面臨的最大問題也是報銷軍費。那麼多湘軍的軍餉，那麼多的軍需物資、槍械、輪船，都得讓皇帝報銷。曾國藩是找了中間人，跟經辦的書吏討價還價。他要報銷的軍費是四千萬兩左右，答應給辦事書吏四十萬兩。雙方談攏後，曾國藩再開

始編造帳目，申請報銷。想不到，慈禧太后突然發話，曾國藩立下了這麼大的功勞，就不用核查了，曾國藩報上來多少朝廷就給他撥多少。曾國藩是感激涕零，說這是「曠古未有」之恩。連太平天國都給鎮壓了，不用核查就能報銷，為什麼就成了曠世未有之恩？因為慈禧太后的話，讓曾國藩省去了很多行政方面的糾纏，卸去了他的責任和重擔。即便如此，曾國藩還是給了戶部的書吏幾萬兩「辛苦費」。因為曾國藩和戶部不是只打這一次交道，以後還得打交道。這也是一個典型的行政主義怪象。

行政主義傾向，導致整個體系及其官員不去努力提高業務能力、實地調查，而是迎合、維護體制運轉本身的要求，頑固地站在體制的立場上去處理實際工作。在此之中產生的諸多怪現象，從正常角度來看可能匪夷所思，從行政體制的角度去思考，卻是正常的。它不僅導致了行政成效的問題，還影響了行政效率，行政成本居高不下。大量的人力、物力和財力，消耗在了行政運轉之中。舉個例子，在如何應對北方遊牧民族威脅的問題上，古代朝廷存在「通商互市，用經濟利益懷柔遠人」以及「整軍備戰，出擊遊牧民族」兩種意見。前一種「主和」派的意見，刨除和平主義思想以外，很多持這種觀點的人是從現實利益角度思考的。在高度行政主義的體制下，大軍調遣的行政成本就超過了與遊牧民族通商、懷柔遠人的經濟成本 —— 還不包括作戰期間的損耗。戰爭機器一運轉起來，成本就高得嚇人，有「大砲打蚊子」之嫌，還不如變相送錢給遊牧民族划算呢！又比如，為了監督行政績效，防止腐敗貪贓，歷朝歷代都有反腐敗、防惰政的措施，甚至是機構。可在行政主義傾向下，新措施、新機構往往產生新的問題，自身的腐敗和效率問題就讓人頭疼，最終往往是「防弊之法有盡，而舞弊之事無窮」。典型的如北宋後期，為了裁撤冗官冗員，朝廷先成立一個專門負責機構，調查研究，制定措施。結果，沒有一人一衙撤銷，相反卻多了一個新衙門、一套新團隊。

第十二講　制度之力：如何看待古代政治制度

　　其次，如何看待中國古代政治制度當中的兩個關鍵概念之間的關係，一是君主專制，一是中央集權。

　　君主專制指以君主為核心，皇帝個人專斷獨裁，集國家最高權力於一身，沒有或者缺乏必要的制約。中央集權指中央政府掌握國家權力，地方政府行為受到限制，力量有限。中央集權便利了君主專制，君主專制得益於中央集權。集權推動專制，專制得益於集權。如果沒有中央集權的前提，君主專制在中國古代不會發展到登峰造極的地步。同時，君主專制反過來鞏固了中央集權，最終導致中國古代政治制度只有一個權威、一套系統、一種控制。

　　中國古代政治制度，圍繞皇帝的權威，建立了一系列複雜的系統，這個系統當中只有一種標準，那就是皇帝的標準；只有一個權威，那就是皇帝老子，容不得有其他的東西。在系統中，皇權幾乎不受任何制衡。

　　大家學過生物，都知道生態系統是建立在相互制約的基礎之上，是一種動態的、發展的平衡。在自然界的生態系統當中，沒有任何一個生物具有絕對優勢，沒有任何一種力量支配著整個生態系統，沒有任何一種力量能夠推動整個生態系統的發展。它是動植物、水、光照、熱量各式各樣的因素混合在一起的、動態發展的過程。但是，在君主專制和中央集權下面，並不存在相互制約的基礎，政治體制就是一條線路、一個標準、一個目的。我們讀史書，會發現古代很多政治制度只有一個目的，就是皇權統治 —— 不管是司法、財政、人員任命，還是宮廷制度，最終的目的就是維護皇帝的絕對專制。

　　首都師範大學的魏光奇教授在《有法與無法》一書當中，提出了一個值得深思的觀點。古代的中央王朝，老跟北方遊牧民族打仗。一開始，中央王朝總處於劣勢，過了幾十年甚至上百年之後，中央王朝才慢慢地轉為優勢，最後戰勝遊牧民族。這個現象在古代史上循環往復，一

開始是打匈奴人，後來是鮮卑人，再後來是和突厥人、契丹人作戰，都是如此。這是為什麼呢？

司馬光在《資治通鑑》裡提出一個解釋：北方遊牧民族勝在他的「無法」，中央王朝敗在他的「有法」。「無法」指的是遊牧民族沒有繁文縟節，沒有太多的規章制度和約束，所以每個人自由發揮的空間很大，每個人的積極性和創造性不受約束。行軍打仗、攻城略地的時候，單兵作戰力比農耕民族的士兵的作戰力要大得多。漢朝、唐朝、宋朝，表面上看起來各種規章制度很齊全，稱得上「有法」。臨陣作戰的時候，整個體制也好，官兵也好，反而受到繁文縟節和各種規章制度的束縛，不能自由發揮個體的積極性和創造性。所以，一開始遊牧民族勝在它無法可依，中央王朝輸在它有法必依。戰爭發展到後來，需要動員大兵團進行主力會戰，需要進行持久戰。這個時候，制度的優勢就體現出來了，中央王朝能把更多的人組織起來，能夠保障後勤，能夠維持健全的軍隊組織，所以對抗四十年、五十年之後，有法的終究要戰勝無法的。

北方遊牧民族就真的無法嗎？在制度層面，他的確缺少規章制度，但是宏觀來說，在思想觀念上，遊牧民族是有法的。比如，公平公正的原則，出力多的人分配得多，勇敢的人獲得名譽和尊嚴；又比如，原始民主的痕跡，匈奴的單于由部落聯盟開大會選舉產生，而且對於暴戾無能的單于，匈奴貴族階層是可以推翻他的。中國古代政治制度就是有法的嗎？如果說有法，的的確確是各種法都有，但真的就是有法嗎？皇帝可以無法無天。在集權專制之下，所謂的法是一種表象的、細節性的、低級的法，在政治理念上、在對皇權的約束上，它終究還是無法的。沒有政治理念，或者說缺乏原則信仰的具體制度，是低級的。就好像一場沒有目的、只有細節規定的遊戲，不會是一個好的遊戲，是為了遊戲而遊戲。

中國古代政治也類似。承平時期，很多政治人物的重要工作是維持

系統的穩定，保證各元素間的平衡，而沒有思考理想、觀念等問題。皇帝要保持權力結構的平衡，在各派力量中間「走鋼絲」；官員在體制內部的各個條塊之間保持平衡，保證轄區內各種力量的平衡。「權衡」二字，由此成為中國特色的政治實踐術語。

到了近代，西方列強來了。它們面對的是一個政治高度發達的中央王朝，最後西方列強打敗了清朝，我們可以看成是「無法打敗了有法」，因為西方的政治制度跟一八四〇年的清朝相比，遠遠比不上清朝政治制度那麼縝密、覆蓋面那麼廣泛。英國贏在「上有法、下無法」，中國是「下有法、上無法」。西方「上有法」指的是其政治理念和政治哲學是有法可依的，從上到下、從老百姓到英國女王大家都接受了最基本的政治理念，比如人的權利要保障，再比如權力要相互制衡。中國有繁密的賦稅制度和司法制度，但在政治理念上並沒有像西方那樣明確的、近代的政治理念。如果從上到下對人的權利都沒有達到共識，你怎麼能夠確保自己最後制定出來的政治制度能保障每個人的權利，在跟西方列強競爭的時候又如何保障每個人能得到他的權利、履行他的義務；如果沒有權力需要制衡的意識，在後來又怎麼能防止其中一個權力，不管是皇權還是軍閥一支獨大？所以，近代以後，中國不斷沉淪，很重要的一點是「上無法、下有法」。制度沒能激發中國人的積極性和創造性，反而是束縛了中國人的手腳。

高效制度，低效制度

法不可自行，離開了人談制度，是沒有意義的。政治制度的執行，最終要靠人。政治原則能否貫徹落實，最終要依賴官員。官員的涵養和工作效率，左右著政治制度的運轉。政治體系的長治久安，最終要靠老

百姓的忠誠，依靠老百姓的支持與付出。政治體制要爭取老百姓的支持，就要顧及老百姓的喜好與利益。人雖然在政治制度之外，卻是和政治制度生死攸關的因素。如何調動人的積極性，是政治制度的一大課題。

從制度和人的關係的角度，可以來判斷一個制度的效率高低。

西方資本主義興起的時候，原始累積的一大來源是奴隸貿易，從非洲往美洲販賣黑人。開始的時候，黑人在運輸的過程當中會死掉大約四分之三，四個黑人在非洲海岸上船，最終能夠踏上美洲的只有一個。這對於奴隸貿易的各方來說都是損失，大家全輸。奴隸商人的商品在運輸的途中損失了大半，奴隸買家能挑選的餘地很小，奴隸的生命更是受到了極大的威脅。有人就分析問題出在哪裡。原來，販運黑人的船隻是裝了多少奴隸就收多少費用，你讓我運四個奴隸到美洲去，你就得給我四個人的運費，至於抵達美洲這四個奴隸是否活著我不管，總之我得先收錢。在這樣的規則下，船主為了多賺錢，就盡可能多地往船上塞黑人，盡可能地降低其他補給，比如說塞了一百個黑人，卻只裝了五十個人的水和食物。他要賺錢，裝的人越多就能收越多的錢。黑人死亡率高的原因，就在這裡。

有人就把這個規矩顛倒了過來。奴隸商販集中起來，拒絕預付運費，而是根據抵達目的地後存活的奴隸數量付費。比如，船主販運了四個奴隸，四個人都抵達了美洲，商人就支付四個奴隸的運費，如果只收到一個奴隸，就只付一個奴隸的運費。新制度實行後，黑奴的存活率升到了四分之三，死亡率只有四分之一。

買賣雙方還是原來的人，販運船隊還是原來的船隊，同樣的船主，連船都沒有改進，黑人還是非洲黑人，為什麼存活率飆升了呢？這就是制度的力量。

考察一個制度，可以評價它對效率的影響。高效制度能激發人的積

第十二講　制度之力：如何看待古代政治制度

極性和創造性，高效制度能讓人生活愉悅。低效制度不僅會壓制人的創造性、積極性，還會讓人的生活非常鬱悶、非常憂鬱，甚至讓人生活在恐懼、貧困和毫無信仰當中，最終損害人們的身心健康。這就是制度的效益。有人會問，有這麼嚴重嗎，一個壞的制度能損害我的身心健康，能降低我的道德水準？如果一項制度提倡的是爾虞我詐、行賄受賄或者弱肉強食的做法，身處其中的人為了生存下去，就必須變成那樣的人。大部分人變成了那樣的人，整體的道德水準是不是就降低了？

少數人如果不那麼做，就獲得不了這項制度的種種眷顧和優待，又有別於大眾，是不是會鬱悶、迷茫、寂寞，最後是不是身心健康受損？

學習政治制度史，很重要的收穫就是從歷史變遷當中錘煉判斷力，判斷制度的效益。在之前的講述中，有這麼幾個政治制度就是很典型的例子。比如太子制度，千百年以來，中國都執行預立太子制度，皇帝早早冊立了太子，結果發現太子和其他皇子相互掐架、太子和皇帝也常常掐架，最後當上皇帝的往往不是太子。預立太子制度就不是一項高效制度，引發了骨肉相殘、同室操戈。後來，雍正皇帝把它改了，改為祕密建儲，讓所有人在一個相對比較公開透明的環境裡面競爭。雍正帝之後就沒有發生過皇室骨肉相殘的事情了。這就是比預立太子制度更好的繼承人選拔制度。科舉制度也是一項高效創新。科舉之前，當官看血緣、看朝廷的徵辟，普通家庭的孩子很難當官，進不了現行的政治體制。科舉制後，當官看考試，很大程度上看學問，權力向所有人開放。為什麼唐宋元明清統治中國的時間都比較長？很重要的一個原因是改變了人事制度，改變了官員的選拔，把自上而下的任命改成了由下而上的競爭。所有的人在一個比較公開的、統一的規則體系下面公平競爭，許多出身貧寒的、家庭背景不好的人有了透過個人的努力躋身於高層的機會。古代中國雖然等級森嚴，內部不平等，但社會流動活躍，能夠保持穩定，得益於科舉。

　　這就是制度的高效和低效。我們學習政治制度，就要判斷一個制度的效益，擁護高效的制度，變革低效的制度。評判身邊的制度，就可以想想這項制度是不是符合人性，能不能夠激發大家的積極性、保護大家的身心健康。比如，上課點名制度是建立在沒有來的同學的痛苦之上的，沒到的同學要扣分。如果給它改一下，點到的每個同學加分，沒來的同學不扣分也不加分，照樣把大家的分數給拉開了，達到了一樣的結果。但筆者估計擁護的同學會大大增加，曠課的同學都可能贊成。這就是制度的效益。

　　政治制度在整個政治學中占據一個什麼地位，或者說政治制度在整體政治中占據什麼樣的地位、發揮什麼樣的作用？

　　政治學包括很多東西，如政治學理論、比較政治學、行政管理、政治制度等等。打個比方，政治制度好比政治學的硬體，政治學還有很多的軟體，比如政治理論、執政理念、方針政策、組織路線等等。只有軟體和硬體結合在一起，一個機器才能夠正常運轉。大家玩手機和電腦都知道，一臺空機，沒有各種手機軟體 (App) 或軟體，這臺機器其實是沒用的。那同樣，如果你開發出了一個 App，沒有硬體，你開發出來的東西也是空中樓閣。如果制度作為硬體，所有的政治理念和方針政策都是空中樓閣。政治理想說得再好，政治口號喊得再大，最後都面臨一個落地的問題。比如，有個政治人物上臺了，宣稱要獎懲分明，提拔功勞大、貢獻多的人，但是官員選拔制度依然看上下級的親疏遠近，或者看官員的資歷年紀，那麼，這個政治人物的揚言就顯得很可笑，言不由衷。再舉個例子，政府說要鼓勵大學生多元就業、自主創業，鼓勵大家在社會上流動起來、到市場中去搏鬥。但是，大城市的戶籍制度固化不變，而且附加上了越來越多隱性的福利，必須有戶口才能買房子、有戶口才能搖號買車、有戶口才能上各種保險、有戶口才能給孩子落戶，那

第十二講　制度之力：如何看待古代政治制度

麼，大學生自然要尋找那些可以解決自己戶口的工作，缺乏自由創業、
多元就業的動力。政府一方面鼓勵社會自由流動，發揮市場的力量，同
時又不斷強化戶籍在社會管理中的作用，那軟體和硬體是不是搭配呢？

在政治領域，變更軟體易，更新硬體難。路線措施、方針政策的轉
變，相對來說是簡單的，但是如果想變革政治制度就難了，政治制度變
動的可能性比軟體變動的可能性小得多。

有學者說，郡縣制和中央集權是誰創建的？秦始皇。三省六部制和
科舉制是誰創建的？隋文帝。但是秦朝只存在了十幾年，隋朝只存在了
三十幾年。由此，他就得出結論，一個高效的制度跟政治的長治久安沒
有必然關係。這樣的認知是錯誤的。軟體和硬體要搭配，但是變更硬體
很困難，而且有風險。大家刪除手機上一個舊軟體，下載一個新軟體，
花不了幾秒鐘時間，但是你想把舊手機扔了買一個新手機，成本和代價
就大得多。政治實踐也類似，廢除舊體制，創建新體制，相當於刮骨療
傷。秦朝和隋朝，都不同程度上拋棄了舊政治制度，創立了新制度，又
對國家多有建設（長城、大運河等）。這是要承擔巨大的風險，支付沉
重的代價的。這個風險和代價要由當時的那一代來承擔，但是制度的各
種長遠收益卻由後來人來分享。大家就會看到，秦朝十幾年就滅亡了，
但是續起的漢朝延續了四百多年；隋朝也很快滅亡，但是續起的唐朝延
續了三百年。漢唐都是中國人引以為豪的朝代，這恰恰證明了一項適合
的、高效的政治制度對社會和政治的長遠發展是大有裨益的。

政治制度是整體政治的硬體，具有非常重要和基礎性的地位。政治
制度就相當於試金石，政治口號、理念行不行，都要經過政治制度的檢
驗；政治制度又相當於磨刀石，再好的政治理念或者方針政策，都得在
政治制度裡面磨練。如果政治理念和方針政策跟制度契合得比較好，雙
方配合得好，那就有助於政策的推行；如果雙方磨合得不好，那麼整套

理念和方針政策是存在現實問題的，需要執政者警覺。

　　當然了，制定適合、高效的制度自古就是一個難題。梭倫說：「什麼制度最好？請先告訴我，這是針對哪國人哪個時代而言的。」制度不能離開人，也不能離開具體的背景。每個時代的人、每個文化背景中的人，實際情況各不相同。因此，不可能存在放之四海而皆準的「萬能制度」。我們考察政治制度，也不能離開了時代、區域等背景。

後記

感謝閱讀本書。這是一本中國政治制度史通俗解說圖書。

制度史乃史學之容器，了解中國政治制度史是學習古代史的基本功。中國古代政治制度源遠流長，影響深遠。制度是形塑中國古代社會的重要力量，其影響波及二十一世紀的我們。隨著年歲漸增，筆者才逐漸對政治制度史有所感悟，產生興趣，進而以清朝制度為核心拓展，閱讀了一些古代政治制度的圖書，「故紙堆裡講政治，制度史外看乾坤。」

本書雖冠以「中國政治制度史」的名號，並沒有像其他一些同名圖書，以每個朝代為線索，羅列開去，介紹每代的制度設計，而是立足明清時期的制度，兼及其他，並且力圖對制度的源流演化做一個簡單的介紹。歷史研究離不開對研究對象歷史變遷的探究。政治制度史，自然包含政治制度的發展變化的歷史，制度在每個朝代的繼承和發展。探究每個時代的制度細節、變化瑣碎，自有必要，但非一般讀者所能深究。本書為簡明版的政治制度史，更關注宏觀把握。把中國政治制度史視為一個整體來考察，關注政治制度史的重大變化，而不糾纏每個細節的變化。秦皇漢武，開宗建制，肯定不能忽略。而秦二世、漢宣帝等人對制度的調整、更改，只要沒有達到一定的程度，沒有引起質的影響，或許就可以暫且擱置一旁。

以學術標準衡量，本書並非真正意義上的中國政治制度史，內容既沒有囊括全部朝代，所有制度，也沒有詳細的論據、數字和文獻出處。有些時候，談制度論歷史，聊及社會人心，更像是史論。書中談及了一些歷史故事、筆記小說，也許眾說紛紜，但都是由制度勾引出來的，對理解相關制度或觀點有所幫助。

後記　制度之力：如何看待古代政治制度

　　本書是我曾開設的「中國古代政治制度」課程講稿的整理成果。我對經由錄音整理出來的文字進行了修改編輯，修正了部分內容，增加了部分註釋，添補未盡內容。現在，書稿既保留了口頭講述的痕跡，有些地方又具書面色彩。我在此事伊始，就有邊講邊整理出書出版的念頭。無奈個人精力和時間實在有限，錄音整理也遠比我想像的要複雜、繁瑣得多，所以本書留下了諸多的遺憾。還好，我能以「每個寫作者的代表作永遠在前方」來自我寬慰。

　　原本想將奏摺一節，擴充為古代文書制度，也只能無奈作罷。中國政治制度史博大精深，內涵豐富，本書難免有一知半解、張冠李戴甚至錯誤之處，敬請讀者諸君指正。

　　謝謝大家！

張程

讀完這本制度史，等於當官幾輩子！

後宮體制 × 官員日常 × 科考指南 × 衙門規矩，隱藏在宮鬥劇的背後，你不曾注意過的政治制度史！

作　　者：張程

發 行 人：黃振庭

出 版 者：崧燁文化事業有限公司

發 行 者：崧燁文化事業有限公司

E-mail：sonbookservice@gmail.com

粉 絲 頁：https://www.facebook.com/sonbookss/

網　　址：https://sonbook.net/

地　　址：台北市中正區重慶南路一段六十一號八樓 815
室

Rm. 815, 8F., No.61, Sec. 1, Chongqing S. Rd., Zhongzheng
Dist., Taipei City 100, Taiwan

電　　話：(02)2370-3310

傳　　真：(02)2388-1990

印　　刷：京峯數位服務有限公司

律師顧問：廣華律師事務所 張珮琦律師

定　　價：450 元

發行日期：2023 年 11 月第一版

◎本書以 POD 印製
Design Assets from Freepik.com

國家圖書館出版品預行編目資料

讀完這本制度史，等於當官幾輩
子！後宮體制 × 官員日常 × 科
考指南 × 衙門規矩，隱藏在宮鬥
劇的背後，你不曾注意過的政治
制度史！ / 張程 著 . -- 第一版 . --
臺北市：崧燁文化事業有限公司，
2023.11
面；　公分
POD 版
ISBN 978-626-357-835-7(平裝)
1.CST: 中國政治制度 2.CST: 中國
史
573.1　　112018283

電子書購買

臉書

爽讀 APP